國家出版基金項目
NATIONAL PUBLICATION FOUNDATION

國家圖書館藏未刊稿叢書·著作編

讀相臺五經隨筆

（二）

（清）周廣業 著

主編 劉玉才 陳紅彦

鳳凰出版社

讀相臺五經隨筆卷四

海寧周廣業

禮記卷一

曲禮若夫注言若欲爲丈夫也。此蒙上賢者言未能爲賢則丈夫當如此也七經小傳謂引曾子之言而誤留若夫字已詳考證

乘安車注坐乘若今小車也。正義引庾蔚曰後世駕一馬而坐乘也太玄注太平帝皇之世。釋家明集釋法琳辨正論[illegible]陸景裕戴詵[illegible]元[illegible]

周家[illegible]孝[illegible]太上有[illegible]上[illegible]此大[illegible]上[illegible]

長者舉未釂注盡爵曰釂。史記游俠傳郭解姊子與人飲使之嚼徐廣曰音子妙反盡酒也即此釂字

水潦降不獻魚鱉注不饒多也。水盛魚鱉宜饒何反不多王充論衡無形篇雨水暴下蟲虵變化化爲魚鱉離其本真暫變之虫臣子謹慎故不敢獻此説近理

進戈者前其鐏注鋭底曰鐏取其鐏也平底曰鐓取其鐓也。兩也字原作地鄭注上文三兵鐏鐓雖在下猶爲首釋前之義與進劒左首同此釋其命名皆（詩小戎正義引此注兩也皆作地是也）就在地取義説文鐏柲下銅也鐓〔云鈇〕也亦皆言在下作也字是俗傳寫脱土旁不可（耳）從廣川書跋臨淄戟銘引鋭底二句下云以其平底鐓地故謂鐓可証宋本本作地

爲其拜而蔆拜注蔆猶詐也。釋文蔆子卧反挫也盧本作蹲

案公羊僖三十三年秦百里子蹇叔子之子揖師而行注揖其父于師中介胄不拜如蹲然則揖猶今言蹲𨇾也周禮釋文曰桂林之間謂人短曰為矲（皮買反）矮（古買反）不蚤鬋注蚤讀為爪。鄭注書時未有反切故言讀若為某或言讀若某許慎說文亦然徐鍇繫傳曰許慎時未有反切故言讀若此反切皆後人所加甚為疎朴又多脫略誤今皆新易之（舊說文反切皆用孫愐唐韵至朱翱自為反切不用唐韵故云新易）釋文載鄭音亦作某某切儀禮士昏禮記云凡行事必用昏昕注用昕使者用昏壻也壻悉計反從土從胥俗作婿女之夫也壻悉下十四字係前經期初昏節注下釋文錯簡於此又誤為大字後人遂

羼入鄭注非也新安程孝廉瑤田云自稱於其君注於其君稱此以接見禮敵嫌其當上其君稱三字下嫌其當三字永懷本並闕又子於父母則自名也注言子者通男女六字永懷亦闕此書永懷注闕甚處甚多是本皆有不知据何本補

禮記卷二

檀弓子上之母死而不喪注子上名白其母出。鄭注出母止子上有明文下先君子喪出母無注後人造為三世出妻之說或又以出母為生母斥顏氏為非嫡父執祝人齋先生淦嘗著禮記讀本說禮粹言禮家諸說異同三書未就而卒其

讀本謂孔子所喪出母謂郰叔前妻施氏也施出雖不見傳記以顏氏父性嚴難事之言推之亦可見且顏氏禱尼生子則孔子所有兄姊皆施所出而今曲阜無施氏墓又無祔廟之主即家語亦不載其非施死而顏繼甚明孔子有兄非爲父後故於施之死爲之持朞者所謂道隆則從而隆也弁官前孔子死子思母嫁於衛皆非出李夢陽孔空同子云孔子出妻亦不王之兆三代興廢皆判于婦人文王刑於寡妻亦天成之也据其言弁官見出孔子先不能齊家矣真是胡說

醢之矣注時衛世子蒯聵簒輒而立。蒯聵爲輒之父。而名爲簒。不特昧於正名之義。亦與于不仁之甚矣。蓋古以承國大

統為重衛之立輒君夫人命之三揖推之似無可議矣乃輒利其有而蒯聵復相與爭之皆無父之人也故夫子必先正名而不為之其後衛人竟諡出公為孝。而漢儒直以蒯聵為孝篡。世教衰而彝倫斁。豈一朝夕之故哉。

置翣注如攝與考證引楚語屏攝之位注攝形如今要扇。案正義云翣是漢時之扇喪大記畫扇翣注云漢禮翣以木為筐廣三尺高二尺四寸方兩角高衣以白布畫雲氣其餘各如其象柄長五尺攗鄭說漢翣如此今凶肆謂之亞翣形如要子故名楚人有仕浙者喪歸以木牌二中書亞字前引柩猶此意或以為魌頭取辟惡非也又左傳昭十八年巡羣屏攝

至於大宮注屏攝祭祀之位正義據鄭衆曰攝束茅以爲屏
蔽祟鄭以救火故使子寬子上巡行諸置諸（設）屏及攝之位正
與楚語所云屏攝之位同若束茅爲蔽即不免爲火所焮非
計矣集古錄云後漢堯祠碑屏攝無位注（作攝）真蹟周益公跋引
東茅蕞扇二義雖殊皆指祭祠之所而字從懾漢碑亦然豈
古今傳寫不（同）耶事神之際宜屏息懾伏以致恭或作屏蔽之
屏攝以威儀之攝也
士之有誄自此始也。自不喪出母及此以下諸言始者皆記
禮所由變廢梁徐勉所謂檀弓二卷皆言事始是也
曾元曾申坐於足注元申曾參之子。漢書王吉傳吉子駿妻

死不復娶曰德非曾參子非華元亦何敢娶注如淳曰華與元曾參之二子韓詩外傳曾參喪妻不更娶人問其故曾子曰以華元善人也一曰曾參之子字華元師古曰二子是也廣案元申之外又有華則三子矣何易簀時無華當是華元一人申又一人非有三子也

子思之哭嫂也為位婦人倡踊注善之也禮嫂叔無服婦姒婦小功。子思之妻與嫂有服故倡踊而已隨而哭之然猶必為位則小功之當為位不待言矣唐魏徵曰事嫂見稱載籍非一鄭仲虞則恩禮甚篤顏宏都則竭誠致感馬援則見之必冠孔伋則哭之為位並躬踐教義仁深孝友廣案子思

有嫂則伯魚尚有長子惜書傳無聞

疑女於夫子。永懷本硃評云疑當讀擬比擬於擬夫子後蔿疑於君疑於臣易傳陰疑於陽必戰韓非子配有疑妻之妾孽有疑嫡之子廷有疑相之臣臣有疑主之寵莊子用志不分乃疑於神並作此音廣案疑者近似之謂故疑於君又言全乎君疑於臣又全乎臣疑兵疑陣亦此意也不必讀擬

象與其不當物也注謂精麤廣狹不應法制。永懷本硃筆評云周書有朝服八十物七十物蓋指布之精麗當猶應也

梁木其壞。永懷本硃筆評云劉尚書美中家有古本禮記此句下有則吾將安仗五字廣案上文鄭注云泰山衆山所仰

梁木衆木所放哲人亦衆人所仰放也以上二句喻之然則
山頽安仰木壞安放哲人萎則安仰放古人語好錯綜加安
仗句者妄也此古本不知出何時七經考文無之
蓋寢疾七日而沒注言聖人知命○論衡孔子病商瞿卜期日
中孔子曰取書來比至日中何事乎聖人之好學雖死不休
念在經書不以臨死棄忘故爲百世聖師
舉者出戶出戶○上戶字諸本及注並作尸此誤
君子未之言也注甥居外家而非之○從母姨也與舅皆從甥
立名故知爲甥所非
喪事欲其縱縱爾注縱讀如揔領之揔○說文糸部總聚束也

有嫂則伯魚尚有長子惜書傳無聞

小功不說至而可乎注以己意恠之。韓昌黎與李秘書論小功不稅書引曾子此言稱鄭注曰以情責情東吳徐氏東刊本注云鄭注無此語只云以己意恠之廣案據此則鄭注之闕自宋已然矣

疑女於大子。永懷本硃筆評云疑當讀擬比擬於大子後篇疑於君疑於臣易傳陰疑於陽必戰韓非子配有疑妻之妾孽有疑嫡之子廷有疑相之臣有疑主之寵莊子用志不分乃疑於神並作此音廣案疑者近似之謂故疑於君又言全乎君疑於臣又言全乎臣疑兵疑陣亦此意也不必讀擬

象與其不當物也注謂精麤廣狹不應法制。永懷本硃筆評云周書有朝服八十物七十物蓋指布之精麗當猶應也

梁木其壞。永懷本硃筆評云劉尚書美中家有古本禮記此句下有則吾將安仗五字廣案上文鄭注云泰山衆山所仰

梁木衆木所放指人亦衆人所仰放也以上二句喻之然則山頽安仰木壞安放哲人萎則安仰放古人語好錯綜加安仗句者妄也此古本不知出何時七經考文無之

蓋寢疾七日而沒注言聖人知命○論衡孔子病商瞿卜期日中孔子曰取書來比至日中何事乎聖人之好學雖死不休念在經書不以臨死棄忘故爲百世聖師

舉者出戶出戶○上户字諸本及注並作尸此誤

君子未之言也注甥居外家而非之○從母姨也與舅皆從甥立名故知爲甥所非

喪事欲其縱縱爾注縱讀如揔領之揔○説文糸部總聚束也

從系悤聲玉篇廣韻總揔通用以揔捴爲俗釋文甫田詩總角丱兮注云總本作揔九經字樣手部揔字注云說文作總經典相承通用然則揔字從手固可通在康成作注自當以總爲正

君即位而爲椑注椑謂杝棺。大唐新語云明皇北巡狩至大行坂路隘逢椑車問左右曰車中何物曰椑天子即位爲椑歲一漆之示存不忘亡也出則載以從先王之制也明皇曰焉用此命焚之天子出不以椑從始此 廣案貞觀間長孫無忌等撰大唐儀禮百卷末有國恤五篇顯慶中許敬宗等以爲預凶事削去之柳子厚嘗論之謂朝廷大故倉卒裁處無

所考據近讀戴禮記者遇喪禮輒刪去不讀非止俗忌寔以制
義命題所不及也夫終慎終送事死為事最大曲禮所云未葬
讀喪禮者正以居喪之時所當讀者獨此喪禮耳非謂平素
絕不寓目至苫由中始申其佔畢也玉海載皇祐間纂五經
精義丁度等言詩書凶服及春秋賊乱皆舊所不諱去留係
上旨仁宗曰先王吉凶之禮百代所遵不可以俗忌而簡去
賊乱以之事善惡皆足戒監戒人主所宜知亦當存之其言正大
過唐人遠矣或又言明皇時司馬貞議削閨門一章以為國
諱遂有馬嵬之禍而王安石孝經解闕喪親章不識釋俗儒
無術古禮所由浸廢也

禮記卷三

三日祝先服注祝佐含歛先病。永懷本先病作先服諸本同案上言祝佐含殮不可以吉服從事故先百服官而服周禮大祝職大喪始崩以肆鬯渳尸相飯贊歛徹奠小祝職大喪贊渳此正所謂佐含歛也又樂記商祝辨乎喪禮故後主人時主人昏迷賴祝相之如云力勞先病則職已廢矣而水漿不入口三日者更將何以成禮乎且百官及國中男女天下豈可皆以病言此必字誤或有脫

禮記卷四

王制名山大澤不以封注與民同財不得障管。障永懷作掌

案障是遮列管是鈐束若掌管則無二義矣

則歲三田注夏不田蓋夏時也。周制蒐苗獮狩四時皆田故云夏時禮運吾得夏時焉注夏四時之書其存者有小正

必即天倫注閔子曰古之道不即人心。公羊傳閔子要絰而服事既而曰若此乎古之道不即人心退而致仕孔子蓋善之也注言古之者不敢斥君即近也宣元年

禮記卷五

月令魚上冰注夏小正正月啟蟄魚陟負冰漢始亦以驚蟄為正月中。改啓蟄為驚蟄漢避景帝諱也正義乃謂啓乃驚也蟄蟲正月始驚二月大驚雖曰文而説與啓户始出之義未

審詳經史避名通考。説文多引明堂月令繫傳云即今禮記未刪定者也古天子居明堂布政每月告朔頒一月之政令故曰明堂月令

田鼠化爲駕。夏小正曰田鼠者嗛鼠也劉熙釋名曰輔車或曰䶂車䶂鼠之食積于頰人有似之故名

聘名士注不仕者。今稱知名之士曰名士當始此玉藻居士錦帶注道藝高士也今稱隱居不仕者曰居士然則古居士今之名士古名士今之居士也

戴勝降於桑注戴勝戴任之鳥是時恒在桑閒言降者時始自天來重之也。是鳥説者多誤今吳越三四月閒蠶事將興

桑葉初作鵝黃色有一種鳥不知所自來或紺或白小於百舌而尾有二三長毛頭有數毛如雋往来桑間飛集必雙其鳴相應亦構巢生子至七八月則不復見俗呼為練雀以禽經考之形頗相類而寔非也盖戴勝為應候之禽鄭注甚明余既詳論之動植小志中復畧識于此

太尉注秦官則有太尉俗人皆云周公作月令非也。十二紀見呂氏春秋

腐草為螢注螢飛蟲螢火也。説文引明堂月令螢作蠲馬蠲也从虫目益聲古懸切案爾雅蛝馬蠘注馬蠲蚼俗呼馬蠸别有螢火即炤明是二物然蛝音良雀豹古今注螢一名丹

良疑曰此誤夏小正謂之丹鳥

元鳥歸注歸謂去蟄也凡鳥隨陰陽者不以中國為居○夏小正九月陟玄鳥蟄傳曰陟升也先言陟而後言蟄何也歸而後蟄也庾信謝賚米啓掘蟄燕於寒山是其蟄多在山谷至春始破土而出也

水始涸注辰角見九月本也天根見九月末也○本末者謂初終也易繫云其初難知其上易知本末也初辭擬之卒成之終鄭（月令鄭則皆言是月之末……不……）蓋本此視今言月初月杪為確

季冬征鳥厲疾注征鳥題肩也齊人謂之擊征或名曰鷹仲春化為鳩○儀禮大射禮注云鵠鳥名射之難中中之為俊是

以所射于侯取名也然則正者正也亦鳥名齊魯之間名題肩為正正鵠皆鳥之捷黠者據此則知征鳥即正鳥秦避始皇諱加彳旁而鄭氏聲征亦因之也月令以孟春之月為正月又以正平為端平唯樂正官名不改耳

禮記卷六

曾子問孔子曰共殯服注共之以侍其来也○侍當從永懷本作待

孔子曰昔者吾從老聃助葬於巷黨注巷黨黨名也○論語集解鄭元曰達巷者黨名也疑即巷黨

文王世子吾與爾三焉注文王以憂勤損壽武王以安樂延年

○考證論之詳矣但据竹書武王年寔止五十四

禮記卷七

禮運女有歸注皆得良奥之家○奥積聚也周語野無奥草良

奥盖善良而兼有積聚之家

昔者先王未有宫室三句注○永懷本全闕此下注文闕脱非

一而是本皆完然考證不明言他本之闕何也

合土注○永懷本闕此後闕者不復載

而固人之肌膚之會○永懷本有上之字陳皓集説無

禮器如竹箭之有筠也注箭篠也○案篠細竹也爾雅如竹箭

曰包注條竹細叢生曰條曰細正解竹箭也禹貢篠簜既敷

傳篠竹箭蕩大竹似直以竹箭爲小竹然鄭氏注明以松栢竹箭爲四物沈括筆談解會稽之竹箭亦曰竹爲竹箭爲箭是兩物今採箭爲矢遂謂矢爲箭也廣案謂矢爲箭始見楊子方言其名當起于秦漢之世筠者竹之青皮見釋文

夏父弗綦注是夏父弗綦爲宗人之爲也。永懷本父訛公爲也二字闕又乃燔柴下闕六字宗人在傳作宗伯注掌祭祀昭穆之位乃周禮小宗伯之職非宗祝巫史之宗也雜記說釁廟禮曰饔人拭羊宗人視之左傳哀二十四年宗人釁夏注宗人禮官哀公稱之爲宗師司是宗伯與宗人不同

曲禮三千涯曲猶事也事禮謂今禮也禮篇多亡本數未聞其

中事儀三千。按事禮即今傳所傳儀禮十七篇也鄭嘗作注其目録不云儀禮此但云今禮事儀他經注引儀禮止稱古經范蔚宗後漢書鄭氏本傳始云注儀禮考史記儒林傳高堂生能言士禮而魯徐生善爲容文帝時徐生以容爲禮官大夫是後能言禮爲容者由徐氏焉容即儀也王充論衡云高祖詔叔孫通制作儀品十六篇又云儀禮見在十六篇秦火之餘也然則儀禮之名東漢末已有之但係俗稱故鄭不據之耳

禮記卷八

郊特牲丹漆雕幾之美注幾謂漆飾沂鄂也。按少儀車不雕

幾注幾附纏為沂鄂也哀公問車不離幾注附纏之也沂音銀亦作釿鍔釿者匠人平木器鄂者額也釿亦作圻及垠張衡西京賦前後無有垠鄂謂邊際也以漆塗附使平又使有垠鄂如額也周禮典瑞瑑圭璋注鄭司農曰瑑有圻鄂瑑起群經音辨曰沂鄂也魚斤切

取于異姓注同姓或則多相褻也。則當從永懷作取

內則各從其事注食祿不免農也。免永懷作莌較明

水注清新。諸本作清耕耕字難解新字亦未安玉藻五飲首曰上水則當作清飲

大夫七十而有閣。筆談閣者板格以庋膳羞者是今之立櫃

吳人謂立櫝為廚者以其所貯食物故謂之廚
居側室注謂夾之室。夾原訛作夫永懷亦作夾
擇日翦髮為鬌。韓非子嬰兒不剔首則腹痛不揊痤則寖益
剔首揊痤必一人抱之慈母治之然猶啼呼不已嬰兒子不
知抱其所小苦致其所大利也剔首即翦髮也
教之數與方名注方名東西。四方不言南北者省文也然今
人言物只云東西無言南北者或漢人教兒止用東西不故
相沿也記唐人小說中有論及者却不引鄭此注又說文說
十字一為東西丨為南北則東西自當在前

禮記卷九

玉藻趨以采齊注當為楚薺之薺。周禮鐘師作采薺

明堂位。應撝謙明堂辨云明堂之制諸儒聚訟久矣考工夏后氏世室殷重屋周明堂注世室宗廟也重屋王寢也當代各舉其一明同制疏言當代三者其制同非謂三代同制也後人乃謂周人明堂亦重屋明堂享帝創自周公而重屋者今之所謂樓也樓下必無可以享帝之理即魏徵所云上以祭天下以布政則豈有王者布政之地而可使人登樓陵跨其上乎謂周明堂亦重屋者誤也蔡邕明堂月令章句謂太廟太室明堂太學辟雍名別而寔同袁准正論宗廟之中人所致敬幽隱清淨鬼神所居而使衆學處焉饗射其中人鬼

慢黷死生交錯因俘馘耳以干鬼神非其理也祭天而于人鬼之室非其處也則謂周明堂即宗廟太學者亦謬也据月令明堂有十二室而大戴禮但言九室朱子謂九田(室)如井田東之南即南之東北之西即西之北十二月隨方向開門如其說則中一室于何開牖若旁八室廣而中室狹以通明則制乖若連則(相)連則極闇不可居若各為一垣則居中室時諸侯何由朝見是非明堂而闇堂矣故唐高宗曾於觀德殿設幕為之與公卿臨觀或欲依考工五室或欲依大戴九室閻立德奏曰九室自闇五室自明取舍之宜斷在聖慮乃依五室然五室終不能復合于十二月之聽朔遂不能立則如井

田之説亦誤也明堂疏言九室十二堂陳氏禮書言五室十二堂然所謂五室者南火北水東木西金中土則中室塞而不通故鄭氏又謂木室于東北火室于東南金室于東（西）南水室于西北則是舍罡（四）而取四間非王者天居正之意亦誤也戴氏九室自鄭氏時即以為非古制當從考工五室為正撝謙按十二室是王者常居故鄭氏以路寢與明堂同制然彼所謂明（堂）對元堂而言乃室之南向者如詩之噲噲其正非明堂之通稱而路寢見于尚書東西房東西夾室無十二室則十二室者乃天子之小寢王六寢正寢一小寢五唯中寢無左右个為大室明堂五室亦當如寢五寢而已竊意五室之

前必有外明堂亦如路寢但路寢有東西房東西夾室而明堂外三面無所蔽障以是為明堂也考工所謂度九尺之筵東西九筵南北七筵堂崇一筵乃外之一堂所謂凡室二筵者謂室之方而左右个不與焉東西南北之室皆有左右个左右个皆兩筵則中室之旁皆有二筵隙地而室始不闇祀上帝朝諸侯則於外室堂而聽朔則於十二室閏月則於室之門斯其制光明正大復古宜今而無弊矣廣樓周之明堂自漢武帝時已莫識其制度故奉高所立止依濟南公玉帶所上黃帝明堂圖一殿四面無壁上有樓從西南入以拜祠上帝而已應氏所言五室甚辨但謂聽朔祀帝各異其處則

當時明堂月令之稱不已贅乎觀其末云復古宜今兩無弊是為後世欲建明堂者變通斟酌之法則洵善矣故特存之

山節藻棁注藻棁畫侏儒柱為藻文也○侏儒柱即今矮柱

垂之和鍾注世本作曰垂作鍾無句作磬女媧作笙簧○作是世本之篇名○史記秦伯世家注引世本居篇○金石録唐祝府君碑引世本氏姓篇○垂路史注引之作隨宋衷注世本以為女媧氏之臣

大璜封父龜注春秋傳曰分魯公以夏后氏之璜○案文見定四年又曰封父之繁弱注以繁弱為弓名然則弓與龜皆封父物

禮記卷十

大傳干祫及其高祖注干猶空也空祫謂無廟祫祭之于壇墠

○祭法大夫三廟二壇士二廟一壇是高祖無廟而有壇也

又云去禱祭之無禱乃止則定制無祫食之禮故必干請於

君匕許而後行之干求也或云以在下而干上之典作干犯

解亦通

少儀介爵酢爵僎爵注古文禮僎作遵鄉飲酒注同遵謂鄉人為卿

大夫來觀禮者僎或作騶○儀禮有古今文

則絶其本末○永懷本無其字

洗盥執食飲者勿氣鄭注示不敢歆臭也口旁曰咡○先師近

豎翁説此二句云舊以勿氣爲不敢歆臭非也謂奉進洗盥之水及執食飲時皆兩手高舉毋使口氣衝射其間懼汚褻也有答問則涎唾噴激故必偏其口之所向以對昔孟光舉案齊眉不敢仰視以致敬其夫今公燕禮左右進膳皆伸腕高擎與眉額平猶其遺法廣後閱天禄識餘載元仁宗宴群臣於長春殿供事内臣進饌有咳疾帝惡其不潔命爲疊金羅半面圍之許露兩眼下垂至胸自是進饌者以此爲例蓋元世未知有齊眉之禮故爲此已甚之事然亦可見勿氣辟嚥古人于少事長賤事貴之禮已精詳如此案爲古椀字見會稡耳目志

禮記十一

樂記方以類聚物以羣分注方謂行虫也物謂植生者也○行

虫動物也考工記言郤行仄行連行紆行

舜作五絃之琴以歌南風注南風長養之風也以言父母之長

養也其辭未聞也○詩凱風自南正取此意鄭未聞其辭則

知今所傳阜財解愠者後人僞託也

其舞行綴遠注酇相去遠下綴近亦云酇相去近以綴爲酇鄭

當有説今脱去疑綴讀若周禮四里爲酇之酇

禮記卷十二

雜記上載以輲車注輲讀若輇或作槫許氏説文解字曰有輻

曰輪無輻曰輇又有蜃車蜃輇聲相近其制同乎考證曰案周禮周禮遂師注云蜃禮記或作槫或作輇賈公彦引此注曰輲讀爲輇或作輇彼此互異。案喪大記君葬用輴注輴當爲載以輇車之輇聲之誤也輇字或爲團是以又誤爲國然則槫又作團賈氏所引誤矣

雜記下泄柳之母死。原本作世唐石經同漢藝文志有世子二十一篇是世爲姓世子名碩周人嘗作養書一篇見論衡本性篇

如同宫注言若同宫是昆弟異宫也古者昆弟異宫同財有東宫有西宫有南宫有北宫。四宫盖若後世之分房

禮記十三

喪大記君蓋用漆注用漆者塗合牡（牝）牡之中也○牝牡謂笥相
合處今俗謂雌雄笥亦名公牝笥

禮記十四

祭義歲既單矣注歲單謂三月之盡之後也言歲者蠶歲之大
功事畢于此也○蚕言歲單麦言秋至古人重農之桑之意
可見矣

經解孔子曰入其國其教可知也○應潛齋（名謙）撝曰此記者引
子言其下皆其人自撰觀第五節又引孔子曰可見且其言
經多不類又王霸並舉石梁王氏疑非孔子之言宜也漢儒

明一經者輙試以治若董仲舒雋不疑之流皆以經義決事
故有六經之教此出漢人無疑
繩墨誠陳注陳設彈畫也。彈以繩濡墨白[向]木彈之也筆談云
匠人審方面勢覆量高下遠近筭家謂之直術直心象形制
如繩木工所用墨斗也

禮記十六

中庸惟聖者能之注惟舜者爲能如此。舜當作聖永懷亦作
舜
反古之道注謂曉一孔之人不知今王之新政可從。説文孔
通也爾雅孔閒也曉一孔猶言一隙之明

禮記十七

緇衣葉公之顧命注葉公楚縣公葉公子高也○葉公當作祭公見逸周書辨在過夏雜錄中

禮記十八

奔喪哭父之黨于廟至無服而為位者三節注並引逸奔喪禮○逸禮有二一為魯共王得自孔壁之文古文逸禮三十九篇天漢間孔安國所獻者劉歆以為在秘府伏而未見一為王充論衡所言宣帝時內河內女子於老屋得佚禮一篇此不知何据也

深衣續衽鉤邊注續猶屬也衽在裳旁者也屬連之不殊裳前

後也鉤邊若今曲裾○漢書江充衣紗縠单衣曲裾後垂交輸注張晏曰曲裾者如婦人衣也如淳曰交輸割正幅使一頭狹如燕尾垂之兩旁見于後是禮深衣續衽鉤邊賈逵謂之衣圭蕭林曰交輸如今新婦袍上挂全幅繒角割名曰交輸裁也○應潛齋衣衽辨云鄭注喪服言婦人衺下如深衣深衣則衺無帶下又無衽是謂深衣無衽者鄭氏說也文公曰之以去曲裾又鄭注喪服衽二尺有五寸云衽所以掩裳際也上正一尺燕尾二尺五寸諸儒以為用布各三尺五寸上下各留一尺正方一尺之外上于左旁裁入六寸下于右旁裁入六寸便于盡處相望斜裁却以兩方左右相沓綴于

葉公當作祭公國學紀聞亦公楚縣公葉公子高也○葉公當作祭
已言之　夏雜錄中

禮記十八

奔喪哭父之黨于廟至無服而爲位者三節注並引逸奔喪禮
○逸禮有二一爲魯共王得自孔壁之古文逸禮三十九篇
天漢間孔安國所獻者劉歆以爲在祕府伏而未見一爲王
充論衡所言宣帝時河內女子於老屋得佚禮一篇此不
知何据也

深衣續衽鉤邊注續猶屬也衽在裳旁者也屬連之不殊裳前

後也鉤邊若今曲裾○漢書江充衣紗縠单衣曲裾後垂交輸注張晏曰曲裾者如婦人衣也如淳曰交輸割正幅使一頭狹如燕尾垂之兩旁見于後是禮深衣續衽鉤邊賈逵謂之衣圭蘇林曰交輸如今新婦袍上挂全幅繒角割名曰交輸裁也○應潛齋衣衽辨云鄭注喪服言婦人衰下如深衣深衣則衰無帶下又無衽是謂深衣無衽者鄭氏說也文公曰之以去曲裾又鄭注喪服衽二尺有五寸云衽所以掩裳際也上正一尺燕尾二尺五寸諸儒以為用布各三尺五寸上下各畱一尺正方一尺之外上于左旁裁入六寸下于右旁裁入六寸便于盡處相望斜裁却以兩方左右相沓綴于

衣兩旁垂之向下狀如燕尾以掩裳旁際也是則兩衽之說
鄭未嘗言而皇氏言之文公家禮因之未改愚以古者裳前
三幅後四幅而前後交接止在右邊須用細帶綰結縫于開
縫故古人用布一幅掩之所謂右衽也無兩衽之理孔氏謂
裳一邊所有得之而秦溪楊氏以深衣十二幅交裂裁之皆
名為衽則更屬臆說而並失文公之意矣凡衽皆垂于裳外以
掩裳而深衣之衽則用布二三寸續于裳之後幅而以裳前
幅之邊鉤結于衽裏是為續衽鉤邊言無衽言兩衽言十二
衽皆謬說也廣案鄭注並見儀禮士喪禮前言婦人喪服異
於男子故云凡服上曰衰下曰裳此但言衰不言裳婦人不

殊裳衰如男子衰下如深衣深衣則衰無帶下又無衽此明婦人之衰其下連裳有如深衣但深衣有帶下有衽衰則無之所由與深衣異耳蔣主事曰帶下乃接衰之布康成所謂要也掩裳上際者也其謂之帶下者衰只長六寸從此六寸拖落云耳非帶絰之帶婦人喪服以帶為重故士虞禮婦人税首絰不税帶也衰無帶下者以衰與裳接製如深衣無用衰下拖落之布也深衣者承為深衣言之則字乃别異于男子之衰之詞又無衽者又乃另起之詞深衣則宜有衽婦人之衰却又無衽也鄭氏文義甚明應氏讀之口滑耳若所謂去曲袷者乃後人錯解非鄭説也後言男子之衰乃及裳本

經云衽二尺有五寸注云二尺五寸與有司紳齊也是據玉藻言其長如此又云上正一尺燕尾二尺五寸凡用布三尺五寸上正則下殺可知削減其幅使垂如燕尾故云凡用布三尺五寸疏家添一各字遂誤以為兩腋俱有玉藻衽當旁注云衽謂裳幅所交裂也凡衽者或殺而上下或殺而下上是以小要取名焉衽屬衣則垂而放之屬裳則縫之以合前後上下相變此正言深衣之制與此注續與屬之義相發其尺寸雖未明言疑與裒不甚異且所屬有或衣或裳其形有垂有縫爾雅執衽謂之袺扱衽謂之襭說文交衽謂為衿衽在深衣制度中最為緊要故短長之外即及於衽豈二三寸布所能

鉤結者鉤邊屈曲如鉤即其殺處故以曲袷釋之說文裔衣裾繫傳曰裾衣邊是裾即邊豈鉤結之謂應氏亦臆說也裳前後七幅亦見儀禮注深衣之裳六幅幅分之為上下之殺故十有二幅要縫半下齊方平如權衡爾雅裳前幅謂之襆郭注謂削殺其幅深衣之裳也

曲袷如矩以應方注袷衣交領也古者方領如今小兒衣領。正義云漢時領皆向下交垂似今擁咽案爾雅衣眥謂之襟郭璞注云交領蓋謂交領交處如目孔也玉藻深衣三袪注謂要中之數也袪尺二寸圍之為二尺四寸三之為七尺二寸要既寬大以四幅之衣下連于裳其領自不圓而方他衣不

與裳連要下較斂領雖方而不甚曲如矩也應潛齋曰裳六幅從左掩右今俗刻家禮深衣圖後裳六幅前裳左右各三幅如今對襟則衽之施為虛名于是以兩衽為燕尾矣廣業下言負繩及踝以應直注繩謂裻與後幅相當之縫踝跟也裻為背縫直至于踝則衣裳之縫皆直前裳六幅自不當分左右盖前後各六幅後六幅中縫與衣縫相直前六幅從中左掩右恐前後相殊故以衽屬連之

禮記十九

投壺魯鼓薛鼓注圓者擊鞞方者擊鼓。古禮樂器皆有圖此鼓其饒羊乎鄭康成嘗作禮器圖惜早失傳釋文云鞞聲下

其音𨱎𨱎然鼓聲高其音鏜鏜然

冠義鄉先生注同鄉老而致仕者○五州為鄉此先生是同在一鄉而致仕者所謂太師少師是也永懷本誤同為謂

禮記二十

昏義○釋文婚禮用昏故經典多用此昏字廣前與人書用大昏字俗多說為別字矣

和於室人注室人謂女妐女叔諸婦也○夫之兄曰妐夫之弟曰叔此女妐女叔則夫之姊妹也

射義旄期稱道不亂者不在此位也注稱猶言也道猶行也言行也者不言有此行不可以在此賓位也○按九經沿革例

此依越本建大字本也監興余本皆無道猶及言行也五字此遺經文道字既不可從言行也三字亦于上下文意不屬固言與其逸道猶二字寧衍言行也三字姑依越建本廣謂言行也句乃申言稱道之即為言行不可云衍永懷本同監興余三本又誤以行也者為句不字為句雲莊集說本文亦如此讀（詩行葦正義）西溪叢語又以不字連下句謂（無）有此（行）者不（得）在此（射）位何以觀射不字作上聲恐皆誤（釋文弗武反西溪叢語）謂有此者不在此位何以觀射亦以不字連下

宋岳鄴侯於嘉熙間取廖氏世綵堂本重校刊九經三傳

閲今六百年五經具存珍藏

祕府

聖天子崇尚經術

特詔倣寫付鋟

頒布天下學官其與諸本異同者復

命儒臣詳加考證所以

嘉惠藝林者至矣臣廣業印得全部莊讀一過案頭獨有永懷

堂本用以參閲卷中既各為標識間有管窺隨筆之别紙

彙為四卷於經義無所發明特以佔畢小儒晚遊

京輦遂獲先覩寶書斯寔快事存之庶以誌幸也時乾隆五十一年歲丙午十月朔草莽臣周廣業敬識

讀相臺五經隨筆跋

相臺五經者宋相臺岳珂刊本內府影雕者也讀者海昌耕厓周氏也隨筆者隨觸於舊所見聞而筆之也耕厓著述最夥此館於北平查比部所編者所訂正舛文譌義得之記憶居多或一字鍊鑄或千言纚纚一波動而萬波隨之其斷著尚書傳之孔安國為東晉太元間人愉之子据夏本紀又東至於醴裴駰集解引孔安國馬曰馬融王肅皆以為水名魯世家其在祖甲集解引孔安國曰王肅曰祖甲湯孫太甲也之文參之本傳證之其從祖冲以定之前所未有西河望溪兩先輩最尊古文惜不令見之讀禮記記其先友祝

祝人齋之說孔子所喪出母卿叔前妻施氏以顏氏父性嚴難事之說推之以曲阜無施氏墓定之又記其師近墅之說執食飲者勿氣乃兩手高舉勿使口氣衝射其間証以孟光舉案學有原本裒而出之經師人師今日斷推吾耕厓耕厓屬校刪之校畢遂跋其後仁和蔣師爚

讀相臺五經續筆 下

讀相臺五經續筆

尚書○尚書之名始見於史記五帝本紀論云學者多稱五帝尚矣然尚書獨載堯以來是也尚訓為上易繫上古與後世相對則尚亦上古之謂孔穎達正義云書是本名尚是伏生所加故諸引書直曰書若有配代而言則曰夏書無言尚書者

孔氏傳○欲知古文真偽先辨傳說後先此傳多用王肅肅又本之馬融則非西漢孔安國甚明隨筆論之備矣穎達作正義時叅互諸本注疏既親見王本多與孔同則凡二十六篇之傳全用王注者必不複述惟小異同

者始採列之但詳檢所列雖小異仍無不同今並括出
（參考各經正義所有引王肅書注者及史記集解所引馬鄭注）
其間創必有能辨者至於馬王所略而孔氏自出己意
者頗達每云當别有據或不知所出要無師承又少左
證漢人治經（必）不如此故并錄之或疑齊梁去東晉孔安
國不遠姚興方去隋唐亦近（南）北不（諸）通儒豈（竟）無能别真
贗者廣謂嗜古而愚賢者不免今有切証如近所傳子
貢詩傳申培詩説二書乃明嘉靖間海鹽王文祿所借
撰者後出鄞人豐坊家烏程凌濛（初）為合刻行世目曰聖
門傳詩嫡冢一時競尊信之（明）秀水屠隆錢塘胡文煥前
後刻漢魏叢書常熟毛晉津逮秘書皆取以弁首朱竹

坨雖知其偽而經義考亦首錄之海鹽與秀水同郡餘
皆接壤嘉靖為時又近而諸名公遽推奉為古書姚興
方之於孔安國亦猶是也況古文尚書人所艷稱傳用
王肅亦頗不惡其二十五偽篇較優于詩傳詩說見其
題曰孔氏即相與安國之見其名曰安國即相與西漢
之觀其指所得之地曰大航頭既不知所從來頗違言
識者以為孔安國注則知孔氏本無所主名也○經義
考謂詩傳詩說是豐坊偽擬諸城王士禄則云坊作詩
傳有妄人依傍之別撰詩說因廣獨以為海鹽王文
祿者姚士粦見只編云王沂陽先生家多藏書所萃卯

陵學山中有子貢詩傳申培詩説皆出其手胡震亨海鹽圖經亦云學山首帙中培子貢兩書其所借撰沂陽文祿别號嘉靖十年舉人乃胡姚二君之鄉先輩也語必不誣豐南禺係沂陽前輩甚相知契沂陽所撰道生必有其本沂陽無子歿後書帙散失豐氏遂據有之耳今所傳即陵學山署王完輯首帙為古本大學無此二書是二書先為坊所得而完乃全據其餘情事甚明詳見拙著日治偶鈔

尚書卷一

虞書○正義王肅别錄題曰虞夏書馬鄭同

堯典序○正義王肅云孔子所作馬鄭同孔義或然

諸城王士禄　諸字疑

㧡雖知其僞而經義考亦首録之海鹽與四明同郡餘皆婁壞嘉靖爲時文近而諸名公處推奉爲古書姚與方之於孔安國亦猶是也況古文尚書人所艶稱傳用王肅馬鄭及亦頗不惡其二十五僞篇較優于詩傳詩説見其題曰孔氏即相與安國之見其名曰安國即相與西漢之觀其指所得之地曰大航頭既不知所從來頗違言識者以爲孔安國注則知孔氏本無所主名也○經義考謂詩傳詩説是豐坊僞撰諸城王士禄則云坊作詩傳尋有妄人依傍之别撰詩説因廣獨以爲海鹽王文禄者姚士粦見只編云王沂陽先生家多藏書所萃卯

陵學山中有子貢詩傳申培詩説皆出其手胡震亨海鹽圖經亦云學山首帙中培子貢兩書其所僞撰沂陽文禄別號嘉靖十年舉人乃胡姚二君之鄉先輩也語必不誣豐南禺係沂陽前輩甚相知契沂陽所撰道生必有其本沂陽無子殁後書帙散失豐氏遂據有之耳今所傳邱陵學山署王完輯首帙爲古本大學無此二書是二書先爲坊所得而完乃全據其餘情事甚明詳見拙著目治偶鈔

尚書卷一

虞書○正義王肅別録題曰虞夏書馬鄭同

堯典序○正義王肅云孔子所作馬鄭同孔義或然

堯典以親九族傳睦高祖元孫之親。釋文馬鄭皆云上自高
祖下至元孫凡九族傳刪上下字文理不明詩葛藟序毛傳云
九族者據己上至高祖下及元孫之親此蓋參用之穎達乃
謂古尚書說九族者上從高祖下至元孫凡九皆為同姓不
言之親然則今之孔傳無上下字有之親字又誰為刪潤耶
乃命羲和傳重黎之後。呂刑傳云重即羲黎即和與此矛盾●
餘詳隨筆
羲仲傳羲仲居治東方之官。下羲叔傳此居治南方之官意
謂居此官而不明王肅則云皆居京師而統之亦有時述職
是其事也經旨了然孔刪改王注字簡意晦

暘谷傳曰出於谷而天下明故稱暘谷〇下昧谷傳曰入於谷
而天下冥故曰昧谷似日月出入谷中顯違病之因云谷者
日所行之道非寔有谷也

日永星火傳永長也謂夏之至日又曰短星昴傳曰短冬至之
日〇正義鄭云日長者日見之漏五十五刻日短者日見之
漏四十五刻與歷不同故王肅難云知日見之漏減晝漏五
刻不意馬融爲傳已減之矣因馬融所減而又減之故日長
爲五十五刻因以冬至反之取其夏至夜刻以爲冬至晝刻
此其所以誤耳馬融云古制刻漏晝夜百刻晝長六十刻夜
短四十刻晝短四十刻夜長六十刻晝中五十刻夜亦五十

堯典以親九族傳睦高祖元孫之親。釋文馬鄭皆云上自高

祖下至元孫凡九族傳刪上下字文理不明詩葛藟序毛傳云

孝隸先生辭不達意所謂借撰者即依託也

掾已上至高祖下及元孫之親此蓋參用之顔達乃

謂古尚書說九族者上從高祖下至元孫凡九皆為同姓不

言之是親然則今之孔傳無上下字有之親字又誰為刪潤耶

乃命羲和傳重黎之後。呂刑傳云重即羲黎即和與此矛盾。

餘詳隨筆

羲仲傳羲仲居治東方之官。下羲叔傳此居治南方之官意

謂居此官而不明王肅則云皆居京師而統之亦有時述職

是其事也經旨了然孔刪改王注字簡意晦

暘谷傳曰出於谷而天下明故稱暘谷○下昧谷傳曰入於谷而天下冥故曰昧谷似日月出入谷中顛連病之因云谷者日所行之道非寔有谷也

日永星火傳永長也謂夏之至日又曰短星昴傳曰短冬至之日○正義鄭云日長者日見之漏五十五刻日短者日見之漏四十五刻與歷不同故王肅難云知日見之漏減晝漏五刻不意馬融爲傳已減之矣因馬融所減而又減之故日長爲五十五刻曰以冬至反之取其夏至夜刻以爲冬至晝刻此其所以誤耳馬融云古制刻漏晝夜百刻晝長六十刻夜短四十刻晝短四十刻夜長六十刻晝中五十刻夜亦五十

刻融此言據日出見為説天之晝夜以日出入為分人之晝夜以昏明爲限日未出前二刻半為明日入後二刻半為昏明損夜五刻以裨於晝則晝多於夜後損校五刻古今歷術與太史所候多皆云夏至之晝六十五刻夜三十五刻冬至之晝五木四十五刻則夜五十五刻春分秋分晝五十五刻夜四十五刻此不易之法廣案書言日永星日短所重正在刻漏傳概畧而不論何也史記集解曰馬融王肅謂日長晝漏六十刻日短晝漏四十刻

鳥火虛昴傳鳥南方朱鳥七宿春分之昏鳥星畢見以

正仲春之氣節轉以稚季孟則可知火蒼龍之中星舉
中則七星見可知以正仲夏之氣節季孟亦可知虛元
武之中星亦言七星皆以秋分日見以正三秋昴白虎
之中星亦以七星並見以正冬之三節○正義馬融鄭
元以爲星鳥星火正在南方春分之昏七星中仲夏之
昏心星中秋分之昏虛星中冬至之昏昴星中皆舉正
中之星不爲一方盡見此其與孔異也至舉仲月以統
一時亦與孔同王肅亦以星鳥之屬爲昏中之星其異
者以所宅爲孟月日中日永爲仲月星鳥星火爲季月
以殷以正皆總三時之月讀仲爲中言各正三月之中

八氣也謂馬鄭之言不合天象星火之辰仲月未中故每
時歷陳三月言日以正仲春以正春之三月中氣若然
當言以正春中不應言以正仲春王氏之說非文勢也
孔氏直取畢見稍爲迂迴比諸王馬於理最優廣案中
仲古字本通顓達據文勢以抑王似也然孔於春夏季
孟則轉推之于秋冬又言三秋三節見而歧至七星畢
見其顓達於白虎七宿要之分至無七星畢見之理
幽都傳北稱幽則南稱明從可知也。王云夏無明都避
敬致然即幽足見明闕文相避廣案敬授四時所同春
秋言寅賓亦敬也獨冬不言敬而視夏多曰幽都三字

故知闕文相避孔刪相避直取即幽足見明衍長之耳

夏言敬致者萬物相見之時帝尤重之孔云四時同之

亦舉一隅未必爾也

朔易傳易謂歲改易於北方○正義王云改易者謹約蓋

藏循行積聚引詩嗟我婦子曰為改歲入此室處以肅言

入風物皆易孔意亦當然也廣案傳改易字本諸王而下

厥民隩傳云之隩室也民改歲入此室此處以避風雨同一引

詩其義已判

朞至六月○正云朞四時傳曰時匝四時曰朞丆朞當亘

百六十五日四分度之一王肅云四分日之一又入

六日之內舉全數言之故云三百六十六日也傳云一歲十
二月月三十日正三百六十日除小月六為六日是為
一歲有餘十二日未盈三歲是得一月則置閏焉正義
云一歲所餘實正十一日弱無十二日也王又云斗之
朞即匝也王肅云朞四時是也一朞當三百六十五日四分日之一此言三百六十六日者王肅云四分日之一又入六日之內舉全數以言之故云三百六十有
所建是為中氣日月所在斗指兩辰之間無中氣故以
為閏也

胤子朱傳胤國子爵朱名。正義馬鄭以為帝子之嗣子曰
朱也不知王肅云何孔蓋依王也

咨四岳傳即上羲和之四子分掌四岳之諸侯故稱焉。
正義馬鄭以羲和皆已老死孔謂羲和世職當是其子

孫廣案陶潛聖賢群輔錄引鄭云堯既分陰陽爲四時命羲仲和仲羲叔
和叔等爲之官又主方岳之事是爲四岳又引尚書大傳云羲和既歿後分置八伯舜即
位元祀巡守每至其方各貢兩伯之樂伯夷爲陽伯羲仲之後爲羲伯所棄爲
夏伯羲叔之後爲羲伯咎繇爲秋伯和仲之　後爲和伯垂爲冬伯後闕一人
玉海路史等書所載並同然則孔說本鄭而鄭實本伏傳也又詩崧高毛傳云堯時
姜氏爲四伯掌四嶽之祀述諸侯之職鄭箋云四嶽卿士之官掌四時者也因主方
嶽巡守之事堯時姜姓爲之孔穎達正義云堯立四伯主四時四方之岳書堯典已咨四岳是
也周語說伯夷佐禹云共工之從孫四岳佐之又曰祚四岳國命爲侯伯皆謂伯夷
爲四岳又鄭語伯夷能禮於神以佐堯者也舜使伯夷典禮則伯夷於堯時已
掌禮也堯時四岳內典王朝之職外掌諸侯之事因掌四岳故獨得四岳之名

叢談　談當作書

六日定内舉全數言之故云三百六十六日也傳云一歲十二月月三十日正三百六十日除小月六為六日是為一歲有餘十二日未盈三歲是得一月則置閏焉正義朞即匝也王肅云朞四時是也一朞日當三百六十五日四分日之一此言三百六十六日者王肅云四分日之一又入六日之内舉全數以言之故云三百六十六日云一歲所餘實正十一日弱無十二日也王又云斗之所建是為中氣日月所在斗指兩辰之間無中氣故以為閏也

滑子朱傳滑國子爵朱名。正義馬鄭以為帝子之嗣子曰朱也不知王肅云何孔蓋依王也

咨四岳傳即上羲和之四子分掌四岳之諸侯故稱焉。正義馬鄭以羲和皆已老死孔謂羲和世職當是其子

孫。審案陶潛聖賢群輔録引鄭云堯既分陰陽爲四時命羲仲和　仲羲叔
和叔等爲之官又主方岳之事是爲四岳又引尚書大傳云羲和既孔後分置八伯舜即
位元祀巡守每至其方各貢兩伯之樂伯夷爲陽伯羲仲之後爲羲伯所棄爲
夏伯羲叔之後爲羲伯咎繇爲秋伯和仲之　後　爲和伯垂爲冬伯後闕一人
王海路史等書所載並同然則孔說本鄭而鄭實本伏傳也又詩崧高毛傳云堯時
姜氏爲四伯掌四嶽嶽之祀述諸侯之職鄭箋云四嶽卿士之官掌四時者也因主方
嶽巡守之事堯時姜姓爲之孔穎達正義云堯主四伯主四時四方之岳堯典謂之四岳是
也周語說伯夷佐禹云共工之從孫四岳佐之又曰祚　四岳國命爲侯伯皆謂伯夷
爲四岳又鄭語伯夷能禮於神以佐堯者也舜使伯夷典禮則伯夷於堯時已
掌禮也堯時四岳内典王朝之職外掌諸侯之事因而掌四岳故獨得　四　岳　之名

據此則先儒皆但以四岳爲主四時之官但伯夷姜姓不得云
即羲和耳王肅説詩述毛非鄭故於羲和有述職之説也
方命圮族傳鯀好此方名命而行事輙毁敗善類○正義好此方直
之名內有姦回之志命而行事輙毁敗善類鄭王以方爲放謂放棄
教命易坤卦云六二直方大是直方爲美名此經云方故依經爲説
廣案據此則當讀方爲句命字連下矣釋文載馬説與
鄭王同所謂放棄教命者蓋即國語所稱墮高堙卑
楚辭所述鴟龜曳銜之類傳事用陻塞不從帝命也本亦
作放王楙野客叢談云蜀志晉書皆云放命圮族是也蓋四
岳之庸命鯀方命正相反昭八年左傳曰自幕至于瞽瞍

無違命亦此命也

在位七十載傳堯年十六以唐侯升為天子在位七十年時年八十六○正義論捻今之書傳無堯即位之年孔氏必當有所依據未知出何書 廣案此史遷所謂第勿深考者堯本紀無之孔氏見說入年紀而多差舛如堯（惟皇甫謐帝王世紀云唐侯年二十而登帝位蓋因之而故為異說路史又因孔而以堯為十七皆非也）孔好百十七歲舜百十二歲據潁達實計之堯年止百十六皇甫謐韓昌黎又云百十有八史記及鄭注皆云舜年百歲孔又云文王即位時年四十七成王年二十潁達于成王（穆王年過四十即位）年引王肅驗之餘並無所實徵斯為妄也堯年十六之文邢昺論語正義引作伏生尚書大傳今無原本可覆按

據此則先儒皆但以四岳為主四時之官但伯夷姜姓不得云
即羲和耳王肅說詩述毛非鄭故於羲和有述職之說也
方命圮族傳鯀好比方名命而行事輒毀敗善類○正義好比方直
之名內有姦回之志命而行事輒毀敗善類鄭王以方為放謂放棄
教命易坤卦云六二直方大是直方為美名此經云方故依經為說
廣案據此則當讀方為句命字連下矣釋文載馬說與
鄭王同所謂放棄教命者蓋即國語所稱墮高堙卑
楚辭所述鴟龜曳銜之類傳用陻塞不從帝命也本亦
作放王楙野客叢談云蜀志晉書皆云放命圮族是也蓋四
岳之庸命鯀方命正相反昭八年左傳曰自幕至于瞽瞍

無違命亦此命也

在位七十載傳堯年十六以唐侯升為天子在位七十年

時年八十六○正義徧撿今之書傳無堯即位之年孔

氏必當有所依憑未知出何書 廣案此史遷所謂第勿

志祖案傳本作喜朱特

傳寫作放俞圯族

氏孔說人年紀而多差舛如堯（自帝位蓋因之而致為異說路史又因孔而致差為十文皆非也孔好）

據穎達實計之堯年止百十六

史記及鄭注皆云舜年百歲孔

又云文王即位時年四十七成王年二十穎達于成王（穆王年過四十即位）

年引王肅騐之餘並無所徵實斯為妄也堯年十六之文

邢昺論語正義引作伏生尚書大傳今無原本可覆按

穎達雖云孔不用伏但既有之亦不得徧檢無年恐邢
氏之誤引歟
師錫帝曰傳堯有禪位之志故明舉明人在側陋者師衆
錫與也○正義云古者將舉大事訊羣吏訊萬民堯將
禪位咨四岳使問羣臣衆舉側陋衆皆願與舜堯計事
之大者莫過禪讓必應徧詢吏民非獨在位賤言得其
實矣廣案傳本王說明舉明人四字甚無理僉穎達亦
病之曰言揚舉也經之揚在二明字兩明之中經于明
中宜有揚字言明舉明人于側陋之處明下有揚故上
闕揚文傳進舉于明上互文以足之夫遍詢吏民肅之

所謂明明也何反棄之且右書重言明明多矣何用倒置郎（致）多曲解乎六朝人手筆似巧寔拙

帝曰我其試哉（曰虞舜傳虞氏舜名○正義王云虞地名也正義何孔乃云蓋以地為氏）傳欲試舜觀其行迹○正義馬鄭王本皆無帝曰當時庸生之徒漏之也鄭云試以為臣之事王云試之以官鄭王皆以舜典合于此篇故指歷試之事充此試哉之言孔摭（捿據）古本別卷此試哉正謂以女試之既善治家別更試以雜事與此異也廣業孟子言堯使其子九男二女百官牛羊倉廩備以養舜畎畝之中使非（舜合德以致孝孝猶偶燭施明于暗室相因而成大光明）試之以事安用百官且堯為天子輒以女試人臆言誣聖未敢謂然

穎達雖云孔不用伏但既有之亦不得云偏檢無年豈邪

氏之誤引歟

師錫帝曰傳堯有禪位之志故明舉明人在側陋者師衆

錫與也○正義王云古者將舉大事訊羣吏訊萬民堯將

臣衆舉側陋衆皆願與舜堯計事

應復傳詢吏民非獨在位斯言得其

明舉明人四字甚無理會穎達亦

論語正義引大傳堯年十六之文不記在何篇也示之

詹景風性理小辨謂孔子未嘗略……伯魚先孔子五年卒

序皆言子思年止六十二是大思孟生卒之年既絕不相值

安能親受業乎且又孟子稱子思字者非一又言昔者魯繆

繆公己詳其為追溯無疑但子思之學得諸曾子而七

逸文

篇述二子之言最多則師承固非無自耳

右論師承

孟門從遊者趙岐注弟子十五人樂正子公孫丑陳臻公都子充虞季孫子叔高子徐辟咸邱蒙陳代彭更萬章屋廬子桃應學於孟子四人孟仲子告子滕更盆成括見漢書古今人表者五人公孫丑萬章告子樂正子高子宋徽宗政和五年從祀孟廟視趙注無盆成括爲

試之以事安用百官且堯爲天子輒以女試人朕言試

聖未敢謂然

瞽子傳無目曰瞽舜父有目不能分別好惡故時人謂之瞽瞶字曰瞍瞍無目之稱○瞍目有無不足深辨史記舜父瞽瞍盲近是孔既不取但當云舜父瞍有目不別好惡人因稱為瞽瞍足矣何用瞽瞍疊訓傳于經義略者甚多一瞽字耳何繁而不殺也且如孔說瞽猶今之渾號瞍亦無目之稱又誰為作惡字耶堯斥其惡曰頑不必拘俗呼為瞽子

釐降女傳降下舜為匹夫能以義理下帝女之心○釐字無訓正義即以義理為釐又謂女以貴適賤必自驕矜初時不下美舜能以義理下其心此以後世尚主之法

揣度館閣娥英挾貴何以觀刑

渠劉勰臧否論（嬀汭傳嬀水之汭○水經注馬融云水所出曰汭王肅云汭入也）云五經世典學不因譯而馬鄭註說帝（音）字

互改是以昭穆（穆）不祀謬師資于同頌允（允）塞寔（寔）安乖聖德

于堯典廣案先塞字惟姚方興（興）本舜典有之非與（馬）鄭所

注堯典允恭克讓鄭注並無乖誤不知所知（指）從宏明集（集）

附錄于此

舜典○此篇釋文題王氏注相承云梅賾上孔氏傳古文尚書失舜典一篇時以王肅注頗類孔氏故取王氏從慎徽五典以下為舜典以續孔傳徐先民亦音此本然則德明所見本全用王注矣穎達作正義乃斷為姚方興所上孔傳而改題曰孔氏傳德明穎達同時人歧誤如此真贗判然矣今本所謂孔傳特小變王氏之文耳已詳隨筆

瞽子傳無目 曰瞽舜父有目不能分别好惡故時人謂之

詹道傳集注

案朱子集注已言孟子之生去孔子未百年

亦然與陳以就正同知又非即陳氏所見之譜矣

丑以年前顯王繼立而孟子仕齊當在顯王三十七八

時孟子年纔過四十何遽云齒德

失考也案宿過先孔子辭則子思逮事孔子甚明而孔子世家及家語後

言信有其一則長于王可知也禮

尚在立侍聽役之列使以强仕之

年而言鄉黨莫如齒景丑齊客其可欺乎寧歸孟子之

年最明白可數者為齊鄉時已自言我四十不動心耳知其時年必有耆艾矣

譜本不足憑兒就譜言之則出入八十歲也其叙生年當
改定字去三年為安王十七年辛赧王十三年或十二
年而譜倒為二十又衍六字也若生於己酉烈王則孟子去
齊時去孔子百六七十年已在五世之外不得云去聖
未遠如此矣今為約紀其年曰周安王十七年丙申孟
子生至烈王元年丙午年十一歲顯王元年癸丑孟子

堯典。此篇標題王氏注相承云梅賾上孔氏傳古文尚書失舜典一篇時以王肅
注頗類孔氏故取王氏從慎徽五典以下為舜典以續孔傳徐先民亦音此本然
則總明所見本全用王注矣穎達作正義乃斷為姚方興所上孔傳而改題曰孔氏傳
總明穎達同時人歧誤如此真贋判然矣今考所謂孔傳特小變王氏之文耳已詳
隨筆

失考也案伯魚先孔子卒則子思逮事孔子甚明而孔子世家及家語後

年最明白可考[illegible]

譜本不足憑就譜言之則出入八十歲也其敘生年當
改定字去三年字為安王十七年卒赧王十三年或十二
年而譜倒為二十又衍六字也若生於烈王己酉則孟子去
齊時去孔子百六七十年已在五世之外不得云去聖
未遠如此矣今為約紀其年曰周安王十七年丙申孟
子生至烈王元年丙午年十一歲顯王元年癸丑孟子
歲矣。此篇標題王氏注相承云梅賾上孔氏傳古文尚書失舜典一篇時以王肅
注頗類孔氏故取王氏從慎徽五典以下為舜典以續孔傳徐先民亦音此本然
則德明所見本全用王注矣穎達作正義乃斷為姚方興所上孔傳而改題曰孔氏傳
德明穎達同時人岐誤如此真屬判然矣今考所謂孔傳特小變王氏之文耳已詳
道筆

贊
子專無

案此許云古本蓋因家
語終記解而附會爲之
稽詳志祖家語疏證

譜本不足憑就譜言之則出入八十歲也其叙生年當
改定字去三年為安王十七年卒赧王十三年或十二
年而譜倒為二十又衍六字也若生於己酉則孟子去
齊時去孔子百六七十年已在五世之外不得云去聖
未遠如此矣今為約紀其年曰周安王十七年丙申孟
子生至烈王元年丙午年十一歲顯王元年癸丑孟子

癸丑○此篇釋文題王氏注相承云梅賾上孔氏傳古文尚書失舜典一篇時以王肅
注頗類孔氏故取王氏從慎徽五典以下為舜典以續孔傳徐仙民亦音此本然
則德明所見本全用王注矣穎達作正義乃斷為姚方興所上孔傳而改題曰孔氏傳
德明穎達同時人歧誤如此真贗判然矣今考所謂孔傳特小變王氏之文耳已詳
隨筆

瞽瞽子傳無目　曰瞽舜父有目不能分别好悪故時人謂之

三

志祖案說文徐鉉本用孫愐唐韻徐鍇繫傳自用朱翱反切徐本不同也

改定字去三年為安王十七年辛赧王十三年或十二
年而譜倒為二十又衍六字也若生於己酉則孟子去
齊時去孔子百六七十年已在五世之外不得云去聖
未遠如此矣今為約紀其年曰周安王十七年丙申孟
子生至烈王元年丙午年十一歲顯王元年癸丑孟子

舜典○此篇釋文題王氏注相承云梅賾上孔氏傳古文尚書失舜典一篇時以王肅
注頗類孔氏故取王氏從慎徽五典以下為舜典以續孔傳徐先民亦音此本然
則德明所見本全用王注矣穎達作正義乃斷為姚方興所上孔傳而改題曰孔氏傳
德明穎達同時人歧誤如此真贗判然矣今考所謂孔傳特小變王氏之文耳已詳
隨筆

瞽子傳無目　曰瞽舜父有目不能分别好惡故時人謂之

三

進校定說文表云說文之時未有翻切後
益互有異同孫愐唐韵行之已久今並以
音切爲定

譜本不足憑就譜言之則出入八十歲也其叙生年當
改定字去三年為安王十七年辛赧王十三年或十二
年而譜倒為二十又衍六字也若生於己酉則孟子去
齊時去孔子百六七十年已在五世之外不得云去聖
未遠如此矣今為約紀其年曰周安王十七年丙申孟
子生至烈王元年丙午年十一歲顯王元年癸丑孟子

堯典○此篇釋文題王氏注相承云梅賾上孔氏傳古文尚書失舜典一篇時以王肅
注頗類孔氏故取王氏從慎徽五典以下為舜典以續孔傳徐先民亦音此本然
則德明所見本全用王注矣穎達作正義乃斷為姚方興所上孔傳而改題曰孔氏傳
德明穎達同時人歧誤如此真贋判然矣今考所謂孔傳特小變王氏之文耳已詳
隨筆

案朱子集注已言孟子之生去孔子未百年見子未得為孔子徒句下魯道傳集注〔原〕⋯⋯箋說哀公十六年孔子卒又十

年⋯⋯悼公立據史表當作十二年唐景凡〔?〕又誤作十六年悼公四十年史表三十七年元公二十一年史表二十二年穆公三十三年史表三十一年共公二十二年史表二十四年康公九年景公

二十九年共一百六十四年史表六十六年而平公繼立〔當〕孔子而來百有餘歲則孟子必生於穆共之間今以六國表考之魯穆公立

於威烈王之十九年卒于安王之二十五年是孟子生〔當〕安王之世⋯⋯則後三年

二世下〔?〕譜本　〔?〕本〔?〕

〔?〕孟　又先下〔?〕　前至于

〔?〕王〔?〕〔?〕三年

稿今為

亦然與陳說正同知又非即陳氏之所見之譜矣〔?〕　門用

〔丑之〕年〔顯〕顯王繼立而孟子仕齊當在顯王三十七八後三年烈王

至四十一二等年後詳時孟子年總過四十何遽云齒德

皆尊而自居長者趙注孟子年老故自稱長者且齊王自謂吾惛其

年亦非盛壯而孟子言僅有其一則長于王可知也禮

六十始杖鄉遇鄉飲尚在立侍聽役之列使以强仕之

年而言鄉黨莫如齒景丑齊客其可欺乎〔?〕孟子之

〔?〕知其特年〔?〕者否

譜本不足憑況就譜言之則出入八十歲也其敘生年當

改定字去三年字為安王十七年辛赧王十三年或十二

年而譜倒為二十又衍六字也若生於烈王己酉則孟子去

齊時去孔子百六七十年已在五世之外不得云去聖

未遠如此矣合為約紀其年曰周安王十七年丙申孟

子生至烈王元年丙午年十一歲顯王元年癸丑孟子

舜典。此篇釋文稱是王注正義謂是孔傳今考之與王小異

耳詳隨筆

納于大麓傳納舜使大録萬機之政。宋書百官志王肅說尚書云堯納舜于尊顯之官大録萬機之政也正義王云堯得舜任之事無不統（統）自慎徽五典以下是也其言合孔意

正月上日傳上日朔日也。（史記集解引馬融說如此）正義王肅等以為惟殷周改正易（易）民視聽自夏以上皆以建寅為正孔意亦然下歲二月傳云既班瑞之明月明此為建寅之月也廣案傳意有未明者正義多引王說申之時肅本尚存穎達見其多與孔同（反）生竊見之說青出于藍而青于藍殆有然歟

在璿璣玉衡以齊七政傳璿美玉璣衡玉者天文之器可運轉者七政日月五星各異政舜察天文齊七政以審己當天心與否○正義正天文之器漢以來謂之渾天儀者是也馬融云渾天儀可旋轉故曰璣衡其横簫所以視星宿也以璿為璣以玉為衡蓋貴天象也日月星以是度知其盈縮進退失政所在聖人謙讓猶不自安視璿璣玉衡以驗齊日月五星行知其政是與否重審己之事也廣案傳本于馬以渾天儀非虞所有故以王者正天文之器渾之可謂取矣然舜帝也何稱王者汲古永懷本王並訛玉

上帝傳告天及五帝○釋文王云上帝天也正義家語金木水

火土其神謂之五帝王肅云五行之神助天理物者孔意亦
然
六宗傳四時也寒暑也日也月也星也水旱也○正義祭法云
埋少牢于太昭祭時云云王肅亦引彼文乃云禋于六宗此之謂矣
書洋神傳鄭陵墳衍古之聖賢皆祭之○詩我將正義引書注云鄭陵墳衍是屬此鄭注孔意用之
岱宗傳泰山為四岳所宗○下南岳傳南岳衡山西岳華山北岳恒山○詩崧高正義云王肅注書如此
三帛傳諸侯世子云云○正義旨孔時或有所較未知出何書
王肅云三帛纁玄黃也云云肅注尚書○其言多同孔傳○廣案
王既云三色又云附庸等所執之色未詳聞又稱或曰其說
經可謂慎矣孔直取或說專固之甚穎達未知所出愚以出
王肅也詳隨筆

象以典刑傳法用常刑○王云言宥五刑則正五刑見矣

金作贖刑傳金黄金○正義呂刑其罰百鍰傳為黄鐵與此不同者古之金銀銅鐵總號為金別之四名耳黄金黄鐵皆今之銅也古贖罪用銅漢始用黄金但少其斤兩令與銅相敵 廣案黄金本馬融之說王肅恐亦（想亦）當然馬王於此訓金為黄金○于呂刑但說鍰之輕重而已○孔忽金忽鐵自相矛盾正義于此（月令審五庫之量首曰金鐵使鐵亦號金則為煩贅）及呂刑周章回護心跡苦矣

四罪而天下咸服傳明皆徵用所行○正義鄭元以為禹治水事畢乃流四凶故王肅難鄭言若待禹治水功成而後以鯀為無功殛之是舜用人子之功而流放其父（則）禹之勤勞適足

使父致殛爲舜失五典克從之義禹陷三千莫大之罪進退無據亦甚迂哉廣桼肅言如此則知傳誅四凶爲徵用時事正用王說也舊唐志有尚書釋駁五卷王肅撰難鄭其即是書歟

魏志稱肅善賈馬之學而不好鄭氏爲尚書解列於學官

月正元日傳月正元日上日也○王云月正元日猶言正月上日也變文耳禮云令月吉日又變文言吉月令辰此之類也

廣桼王說明通傳取之甚拙

阻飢熙帝之載傳載事也○正義鄭云行也王云成也孔以爲事各以意訓耳

播時百穀傳阻難播布也○釋文王云阻難也正義王云播敷

也

五流有宅傳謂不忍加刑則流放之○正義王云謂在八議之

辟君不忍殺宥之以遠上文流宥五刑亦引王云謂君不忍

加刑宥之以遠方廣案三宅已詳隨筆

惟明克允傳言皋陶能明信五刑施之遠近○王云惟明其罪

能使之信服是信施于彼也

汝共工傳共謂供其職事○堯典以共工爲百官○此言供職自

亂其例○正義曲爲之説

朱虎熊羆傳二臣名垂益所讓四人皆在元凱之内○正義云

左傳八元有伯虎仲熊即朱虎熊羆也知殳斨伯與亦在其

內廣案虎熊名或偶同及所伯與十六族無近似者恐是臆蓋因鄭說注竟與有稷契俱在八元中之說而臆造之

剛而無虐簡而無傲傳剛失入虐簡失入傲○考證云入諸本俱作之案正義剛強之失入于苛虐簡易之失入于傲慢知原本兩入字最得解廣案皋陶謨簡而廉剛而塞正義云舜典剛而無虐簡而無傲與此小異彼言剛失之虐此言剛斷而能寔塞寔塞亦是不為虐彼言簡失之傲此言簡大而有廉隅廉隅亦是不為傲也据此則作之亦過通

舜生三十鄭讀此經云舜生三十謂生三十年也登庸二十謂歷試二十年在位五十載陟方乃死謂攝位至死為五十年

舜生一百歲史記舜年三十堯舉用之年五十攝天子事年五十八堯崩年六十一踐天子位三十九年崩

尚書卷二

大禹謨○僞書始此篇五子之歌胤征仲虺之誥湯誥伊訓太甲三篇咸有一德説命三篇泰誓三篇武成旅獒微子之命蔡仲之命周官君陳畢命君牙冏命孔序所謂增多二十五篇也實止二十四篇文既平淺傳尤支飾如儆戒無虞罔失法度傳云戒于無形備慎深秉守法度言有恒罔遊于逸罔淫于樂傳云遊逸過樂敗德之原富貴所忽罔違道以干百姓之譽傳云失道求名古人賤之罰弗及嗣傳道德之政罪疑惟

使父致殛為舜失五典先從之義禹陷三

輕傳云忠厚之至與其殺不辜傳云仁愛之道衆非元后何
戴傳衆戴君以自存君恃衆以守國相須而成雖（此類非也）博辨如穎
達不能有所發明矣餘可例觀
宅帝位三十有三十載○舜典五十載乃死去孟子薦禹十七
年卅偽書所本○
皋陶謨庶明勵翼（若帝之初傳順舜之初攝帝位發事奉行之○此義若不得為如也舜典之守之事言如初者皆言如不言者知此若為順也崇若詳隨筆及後）傳衆庶皆明其教而自勉勵翼戴上命（近可推而遠者在此道）○王
云以衆賢明為砥厲為羽翼（集解鄭云以衆明作羽翼之臣此政由近可以及遠也孔於庶明別解通可述用鄭）
擾而毅傳擾順也致果為毅○三國蜀志注引鄭元曰擾馴也餘同
彰厥有常吉哉傳彰明吉善也明九德常以擇人而官之則政
之善○王云明其有常則善也言有德當有恒也
俊乂傳俊德治能之士○馬鄭王皆云才德過千人曰俊百人

曰乂 廣案汲古本訛作能治之事
庶績其凝傳凝成也○鄭同馬王之定也正義謂皆以意訓耳
一日二日○馬王皆云猶日日也孔無傳
天工人其代之傳人代天理官不可以天官私非其才○王云
天不〔自〕不下治之故人代天治之不可不得其人也
五禮傳公侯伯子男五等之禮○正義王云五禮謂王公卿大
夫士鄭云天子也諸侯也卿大夫也士也庶民也此無文可
據各以意說 廣案禮為天秩雖無文可據概以五等則上而
帝王下而士庶皆可無禮矣鄭王為是
思曰贊贊襄哉傳贊奏上古行事而言之○正義王云贊贊猶

贊奏也顏氏之襄上也謂贊奏上古行事而言之也傳雖
不訓襄字其義當如王說廣棨贊奏字取諸王襄之爲上
仍前襄陵之訓本注亦言上古故顏氏申言之釋文馬云
襄因也二劉用其說

益稷傳禹稱其人故以名篇○正義禹言暨益稷是稱其二人
先言益故在稷前馬鄭王所據書序此篇名棄稷又合此篇
與皋陶謨謂別有棄稷之篇由不見古文妄爲說耳廣棨此
篇首帝曰來禹汝亦昌言繼以禹與皋陶問答文皆與上相屬
何以强割爲二其下並不及益稷事益乃皋陶之子謂稱其
人以名篇支離之甚

禹曰都帝予何言傳拜而辭不言欲使帝重皋陶所陳○王云
帝在上皋陶陳謨于下已備矣我復何所言乎
暨益奏庶鮮食傳鳥獸新殺曰鮮○釋文馬云鮮生也廣案四
載載所至禽獸魚鱉諸含生之物皆以充食故曰庶鮮也濬
畎之後田可播穀則艱食為上而鮮食亦不廢兩鮮食同義
傳于上鮮專指禽獸下鮮云決以有魚鱉使民鮮食之迂甚
釋文馬本艱作根〻生之食謂百穀處詩思文正義引義鄭
云之禹後復與稷教民種澤物菜茯蔬難厄之物授以水之衆魚鼈食
謂魚鱉也
化居傳化易也居謂所宜居積者交易其所居積○王云易居

者不得空去當滿而去當滿而來也
日月星辰山龍華華虫傳畫三辰山龍華虫于于衣服旌旗○正
義如孔解舜時天子之衣畫日月耳鄭元亦以為然王肅以
為舜時三辰即畫於旌旗不在衣也天子山龍華虫耳廣棨
孔但取旌旗之字不復分別知其中無定見也
以五采彰施于五色傳天子服日月而下諸侯自龍袞而下至
黼黻士服藻火夫大加粉米上得兼下下不得僭上○正義
云馬融不見孔傳其注亦以為然以古有此言相傳為然也
廣棨馬不見孔孔則見馬否則何以適同
丹朱傲傳丹朱堯子下文夔言虞賓在位羣后德讓此云用殄

厥世恐非堯子也據孔說嚚訟之朱為久國之子安知非朱不名丹朱乎

子弗子傳不暇子名之○史記夏紀張守節正義曰不子謂不得慈愛之也鄭元樂記及蔡義易直子諒注並云子如子不子之子

五千傳五百里四方相距為方五千里○釋文馬云面五千里為方百里正義王云五千里者直方之數若其迴斜委曲動有倍加之較是直路五千里也詩天作正義引鄭云堯之時土廣五千里禹弼成五服土廣萬里王雖云禹之時土廣三倍于堯計萬里為方五千里者四

州十有二師傳一州用三萬人功九州二十七萬庸○正義周禮大司馬法二千五百人為師每州十二師通計一州用三萬人功摠計九州用二十七萬庸〻亦功也州境既有廣狹用功必有多少言三萬人者通率為然治水四年用功多矣不知用幾日也鄭元云州立十二人為諸侯師以佐牧釋文引鄭亦云師長也　廣業下文外薄四海咸建五長然則五服建十二師四海建五長文勢相承故復以各廸有功總之傳于此忽詳治水傭功下又言五國立賢者一人為方伯謂之五長以相境統治又云九州五長各蹈為有功惟三苗頑凶不得就工將謂九州二十七萬庸皆就官耶於理不可通矣

禹治水自須人力然當巢窟其治之日亦豈能每州會出三萬人又恰好二十七萬功毋何異顏率說武王遷九鼎〻用九十萬人耶九鼎用九十萬耶

祖考來格傳以祖考來至明之○王云祖考來至者見其光輝也蓋如漢書郊祀志稱武帝郊祭天祠上有美光也

尚書第三

冀州既載傳先施貢賦役載於書○釋文馬鄭皆曰載於書正義王云言已賦功屬役載於書籍傳意當然廣案冀州帝都所在故首列之非治水之始兖州言九河既道又云作十三載乃同知始于兖州也

壺口治梁及岐傳壺口在冀州梁岐在雍州○正義云孔去漢
初七八十年身為武帝博士必見秦時圖籍其山水所在驗
實而知壺口在冀梁岐在雍當時疆界為然也於冀州言及
雍州之山者從東循山治水而西故也鄭云於此言治梁及
岐者蓋治水從下起以襄水害易也廣案梁岐在雍即秦籍
有是不得夏時疆界據以為準況并漢籍未見乎

太原○正義大原原之大者漢書以為郡名傳欲省文故云高
平曰太原今以為郡名即晉陽縣是也廣案水經注引尚書
大傳曰大而高平者謂之大原孔蓋取之與爾雅乎異詩六
月至于太原毛鄭無穎釋穎達以為太原之地則地名也

至于衡漳傳漳水横流入 河從覃懷致功至横漳。釋文衡如字横也馬云水名正義鄭亦云横漳之水横流王云衡漳水名廣案孔于此叅用鄭説

厥田惟中中傳田之高下肥瘠九州之中為第五。正義鄭云田著高下之等者當為水害備也則鄭謂地形高下為九等王云言其土地各有肥瘠則肅定其肥瘠為九等也故孔云高下肥瘠共相叅對以為九等廣案如穎達言是孔參取鄭王之説然釋文馬亦云土地有高下則仍叅用馬王耳

恒衛傳二水已治從其故道大陸之地已可耕作。正義壺口與雍州之山連文故傳言壺口在冀州此無所據故不言在

冀州以下皆如此廣案孔既得見秦時圖籍何止壺口梁岐
有州名可據餘並闕如耶
島夷皮服傳海曲謂之島居島之夷還服其皮。王云島夷東
北夷國名釋文馬云北夷國廣案鄭王作鳥惟馬作島孔從
之
夾右碣石入于河傳碣石海畔山禹夾行此山之右而入河逆
上此州帝都不說境界以餘州所至則可知。正義云時帝
都近河故于每州之下皆言浮水達河謂記禹還都之道也
青揚不言河者兗州云浮于濟漯達于河故青州直云達于
濟徐州云浮于淮泗達于河故揚州直云達于淮泗皆記禹

入河之道也王肅云凡每州之下説諸治水者禹功主于治水故詳説其所治之州往還所乘涉之水名肅雖不言還都白帝亦謂禹治水故浮水也又馬鄭皆云冀州不言其界時帝都之使若廣大然文既局以州名復何以見其廣大是妄説也廣案帝都四達貢賦所輸故諸州必詳達河所由孔氏獨于豫州言還都白帝所治亦其最近帝畿故耳非必諸州乘涉每治一州訖輒還白帝也禹貢于諸州先言境界其下即云某水既道某地既略某山既旅某水其義而已惟冀州于既載下紀其山則曰壺口治梁及岐紀其地則曰既脩太原至于岳陽紀其水則曰覃懷厎績至于衡漳及者彼此連屬

之辭至于者首尾兼之辭然則非不言境界特先州名後界域耳帝都控御八州梁岐乃其接境必如孔傳梁岐在雍州則兖豫皆河青揚皆海雍州皆黑水又何以説焉—諸州界言及者惟徐荊地言至于者惟雍而冀兼有之大一統尊帝畿之義昭然可見後導山北條岍及岐次壺口雷首至于太岳終太行恒山至于碣石入于海亦以帝都所在兼及與至于之文馬鄭以為使若傳乃岍岐荊山皆在雍州壺口以下始皆在冀州迂矣廣大非無見也雍亦言至于者地接京畿又連荒服王者亦無中外故亦為首尾之詞紀山曰終南惇物至于鳥鼠紀地曰原隰底績至于豬野且極之三苗三危

距岱

德化之遠因可見矣

濟河惟兗州傳東南據濟西北距河。詩譜正義引未詳

作十有三載乃同傳治水十三年乃有賦法與他州同。正義

（天東南據濟西北距河　本書距濟尚云據者則州境東南踰濟水也今孔傳改指為距誤矣）

馬云禹治水三年八州平故堯以為功而禪舜是十二年而

八州平十三年而兗州平兗州平在舜受終之年也史記集解鄭元

日十三年乃有賦與八州同孔用其語

嵎夷傳地名。馬注堯典嵎夷云嵎海隅也夷萊夷也据此下

有萊夷則馬意以嵎夷為兩地也傳因混之東表之地稱嵎

此處馬直云地名傳亦云地名正義謂嵎夷萊夷和夷為地

名淮夷為山名島夷為狄名皆視義為說也廣案此傳雜采

前人之說本無定見也

惟土五色傳王者封五色土為社云云集解鄭云土五色者所以為大社之封孔本之又漢郊祀志平帝時徐州牧歲貢五色土各一斗

淮夷傳二水名。釋文馬云淮夷二水名孔傳云淮陰之水本

亦有作淮夷二水也正義王肅亦以淮夷為水名鄭元以為
淮水之上夷民
惟金三品傳金銀銅也。詩泮水正義引王肅注以爲三品者金銀銅也
瑤琨傳皆美玉。王云美石次玉者也　廣案孔直言美玉非
惟木傳楩梓豫章。正義三者是揚州美木所貢之木不止此
廣案豫章下當加之屬二字
厥包橘柚錫貢傳錫命乃貢言不常。王云橘與柚錫其命而
後貢之不常入當繼荊州之無也
九江孔殷傳甚得地勢之中。揚州為地中未聞鄭解為甚衆
是也
沱潛既道傳沱江別名潛水名。正義地理志荊梁二州各有

沱潛孔梁州傳云沱潛發源此州入荊州合二沱潛為一然
然彼州山水古今不可移易孔為武帝博士地理志無容不
知蓋以水自江漢出者皆曰沱潛但地勢西高東下雖於梁
州合流還于荊州分出猶濟水入河還從河出故孔本舉大
略為發源梁州耳

丹傳丹朱類○王云丹可以為朱此言丹砂可以髹漆為朱也
豈朱類乎

包傳橘柚○王云揚州厥包橘柚從省而可知也丑

滎波既豬傳滎澤波水已成遏豬○正義馬鄭王本皆作滎播
謂此澤名滎播廣案滎澤之波禹貢無此筆法

導菏澤被孟諸傳菏澤在胡陵孟豬澤名在菏東北水溢流處
覆被之正義地理志胡陵無菏澤其水亦無流入孟豬者
黑水西河惟雍州傳西距黑水東據河龍門之河在冀州北〇
正義王云雍州之境被荒服之外東不越河而西踰黑水本
皆云西據黑水東距西河所言得其實也㣲檢孔東而云西
西距（據）黑水東距據何必是誤也又河在雍州之河謂之西河者
龍門之河在冀州西界故謂之西河王制云自東河至於西
河千里而近是河相對而西也廣案孔誤會王意故倒其據
距字但正義亦尚有訛字俟覓善本校之（上距字正義作據集解作西據黑水東據河集解引同則此距字又後人所改）
崐崘析支渠搜西戎即叙傳四國在荒服之外流沙之内羌髳

之屬○正義王云崐崘在臨羌西析支在河關西西戎西域也肅不言渠搜鄭并渠搜為一孔傳不明或亦以渠搜為一通西戎為四也鄭以崐崘為山別有崐崘之山非河所出者者也孔意或是地名國號不必為山也廣桼釋文引漢書志朔方郡有渠搜縣武紀云北發渠搜是渠搜為地名崐崘析支馬同王說馬鄭王于地名或詳或闕皆非率爾孔因臨羌字遂臆斷為四國又不明言何者為國輒据牧誓以羌髳實之西漢經師無此支吾也

合黎傳水名○集解馬王皆云合黎地名鄭云水名孔從鄭

導岍及岐至于荊山傳更理說所治山川首尾所在三山皆在雍州○正義馬王皆為三條導岍北條西傾中條嶓冢南條

鄭以為四列導岍陰列西傾次陰列嶓冢次陽列岷山正陽列鄭創為此說孔亦嘗為三條也廣業下文嶓冢至于荊山傳荊山在荊州與此言在雍州者矛盾理說二字是晉人口角

同為逆河傳同合為一河名逆河而入于渤海○正義鄭云下尾合名為逆河言相向迎受王云同逆一大河納之于海意與孔同

三澨○水經注鄭元王肅孔安國等咸以為峰名三澨水名也

西傾因桓是來○水經注馬融王肅云西治傾山惟因一水是來無他塗也

沇水東流為濟傳在溫西北平地○正義濟水近在河內孔必驗而知之（見今濟水所出在溫之西北七十餘里　廣業濟水伏流何因出在平地顯違言驗而知之）豈水性古今變易耶

鳥鼠同穴傳鳥鼠共為雌雄同穴處此山遂名山曰鳥鼠○正（孔傳不用之刪共為雌雄之說）（詩秦譜正）義引王肅書注云鳥鼠同穴皆山名則是鳥鼠與同穴為二山也又疏焉有正

義引爾雅郭璞注云尚書孔傳云共為雌雄誌張氏地理記云不為牝牡璞並載此言未知誰得實也廣棨孔傳晚出郭璞何由先引入注且釋文畜釋鳥皆有其文也或舉此為難應之曰此非郭注乃梁劉昭續漢志補注之文也續漢郡國志首陽有鳥鼠同穴山補注先引爾雅其鳥為鵌其鼠為鼵如人家鼠而短尾云云次引孔安國尚書傳張氏地理記云云次引山海經云云棨如人家鼠以下皆郭璞注中語劉昭並不分別本文及注至孔張乃别出書名則是劉昭所引明矣穎達言孔傳在隋初從江左流入河朔蔡大寶巢夷猗等為之正義而略劉昭在梁尤可尊信後有好事者重校爾雅

太平御覽九百二十八羽族部引爾雅曰鳥鼠同穴其鳥為鵌其鼠為鼵注引郭璞注曰鼵如家鼠而短尾鵌似鵽而小黃色穴入地三四尺鼠在内鳥在外今在隴西首陽縣鳥鼠同穴山也所引並無孔張之說矣

水經注鳥鼠同穴引郭元及孔安國杜彦達張晏言不為牝牡劉昭之張氏即張晏也

便便以此注淶入而穎達亦為所誤至釋畜一條已詳隨筆

矣注書引孔傳始晉李顒集注次宋裴駰史記集解次梁劉孝標世説新語注劉昭續漢書補注

漆沮傳二水名亦曰洛水○正義引地里志無漆沮名洛之説

又引水經沮水入洛又云以水土驗之與毛詩自土沮漆者

别然則漆沮亦曰洛水孔氏謬也詩瞻彼洛矣毛傳以洛為宗周溉浸水正義乃引安國此注證洛水為漆沮未免歧誤

三百里納秸服傳秸藁也服藁役○正義於此言服明上下服

皆有所納之役也四百里猶尚納粟此當藁粟别納非徒納

藁也廣案此解欠明

二百里蔡傳蔡法也○集解馬云蔡法也受王者刑法而已

荒服傳言荒又簡畧○王云政教荒忽因其故俗而治之此王

用馬説而以荒略為荒忽傳兼用之

蠻傳以文德蠻來之○正義王云慢也禮儀簡慢與孔異廣案
（集解馬云蠻慢也禮儀簡怠慢來不距去不禁鄭謂）
傳參鄭說彼以蠻者聽從其俗羈縻其人耳故云蠻之言緡
也緡是繩意言蠻者以繩束之也然孔言蠻來語頗不明
流
荒服傳五服相距為方五千里○正義五服之制各五百里是
王城四面之別二千五百里四面相距為方五千里也賈逵
馬融以為五百里米特有此數去王甸服之外百里至城千
（甸服之外每百里為差所納總銍秸粟米者是甸服之外其侯服之外每言三百二百里者還就其服之內別為名非是服外更有其地也 蔡氏註 正義）
里至其侯綏要荒服各五百里是面三千里相距方六千里
鄭云以為五服之別五百里是堯之舊制及禹弼之每服之
間更增五百里面別之至于五千里相距為方萬里司馬遷與
孔意同王肅亦以為然故肅注此云賈馬既失其實鄭元又

郭注山海經亦並不妨并以為漆入矣但何言太過否

矣……漆入而穎達亦為所誤至釋畜一條已詳隨筆（始宋裴駰史記集解次梁劉孝標世說新語注劉昭續漢書補注）

漆沮傳二水名亦曰洛水○正義引地里志無漆沮名洛之說

又引水經沮水入洛又云以水土驗之與毛詩自土沮漆者

別然則漆沮亦曰洛水孔氏謬也詩瞻彼洛矣毛傳以洛為宗周溉（按水正義乃引安國此注證洛水為漆沮未免歧誤）

三百里納秸服傳秸稾也服稾役○正義於此言服明上下服

皆有所納之役也四百里猶尚納粟此當稾粟別納非徒納

稾也廣案此解欠明

二百里蔡傳蔡法也○集解馬云蔡法也受王者刑法而已

荒服傳言荒又簡略○王云政教荒忽因其故俗而治之此王

用馬說而以荒略為荒忽傳兼用之

蠻傳以文德蠻來之○正義王云慢也禮儀簡慢與孔異廣棻傳集解馬云蠻慢也禮儀簡怠慢來不距去不禁鄭謂鄭說彼以蠻者聽從其俗羈縻其人耳故云蠻之言緡也緡是繩意言蠻者以繩束之也然孔言蠻來語頗不明

流

荒服傳五服相距為方五千里○正義五服之制各五百里是王城四面之別二千五百里四面相距為方五千里也賈逵馬融以為甸服之外每百里為差所納總稽秸粟米者是甸服之近其侯服之外每言三百二百里者還就其服之每為名耳[illegible]五百里米特有此数去王甸服之外百里至城千里至其侯綏要荒服各五百里是面三千里相距方六千里鄭云以為五服之別五百里是堯之舊制及禹弼之每服之間更增五百里面別之千五千里相距為方萬里司馬遷與孔意同王肅亦以為然故肅注此云賈馬既失其實鄭元又

[illegible]別非服外更有其地也詩蔡[illegible]疏武正義

尤不然矣禹之功在平治山川不在拓境廣大土地之廣三倍于堯而書傳無極稱也則鄭之創造難可據信先王規方千里以為甸服其餘均分之公侯伯子男使各有寰宇而使甸服之外諸侯皆入禾槀非其義也史遷之旨蓋得之矣是同于孔也

甘誓傳甘有扈郊地名。正義馬云甘有扈南郊地名。計啟西行伐之當在東郊融扶風人或當知其處廣案傳用馬說而去南字正如穎達所疑也。

六事之人傳同各有軍事故曰六事。○上六卿傳天子六軍其將皆命卿案魏志王肅陳政本疏引書曰明六卿亦典事者也孔並用其說

有扈氏傳有扈與夏同姓德博親而不恭。正義孔馬鄭王與皇甫謐等皆言有扈與夏同姓並依世本之文楚語觀射父曰

堯有丹朱舜有商均夏有觀扈周有管蔡是博親而不恭也

左不攻于左傳左車左右車右。集解引鄭如此

尚書卷四

五子之歌傳如主以尊位為逸豫不勘洛水之表水之南十日曰旬迷亂曰荒陶唐帝堯氏都冀州統天下四方金鐵田石之類皆淺學之甚必姚方興為之也餘蒿可類推

甘酒嗜音。魏志劉煜傳煜與鄭寶宴飲寶性不甘酒視傒甚明此甘酒二字所本

淆征聖有謨訓。左傳引作聖有謨勳野客叢談謂諸經引逸書只此一字與今不同廣棠以勳為訓作偽者有意改頭換面如國語引湯誓無以萬夫今作萬方禮記引君陳此謀此

鄭（猷）今作斯謀斯猷之類不同者正不止一字也

詩鹿鳴鄭箋引書曰篚厥玄黃正義云今禹貢止厥篚玄纁之文而鄭禹貢注引胤征曰篚厥玄黃則此所引亦爲胤征文鄭誤也當在古文武成篇矣鄭不見古文而引張霸尚書故不同耳廣案鄭于詩書兩引篚厥玄黃必不取張霸僞書孔說違萬信古文故云然

湯誓王曰傳契始封商湯遂以爲天下號湯稱王則比桀于一夫。詩商頌譜正義王肅書注契孫相土居商邱故湯因以爲國號廣案正義（契始封商孔用鄭說與肅不同）於詩引之此又阿孔遂以不稱商邱而單名商駁之然古今有天下之號從未聞二字也湯之稱王必

史錄書時追稱之若未伐桀先自王而升陑掩其不備民不
從誓脅以孥戮乃魏晉之世習見簒據不臣之狀遂以妄擬
聖王非古經立敎之旨也
有衆率怠弗協傳衆下相率為怠惰不與上和合○集解馬云衆民相率怠惰不和同
序欲遷其社傳後世無及句龍者○正義云傳同賈逵馬融等
說以社為句龍也
仲虺之誥南巢傳地名○正義周書序巢伯傳云南方遠國鄭
云巢南方之國世一見者桀所奔蓋彼國也以其在南故稱
南耳傳并以南巢為地名不能委知其處
罔不懼于非辜傳商家小大憂危恐其非罪見滅○代夏救民
孟子言之矣今曰懼見剪滅而遽稱兵犯順誣湯予誣虺予

湯誥葛伯仇餉傳葛伯遊行見農民之餉于田者殺其民奪其餉故謂之仇餉湯為是以不祀之罪伐之。仇餉見孟子故出新意偽篇上下文無葛伯廢祀之説此忽又（用序文）云不祀之罪進退失據頗違亦不能曲解也

初征自葛。詩元鳥正義皇甫謐引古文仲虺之誥曰湯征自葛始文與孟子同而與此小異知此偽書也

茲朕未知獲戾于上下傳此代桀未知得罪于天地謙以求衆心。懷疑妄作智者不為況湯大聖行放逐大事果得罪天地何待遍詢衆庶如實無罪是美言欺人也

咎單作明居傳咎單自名主土地之官。正義馬融云咎單為

湯司空傳言主土地之官蓋亦司空也廣案改司空為主土地之官與迅霆塞聰何異史注馬融曰明居明居民之法也

伊訓太甲元年傳太丁未立而卒及湯沒而太甲立稱元年。正義據此經及太甲篇太甲必繼湯後而殷本紀云湯崩太子太丁未立而卒于是立太丁弟外丙三年崩別立外丙之弟仲壬四年崩伊尹乃立太丁之子太甲與經不同彼必妄也劉歆班固不見古文謬從史記皇甫謐得此經作帝王世紀乃述馬遷之語是其疎也廣案殷家兄終弟及世守其法何太甲忽以孫禰祖況外丙仲壬明載孟子即竹書紀年及陽玠史目陶隱居年紀並然安得云馬遷謬妄且皇甫果見

此書宜其奉為信史何反違之顛遠亦自取乖刺也

太甲中惟三祀十有二月朔傳湯以元年十一月崩至此二十六月三年服闋。正義引王肅禮注云與傳同與鄭作二十七月者異

咸有一德序伊尹作咸有一德。禮記緇衣引尹吉鄭注云吉當為告伊尹之誥也書序以為咸有壹德今亡廣案此序可疑据原文已闕作偽者并造之改壹為一

七世之廟傳天子立七廟。正義云鄭注王制天子七廟云此周制殷則六廟夏五廟由不見古文故為此謬說商書已有七廟非獨周也廣案呂氏春秋諭大論引商書曰五世之廟

可以觀恠則夏殷同為五廟鄭言殷六廟者詩烈祖正義引禮稽命徵曰殷五廟至于子孫六注云契為始祖湯為受命王各立其廟並與親廟四故六鄭據之曰殷六廟是未為謬偽書直云六廟斯真謬矣然五子之歌有六馬秦制也其以周制說殷人何恠乎

序沃丁既葬伊尹于亳傳以三公禮葬。正義三公禮葬未必有文要情事當然也。履案漢儒說經必不以想當然之事互談。案皇甫帝王世紀云尹卒百餘歲沃丁以三公禮葬之祀以太牢蓋出短書皇甫及孔皆用之

咎單傳忠臣名。前傳云臣名此加忠字不解其故

桑穀共生于朝傳二木合生七日大拱不恭之罰。正義七日大拱伏生書傳有其文或別出餘書故孔用之又引五行傳貌之不恭云云洪範正義云五行傳伏生之書也孔于桑穀下云七日大拱貌不恭之罰高宗雊雉下云耳不聰之異皆書傳之文也孔取以為說

作伊陟原命傳原臣名。集解馬云原臣名也命原以禹湯之道我所修也

尚書卷五

盤庚序將治亳殷傳盤庚治亳殷○正義束晳云孔子壁中尚[illegible]書云將始宅殷是與古文不同孔壁之書安國先得其本此將治亳殷不可作將始宅殷亳字磨滅容或為宅壁內之書始皆作亂其字與治不類無緣誤作始字知皆不見壁內書云為誤耳廣案孔壁書中秘有之束晳何為不見古文治作亂非始皆作亂也阿好之論竊所不取

民咨胥怨傳民不欲徙乃咨嗟憂愁相與怨上○正義鄭云之民居耿久奢淫成俗故不欲樂徙王云自祖乙五世至盤庚元兄陽甲宮室奢侈下民邑居墊隘水泉瀉鹵不可以行政化徙

都于殷皇甫謐云耿在河北遷近山川自祖辛已來民皆奢侈故盤庚遷于殷三説皆言奢侈孔無此語惟下篇傳水泉沉溺民亦何不樂徙故蕩析離居無安定之極徙以為之極機廣撫予咨胥怨必有大拂民意者如果水泉沉溺民亦何不樂徙甚煩告戒再三傳于此略之下文耶鄭取王説而以沉溺換瀉鹵致多漏義不治上三説為有理也此傳略之下文

盤庚上○正義左傳引作盤庚之誥則亦誥辭也王云不言誥何也取其徙而立功非但録其誥第一下見堯典釋文馬云不言盤庚誥何也非但録其誥也取其徙而立功故以盤庚名篇廣棨王取諸馬于此益信

于今五邦傳湯遷亳仲丁遷囂以河亶甲居相祖乙居耿我
從居殷凡五徙國都○正義鄭王皆云湯自商徙亳數商亳
囂相耿為五計湯既遷亳始建王業此言先王遷都不得遠
數居亳之前充此數也廣森案釋文馬同鄭王此不常厥邑正
謂先王殷方議遷民不適有居何遽并數為五觀下文言今
不承于古益知五邦皆謂古也傳于序既誤解此不得不仍
之至傳今不承于古又云今不承于古而徙云云前後矛盾
所不暇顧

聒

聒聒傳無知之貌○馬王皆云拒善自用之貌鄭謂如聒耳之
聒難告之聒難告之貌廣森案自用難告所以起信險膚也孔

云無知與下不應

遲任傳古賢○馬王皆云古老成人鄭云古之良史

盤庚中盤庚作傳為此南渡河之法○正義鄭云作渡河之具

工云為此思南渡河之事廣案下厥攸作即此作也傳文云

其所為蓋此準王說下則自為說也

咸道傳道至也○釋文馬同

乃不生生傳不進進謀同心徙○正義物之生長必以漸進故

以生生為進進王肅亦然廣案進進字未安已詳隨筆

告汝不易傳凡所言皆不易之事○正義不易言難也王云告

汝以命之不易

盤庚下懋建大命傳勉力立大教○王云勉立大教建性命致
之五福 廣案矶割其上句語意不全
邦伯師長傳國伯二伯及州牧也衆長公卿○正義師訓為衆爾
衆長衆官之長 廣案十二師五長夏殷所同此師未必是衆
孔誤解于前此與說命大夫師長康誥司師不得不訓為衆爾
其實也師係晉謬故傳不釋
鞠人謀人傳人之窮困能謀安其居者則我式序而敬之○正
義鞠訓為窮鄭王皆以為養言能謀養人安其居者我則次
序而敬之與孔不同 廣案鞠不訓窮當是人之窮困上脫一
養字再穎達謬也

說命傅巖之野傅傅氏之巖在虞虢之界通道所經有澗水壞道常使胥靡刑人築護此道說賢而隱代胥靡築之以供食○正義巖旁有姓傅之民故云傅氏之巖尸子傅巖在北海之洲傳言虞虢之界必有案据殷本紀說為胥靡築於傅險傅說賢人必身不犯罪當是代胥靡也通道所經云云或亦有成文皇甫謐云高宗夢天賜賢人使百工寫其形象求諸天下果見築者胥靡衣褐帶索執役于虞虢之間以得之傅巖故謂之傅說謐惟見此書傅會為近世之語其言非寔事也廣案傅說之事陳耀文正楊引家語孟子莊墨荀韓等十數書俱無虞虢代築之說顯違所謂依據成文者果安在耶

盤庚下懋建大命傳勉力立大教○王云勉立大教建性命致

張平子思玄賦玄武縮於殼中兮
注龜與蛇交曰玄武

……而……皆……不得不訓為爲爾衆　定爾衆　爾衆

駒案咸之乃咸失之誤據釋文作馬云為也矣
云馬同不知何據

而敎之○正

志祖案帝王世紀即皇甫謐所著
不得云皇甫用帝王世紀也又至義門
皇甫謐云沃丁葬之以天子之礼与僞傳
以三公禮異

養言能謀教以安其居者我則次
不鞠不訓窮當是人之窮困上脫一

說命傅巖之野傅傅氏之巖在虞虢之界通道所經有澗水壞道常使胥靡刑人築護此道說賢而隱代胥靡築之以供食○正義巖旁有姓傅之民故云傅氏之巖尸子傅巖在北海之閒傳言虞虢之界必有案据殷本紀說為胥靡築於傅險傅說賢人必身不犯罪當是代胥靡也通道所經云云或亦有成文皇甫謐云高宗夢天賜賢人使百工寫其形象求諸天下果見築者胥靡衣褐帶索執役于虞虢之閒以得之傅巖故謂之傅說惟見此書傅會為近世之語其言非寔事也廣案傅說之事陳耀文正楊引家語孟子莊墨荀韓等十數書俱無虞虢代築之說顯違所謂依據成文者果安在耶

說命下甘盤○正義君奭傳高宗即位之初甘盤佐之後有傅說是傅說之前有甘盤也但下言既及遯于荒野是學訖即退非即位之初從甘盤學也

保衡傅伊尹也○正義君奭傳伊尹為保衡言天下所取安所取平也鄭箋云阿倚衡平也伊尹湯所依倚而取平故以為官名又云太甲時為保衡鄭不見古文太甲云不惠于阿衡故此解汎所不同　廣案太甲有曰往背師保之訓則明以伊尹為師保矣鄭說是古文謬也

高宗肜日乃訓于王曰傅祖己既言遂以道訓王○正義上祖己曰不知與誰語鄭云謂其黨王云言于王下始言乃訓

于王此私言告人鄭說是也廣案孔于鄭王二家多作騎墻

墻之見曰既曰遂黨與王俱可通也

無豊于昵傳不當特豊於近廟○王云高宗豊於禰故有雊雉

升遐祖湯廟歸之異馬云昵考也謂禰廟也孔以近易禰邈

兩同耳

西伯戡黎序殷始咎周傳咎惡○釋文馬云咎周者為周所咎

廣案紂無道黎亦無道殷不能征而繼之是咎在殷也鄭以云

為殷畏惡周孔因用之

西伯既戡黎傳近王圻之諸侯○王云王者中分天下為二公

總治之謂之二伯得專行征伐文王為西伯黎侯無道文王

伐而勝之廣案左傳昭四年商紂為黎之蒐東夷叛之杜注黎東夷國名

微子傳微圻內國名子爵為紂卿士○正義王云微國名子爵入為王卿士肅書意蓋以微為圻外故言入也○廣案微在圻內鄭氏說也孔恭無用之而删去夫入字○

父師傳太師三公箕子也○正義鄭王皆以箕子為紂之諸父

父師呼微子為王子則父師非王子矣以為諸父是也

卿士師師非度○王云卿士以下轉相師效為非法度之事也詳

隨筆下同

顛隮傳顛隕隮墜○若之何其救之王云隮隮蹟講墜集解馬云隮猶墜也恐顛墜於非義當如之何也

尚書卷六

泰誓序惟十有一年武王伐殷傳周自虞芮質厥成諸侯並附以為受命之年至九年而文王卒武王三年服畢觀兵孟津以卜諸侯伐紂之心諸侯僉同乃退以示弱一月戊午師渡孟津傳十三年正月二十八日更與諸侯期而共伐紂漢書律歷志文王受命九年而崩再期至大祥而伐紂故書序曰惟十有一年武王伐紂太誓八百諸侯會還歸二年乃遂伐紂克殷以箕子歸十三年也洪範篇曰惟十有三祀王訪于箕子自文王受命至此十三年矣又詩文王篇正義引王肅說以虞芮質成為文王受命元年偽傳舉之正義引周書文王受命九年惟暮春在鎬召太子發作文其時猶在但未知

崩日就如暮春即崩武王服喪至十一年三月大祥至四月觀兵故今文泰誓亦云四月觀兵也知此十一年非武王即位之年者大戴禮文王十五而生武王則武王少文王十四歲也禮記文王世子云文王九十七而終武王九十三而終計其終年文王崩時武王年八十三矣八十四即位至九十三而崩邃滿十年不得以十三年伐紂知此十一年者據文王受命而數之必繼文王年者為其卒父業故也廣案王肅注今文泰誓已失傳惟詩文王篇正義引肅說以虞芮質成為文王受命元年偽太誓傳本之至云卜諸侯伐紂之心及退以示弱此則晉人之妄說肅所不言也嗟乎湯

伐桀出其不意武王伐紂退以示弱書則不如
果可盡信乎。正義曰尚書遭秦而亡漢初不知
篇數武帝時太常蓼侯孔臧安國從兄也與安國書云時人惟
聞尚書二十八篇取象二十八宿謂為信然不知其有百篇也然
則漢初無泰誓矣後得偽泰誓三篇諸儒多疑之馬融書序
曰泰誓後得義以讖露文云八百諸侯不召自來不期同時
不謀同辭及火復于上至於王屋流為鵰五至以穀俱來舉
火神怪得無在子不語中乎又春秋引泰誓曰民之所欲天
必從之國語引朕夢協朕卜襲于休祥戎商必克孟子引我
武維揚侵于之疆取彼凶殘我伐用張于湯有光孫卿引獨

夫受禮記引予克受云今文秦誓皆無此語吾見書傳多矣所引
秦誓而不在秦誓者甚多弗復悉記略舉五事明之亦可
知矣王肅書亦云秦誓近得非其本經馬融惟言後得不知何
時得之漢書婁敬說高祖云武王伐紂不期而會盂津之上者
八百諸侯偽秦誓有此文不知其本出何書也武帝時董仲
舒對策引之書曰白魚入于王舟有火復于王屋流為烏周公
曰復哉復哉全引其文是武帝時已得之矣李顒集注尚書
於偽秦誓篇每引孔安國曰計安國必不為彼偽書作傳不
知顒何由為此言梁王兼而存之言本有兩秦誓古文秦誓
伐紂時事聖人取為尚書今文秦誓觀兵時事別錄之以

為周書此非辭也偽書中下二篇亦代紂時事非盡覩兵時事也廣業馬融辨後出之泰誓以無春秋等五事明梅鷟之辨古文正以其聚歛古書然則後之作偽者較前更巧矣李顒已詳隨筆

泰誓傳大會以誓衆。正義王云武王以大道誓衆肅解彼偽文故說謬耳廣業如孔解亦可不費筆墨

泰誓上惟天地萬物父母。詩鴻鴈箋引書曰天將有立父母民之有政有居正義云今泰誓文史繩祖學齋佔畢引此及漢郊祀志引泰誓曰正稽古立功立事可以永年丕天之大律注今文泰誓也孔穎達顏師古皆唐人而皆引今文泰誓則非逸書今所觀古文今文尚書皆無此語不知何所取證今案[illegible]大方所引古文尚書書之亦無此語

泰誓下若崩厥角傳若崩其角無所容頭。趙岐孟子注厥角叩頭以額角犀至地也應劭漢書注亦然孔依文數可謂絕

無師說

斮朝涉之脛傳冬月見朝涉河者謂其脛耐寒斮而視之○正
義此云或有所出廣案僞書僞傳專事在此等見奇穎達亦為
橋舌矣
牧誓千夫長百夫長傳師帥卒帥○正義周禮二千五百人為
師〻〻皆中大夫百人為卒〻長皆上士孔以師雖二千五
百人舉全数亦可為千夫長〻〻與師義同是千夫長亦可為
師故以千夫長為師帥百夫長為卒帥王肅書云師長卒長意
與孔同順經文而稱長耳鄭元以為師帥旅師與孔不同廣
案孔本襲王又取鄭兩師字以易長字用心亦良苦矣

然斮朝涉之脛剖賢人之心並見於淮南子穎達又豈未寓目者耶
水經注老人晨將渡水而沉吟難濟紂問其故左右曰老者髓不堅故晨寒也紂乃斮脛而視髓
出董子繁露
四部叢刊錄
語以
國嫩佯

羌髳傳羌在西蜀叟○正義叟蜀夷之別名引後漢書劉焉遣
叟兵証之廣案叟之名始見三國志○而范書因之西漢末有
此名也○

弗迓克奔以役西土傳商衆能奔來降者不追擊之如此則可
可以役我西土之人○正義王讀御為禦言不禦能奔走者
如殷民欲奔走來降者無逆之奔走去者可不禦止役為也
盡力以為我西土與孔不同廣案釋文迓馬作禦禁也役為
也王因之說傻今曰來降不擊特不殺降已耳遽如時雨乎
鄭氏亦以爲暴殺紂師之奔走者當以爲周之役也

武成正義自有道曾孫至無作神羞王自陳告神之詞也其下
當如左傳荀偃禱河蒯聵祖禱更申己意今惟告神其辭不

覆案鄭端簡古言亦云

無師說

之脛傳冬月見朝涉何者謂其脛耐寒斮而視之○正義此事云或有所出廣案僞書僞傳專據此等見奇穎達亦爲撟舌矣

牧誓千夫長百夫長傳師帥卒帥○正義周禮二千五百人爲師〻〻師皆中大夫百人爲卒〻〻長皆上士孔以師雖二千五百人擧全數亦可爲千夫長〻〻與師義同是千夫長亦可爲師故以千夫長爲師帥百夫長爲卒帥〻書云師長卒長意與孔同順經文而稱長耳鄭元以爲師帥旅師與孔不同廣案孔本襲王又取鄭兩師字以易長字用心亦良苦矣

羌髳傳羌在西蜀叟。正義叟蜀夷之別名引後漢書劉焉遣叟兵証之廣案叟之名始見三國志而范書因之西漢未有此名也。

弗迓克奔以役西土傳商衆能奔來降者不追擊之如此則可可以役我西土之人。正義王讀御為禦言不禦能奔走者如殷民欲奔走來降者無逆之奔走去者可不禦止役為也盡力以為我西土與孔不同廣案釋文迓馬作御禦禁也役為也王因之說（甚）傻今曰來降不擊特不殺降已耳遽（自謂師）知時雨乎（鄭氏亦以為不暴殺紂師之奔走者當以為周之役也）

武成正義自有道曾孫至無作神羞王自陳告神之詞也其下當如左傳荀偃禱河蒯聵禱祖禱更申己意今惟告神其辭不

結文義不成述作之體冢君百工初受周命王當有以戒之如湯誥之類不得大聚百官惟誦禱辭而已聖人有作理必不爾竊謂神羞之下更合有言簡編斷絶經失其本所以辭不次耳或初藏之日已失其本或壞壁得之始有脫漏故稱五十八篇以外錯亂磨滅不可復知明現在諸篇亦容脫錯但孔此篇首尾具足既取其文為之作傳恥云有所失落不復言其事耳廣案諸僞篇皆捃歛成語粘綴為之尚無痕跡而此篇掇拾論語孟子左傳國語禮記史記漢書律歷志之文而差訛不一不但如穎達所指也如漢志引武成惟四月既旁死魄越六日庚戌武王燎于周廟翼日辛亥祀于天越

日乙卯祀周廟此言四月丁未祀周廟庚戌告天先祖後天聖人不為告天地而自稱有道曾孫未克商先自称周王皆必無之事自河至朝歌（尚）四百里戊（令）午渡河癸亥已至商郊是日（漢志說武王克殷據周語歲在鶉火師初發以殷十一月戊子後三日得周正月辛卯朔至丙午逮師戊午渡孟津孟津去周九百里師行三十里故三十日而渡穎達詩大明正義亦用此說）行八十里此程欲就紂亡甲子之語而弗（不）計師行三十里（之自）得有常度也穎達阿孔每為曲解至此遂謂其恥言失落夫傳信莫妨借（六）經說經莫如漢儒（故其）往經或曰簡錯或云字脫或未詳未聞讓慎之義如是（果）孔恥言失落則妄人之所為耳何以立教其訓乖教亂

大賚于四海傳所謂周有大賚○正義孔安國能（解）論語堯曰之篇有二五帝三王之事周有大賚正指此故言所謂也廣棻

論語堯曰蕭何晏引安國注甚多皆與書傳絶異大脊獨不取安國穎達反援以為証人之阿好如此

惟九年大統未集傳言諸侯歸之九年而卒故大業未就。正義乃云伏生司馬遷韓嬰之徒不見此書以為文王受命七年而崩故鄭元等皆依用之廣案劉歆三統志歷謂文王受命九年而崩載在漢書律歷志馬融王肅皇甫謐皆用之此偽書及傳所本也司馬受故于安國豈得不見（而云修文王緒業九年乎）古文穎達于文王詩序正義又謂劉歆等据孔為說皆誤也其說文王受命謂文王九十七而崩崩時受命九年矣受命之元年年八十九其即諸侯之位已四十二年矣帝王世紀是年歲在鶉

火改元稱王引周書稱文王受命九年惟暮之春在
鎬召太子發作文傳九年猶召太子明其七年未崩
故諸儒皆以爲九年而崩伏生司馬遷以爲七年故
尚書周傳文王受命一年斷虞芮之訟二年伐
邘三年伐密須四年伐犬戎五年伐耆六年
伐崇七年而崩史記亦以爲七年而崩鄭依
大傳史記爲説穎達歷引諸緯書鄭注皆以
文王受命在戊午蔀二十九年歲在戊午

明年改元歲在己未至十三年觀兵歲在辛未顓達更

無以難之也

尚書卷七

洪範陰隲下民傳隲定也天不言而默定下民是合助其居使

有常生之資我不知天所以定民之常道理次叙問何由

正義王肅書以陰隲下民為天事相協以下為民事注云陰深

也言天深定下民與之五常之性王者當助天和合其居所

行天之性我不知常道倫理所以次叙是問承天順民何所

由與孔異也廣案孔子說命亮陰訓陰為默故此亦以陰為

不言而默馬融訓隲為升孔不用之而作王作定謬加刪改

以常性為常生理次叙并不成句以此表異未敢謂然

帝乃震怒傳天動怒鯀不與大法九疇疇類也曰某辭鄭云天震動威怒不與天道大法九類

天乃錫禹洪範九疇傳天與禹洛出書神龜負文而出列于背有數至于九禹遂因而第之以成九類○正義龜負洛書經無其事中候及諸緯說黄帝堯舜禹湯文武受圖書之事皆云龜龍負圖龜負書緯候偽起哀平前漢之末始有必以前學者相傳此說故孔用之廣案穎達于咸有一德受天命秦誓序武王伐殷下俱云緯候書言受命者有黄龍玄龜白魚赤雀負圖御書以命人主其書偽起哀平之世正典無文孔時未有此說縱有非孔所信故皆以人事為瑞應然則龜負洛書出于緯候孔宜悉屏何又信之不疑也要此非西漢人筆穎

達亦徒口費耳正義又云禹因第之不知洛書本有幾字五
行志載初一以下云此亦（六十）五字皆洛書本文計天言簡要必
無次第之數孔以第是禹之所為初一曰等（二）十七字必禹加
之其敬用農用等十八字大劉及顧氏以為龜背先有總三
十七字小劉以為敬用等亦禹所第龜文惟有二十字並無
明據未知孰是故兩存焉廣森案孔既致（灼）知龜書列背不應未
辨幾字又不言自一至九而云有數至于九其傳初一曰五
行亦但言九類類一章以五行為始而已支吾之譏（誤）滋惑（後）學
農用八政傳農厚也厚用之政乃成○正義鄭讀農為醲意故
為厚張晏王肅皆言農食之本也食為八政之首故以農言

之然則農之[止]一食不兼八政事故傳不然廣案論語述周[周]王之事曰所重民食喪祭則農寔可兼八政馬融亦同王說孔好違鄭而此獨用之又不詳其音讀直以厚訓農并字義[義]棄矣（威用六極傳天所以威沮人用六極曰柱不詳馬云天所以畏懼人用六極）

水曰潤下火曰炎上傳言其自然之常性○王云水之性潤萬物而退下火之性炎盛而升上廣案孔因此言是自然之常性性文則約矣訓詁為疏

土爰稼穡傳種曰稼歛曰穡土可以種可以歛○正義水火木金體有本性生物是土本性稼穡以人事為名非土本性也爰亦曰也交[交]曰言爰以見此異也廣案王能[解]此云種之曰稼歛之曰穡見史記集解詳隨筆王意蓋謂百穀之于土種與歛有此兩

名耳孔曾載之意遂不明爰如鄭氏周禮注更互也杜穎左
傳注爰於也賈逵國語注易也傳謂可種可歛得之穎達謂
爰亦曰諼本鄭氏公劉詩箋于義爲短
二曰言三曰視傳觀正○詞章非禹所應叙觀正及下照耶俱
不可解鄭依書傳説致極云視明照了性得而安寧未明以擾穢爲疾也孔疏劉敞照了字耳
思曰睿傳必通于微○王云睿通也思慮苦其不深故必深思
使通于微也餘詳隨筆
明作哲傳照耶○正義王書及漢書五行志皆作悊智也鄭本
作哲爲哲
七曰賓傳禮賓客無不敬○王云賓掌賓客之官廣寀鄭王以

八事皆指其官蓋因司空司徒知之孔言禮賓客不知誰者

五曰歷數傳歷數氣之度以為歷○王云日月星辰所行布而數之所以計紀度數廣棨孔取其說而上脫一數字遂不成語大禹謨天之歷數只云天道

凡厥庶民傳凡戢有道○正義戢斂也因上斂時五福故以戢言之廣棨上斂字無訓此忽言戢非顯違曲解何以為說

時人斯其惟皇之極傳是人此其惟大之中○正義為此經或言時人德鄭王諸本皆無德字此傳不以德為義定本無德疑為衍字也廣棨據此則顯違作正義時尚有德字至是此大中等語何異宵寐非禎札闒宏休耶

剛克柔克傳剛能立事和柔能治○正義剛不恒用有則施之
故言立事柔則常用以治故言能治三德為此次者正直在
剛柔之間故先言二者先剛後柔得其叙矣王肅意與孔同
惟辟作福傳言惟君得專威〔威〕福○王云辟君也不言王者關諸
侯也侯諸侯於國得專賞罰馬同已見隨筆
害于而家凶于而國○王云大夫稱家言秉政之人必滅家復
害其國也
蒙驛克傳陰〔蒙〕闇驛氣落驛不連屬克兆相交錯○正義王云圛
即繹霍驛消滅如雲陰雺即蒙天氣下地不應闇冥也其意如孔
言王又云克兆相侵入盖兆有二折〔其折〕相交也廣案孔取王而

意爲删改陰闇字尤不明

卜五占用二無傳。正義王云卜五者筮短龜長故卜多而筮少占用二者以貞悔占六爻衍忒者當推衍其爻義以極其意卜五占二其義當如王解衍忒義謂卜筮皆有衍其義極其非筮衍而卜否也

（立時人作卜筮傳立是知卜筮人使爲卜筮之事。集解鄭云立是能分別兆卦之名者以爲卜筮人）

曰豫恒燠若傳君行逸豫則常燠順之曰蒙恒傳君行蒙闇。正義鄭王本豫作舒鄭云舉遲也王云舒惰也以對照晳故爲舒惰又鄭云蒙目見亂也王云蒙瞽蒙以聖是通達故蒙爲瞽蒙所見冒亂言其不曉事與聖反也與孔各小異膚案傳於休咎徵依文演說絕無發明十若字皆云順之穎達雖

云皆順其所行竊謂若當易如不出若則嗟若之若未必盡
順也傳說順字有極無理處不可枚舉
星有好風好雨傳箕星好風畢星好雨月之從星則以風雨傳
月經於箕則多風離于畢則多雨。正義離畢多雨文見于
經經箕多風傳記無其事鄭元引春秋緯云月離于箕則風
揚沙作緯在孔居之後以前必有此說孔依用之也鄭云箕
東方木宿風中央土氣木克土為妻從妻所好故好風畢西
方金宿雨東方木氣金克木為妻從妻所好故好雨也推此
則南宮好暘北宮好燠中宮四季好寒以各尚妻所好故也
從星不言日者不可見故也廣業箕星好風畢星好雨本馬

二

鄭之說見隨筆孔襲用之非由己創即云緯書東晉人何爲不見也

日

月之行則有冬有夏各有常度君臣政治大小各有常治。（三有夏傳日月之行）

王云日月行有常度君臣禮有常法以齊其民廣業王孔兩說具在優劣自明

一

曰壽傳百二十年。正義人之大期百年爲限世有至長壽至百二十年者故傳以最長者言之未必有正文也廣業小戴百年曰期頤莊子上壽百歲（王充論衡氣壽篇云百歲之壽人年之正數也又云百歲之命是其正也）即本經始堯舜堯止百十七舜止百十必百二十古今無壽者矣箕子何爲以絕無之事居五福之首乎此東晉人口吻無疑蓋此字諸本無訓孔無

所承遂為臆造反訓凶短折云動不遇吉短未六十折未三十言辛苦未六十三十皆從百二十折其卒已甚迂濶凶為不遇吉又言辛苦則六極皆不吉皆辛苦也鄭云凶短折皆夭枉之名未齔曰凶未冠曰短未昏曰折似為得之

攸好德傳所好者德福之道。王云言人君所好者道德為福廣案孔倒道德為福作德福之道文理俱謬

旅獒九夷八蠻傳九八言非一。正義引爾雅明堂位並有九夷八蠻或云六蠻職方又稱四夷八蠻數雖不同要非虛誕馬融注論語九夷云東方之夷有九種皇侃疏東九夷元菟樂浪高麗滿飾鳧臾索家東屠倭人天鄙南有八蠻天竺咳

此在外

首僬僥跂踵穿胸儋耳狗軹旁脊其是否不可知猶愈于言
非一也

九仞傳八尺曰仞○正義王肅聖證論及注家語並云八尺
曰仞與孔義同鄭云七尺曰仞與孔異

金縢傳緘之以金○王鄭皆云縢束也

既克商二年傳伐紂明年○王云克殷明年

我之弗辟傳辟法也言我不以法法三叔又周公居東至未敢
誚公傳周公既告二公遂東征之既誅三監而作詩解所以
當誅之意以遣王王猶未悟故欲讓之而未敢○案此據毛
詩傳為說王肅述毛其注書必用毛義而孔襲之也鄭氏涵

詩譜成王時周公避流言之難出居東都二年以辟為避但言避居東都不言誅管蔡正義據鴟鴞傳寧亡二子不可毀我周室二子謂管蔡是毛以鴟鴞詩為管蔡而作無則毛解金縢之文其意皆異於鄭何也以鴟鴞為管蔡作則罪人斯得為得管蔡周公居東為東征居東既為征伐則我之弗辟當訓辟為法謂以法誅之是毛說無周公避居之事王肅之說祖述毛氏傳意或如肅言王肅金縢注云文王十五而生武王九十七而崩終時受命九年武王八十三矣十三年伐紂明年有疾時年八十八矣九十三而崩以冬十二月其明年稱元年周公攝政遭流言作大誥而東征二年克殷殺管蔡三

年而歸制禮作樂出入四年至六年而成七年營洛邑作康誥召誥洛誥致政成王然則文王崩之年成王已三歲武王八十而後有成王武王崩時成王已十三周公攝政七年致政成王年二十肅意以家語武王崩時成王年十三又古文尚書武成篇九年大統未集孔安國以為文王受命九年而崩其後劉歆班固賈逵皆同之肅雖不見古文以先儒之言必有所出本從先儒以文王受命九年而崩又依大戴禮武王之年少文王十四歲故亦同鄭為文王崩時武王年八十三也受命九年武王八十三故至十三年伐商武王八十七也廣案詩正義所引王注顛連舊正義係之金縢之末又見洛

詒復子明辟句下其訓辟為法居東為東征並却未詳引反但云毛傳意或如肅言則書孔傳之意用王注不言可知矣穎達說書則順孔說說詩又阿鄭意未免進退失據也至以貽王為贈遺亦毛王之說與鄭作怡悅王心者異

壇傳築土。釋文馬云土堂

命于帝庭傳受命于天庭為天子布其德教以佑助四方○集解馬云受命于天帝之庭布其道以佑助四方

啟籥見書傳開籥見占兆吉。馬王皆云籥開藏占兆書管也

能念予一人傳能念我天子○集解馬云一人天子也

周公居東二年傳周公既告二公遂東征之二年之中罪人此得。王云東洛邑也管蔡與商奄共叛故東征鎮撫之案驗其事二年之間罪人皆得廣案鄭以罪人為周公之

爲黨與知居攝者周公出皆奔今二年盡爲成王所得周公傷其無罪將死故作鴟鴞之詩以詒貽王王肅駮之曰經傳內外周公之黨具存成王無所誅殺橫造此言其非一也設有所誅不殺其無罪之死而請其官位土地其非二也設已有誅不得爲無罪其非三也王說東征極明了孔刪洛邑及案騰字而以中攙閒此攙皆甚可鄙也又案詩東山正義云王肅書注或曰詩序三年而歸此言居東二年其錯何也曰書言其罪人斯得請戶之年詩言其歸之年也

凡大木所偃盡起而築之傳木有偃拔起而立之築有其根木禾無虧百穀豐熟。正義鄭王皆云築拾也釋文馬同禾為大木所偃者起其木拾下（其禾）無所亡失（集解馬融）（廣）案上云禾盡起（偃又云禾盡）偃起皆風力所為惟為大木所（偃者必）需人力起而築拾之鄭馬王三家極得頴達反謂意大曲碎當非經旨過矣既拔之大木重立其根亦乘事理

大誥王若曰猷大誥爾多邦傳順大道以誥天下衆國。正義鄭王本猷在誥下漢書王莽作大誥亦道在誥下此本猷在

大上言以道誥衆國於文爲便但經云猷大傳云大道古人
之語多倒猶詩稱中谷谷中也廣案此孔故翻舊本未必語
倒古人文法如左傳我之不共魯故之以史記匈奴傳必我
也爲漢患者之類必系方爲用倒詩谷中中谷末矣
天降割于我家不少延洪惟我幼冲人嗣無疆大歷服傳天下
凶害于我家不少又云凶害延大惟累我冲童人成王又云
子孫承繼祖考無窮。釋文割馬作害不少馬作弗少延爲
句正義鄭王皆以延屬上爲句言害不少乃延長之王肅又
以惟爲念向下爲義大念我冲童子與繼文武無窮之道廣
按孔本諸王句義俱用之此言祖考下前人傳云文武也仍

用王説

殷小腆傳殷後小腆〻之禄父〇腆〻不可解正義鄭云腆謂小國也王云腆主也殷小主謂禄父也釋文馬曰云至也王説為長

天降威傳天下威謂三叔流言故禄父知我國有疵病〇正義王云天降威者謂王三叔流言當誅伐之鄭云王皆云知我國有疵病之瑕廣按王以誅伐為天威今刪去之而以流下言連下禄父為天下威意不明晰又此與大艱人及金縢羣弟流言皆云三叔而大誥序三監傳又云管蔡商奄其説並出王肅故穎達釋三監云先儒多同惟鄭元以為管蔡霍考詩邶鄘

衛譜云置三監使管叔蔡叔霍叔尹而教之正義引地理志邶以封紂子武庚鄘管叔尹之衛蔡叔尹之以監殷民為之三監則三監者武庚為一無霍叔矣王肅服虔皆依志為說惟鄭不然以書傳曰祿父及三監叛是祿父外更有三人為監祿父非一監也鄭王之說皆非無本孔墨守王義初無把鼻額達輒為曲護皆口費也

卜并吉傳人謀既從卜又并吉所以為美○正義鄭云卜并吉者三龜皆從也王云何以言美以三龜一習吉是言并吉證其休也與孔異矣　廣按此篇自寧王遺我大寶龜至末卜陳惟若茲反覆言卜之當用其吉·不可有違洪範言三人占

是用三龜鄭王故措（據）以為說穎達于金縢三龜亦謂是周禮大卜三兆則此及下文兩并吉正言習吉且庶邦庶士欲違卜于吉後則人謀亦未盡從孔曰伏勝有謀于同姓謀于用友謀于天下之文遂据以為說耳雖欲立異未見為優所以為美仍不出王樊籬也

寧考傳寧祖聖考○正義寧祖文王聖考武王廣棨前後屢稱寧王寧人傳皆以為武文王故于寧考不得不撰此曲解其寔寧王何必專指文王

大艱人傳惟大為難之人謂三叔也大近相伐于其室家謂叛逆也若不早誅汝天下亦不知天命之不易也○王云惟大

為難之人謂三叔也大臣相伐于其室家謂叛逆也誅也管蔡祀天誅而汝不欲伐則亦不知天命之不易也廣按孔改管蔡為三叔可也不可不誅與下汝不欲伐相應今上云叛逆下云若不早誅孜天下試問室家與天下何與耶不如依原本

率寧人有指疆土矧今卜并吉傳循文王所有指意以安疆土則善矣况今卜并吉乎言不可不從。王云順文王安人之道有指意盡天下疆土便皆得所不得須卜筮也况今卜三龜皆吉明不可不從也廣案下文卜陳惟若茲傳云卜兆陳列便非習吉何云陳列彼廢邦廢士不且終于違卜乎

尚書卷八

康誥傳康圻內地名。馬王同然紂畿內鄘衛譜正義王肅書注云康國名在千里之畿內既滅管叔更封為衛侯

酒誥王若曰傳周公以成王命誥康叔。釋文馬本作成王若曰注云言成王者未聞也俗儒以為成王骨節始成故曰成王或曰以成王少成二聖之功生號為成王沒因為謚衛賈以為戒成康叔以慎酒成就人之道也故曰成此三者吾無取馬吾以為後錄書者加之未敢專從故曰未聞也正義馬鄭王本以文涉三家而有成字鄭云成王所言成道之王三家云王年長骨節成立皆為妄也廣枚諸說誠難盡信孔去成字亦未免專輒

四

罔敢湎于酒。詩蕩篇正義引酒誥註云飲酒齊色曰湎此鄭
氏注也傳于猶征序恭撍及此俱但言沉湎而已穎達于詩
自詩譜序引書序書曰詩言志云云以下
正義多引鄭注知其意亦不以孔傳為允也聊舉一端言之
洛誥王朝步自周傳成王朝行從鎬京則至于豐以遷都之事告文王廟告文王則告武王可知以祖見考○集解異云周鎬京也豐文王廟所在朝者
舉事上朝廷即于中易知大事故告文王廟武王廟云云行也孔約取行從鎬京至于豐宗廟文武之廟
越誥越若來傳於順來若翼曰傳順信成之明日。傳隨文行
説絶似依樣畫葫蘆至於順来等直似小兒學語矣文中每
遇若字必代以順殊可厭
庚殷丕作至錫周公傳衆殷之民大作又名公與諸侯出取幣
曰大會顯周公又名公以幣入稱成王命賜周公。正義鄭
云名公見衆殷之民大作周公德隆功成有反政之期而欲
顯之因大戒天下故與諸侯出取幣使戒成王立於位上以

其命賜周公王云為戒成王賜周公是也廣按穎達以鄭王
為是則知孔有疎脱矣

瘝在傳瘝病者在位○正義鄭王皆以瘝為病

夫知保抱至籲天傳夫知保抱其子携持其妻以哀號呼天告
冤無辜○王云匹夫知欲安其室抱其子携其妻以悲呼天
也

自服于土中傳躬自服行教化于地勢正中○正義鄭王皆以
自為用廣案此傳以自為躬自下兩自時俱云用是説不離
王稍避就耳

旦曰傳周公言其為大邑于土中其用是大邑配上天而為治

○王云旦周公名也禮君前臣名故稱周公之言為旦曰王者為天所子代天治民天有其意天子繼天使成謂之紹上帝也天子設法其理合于天道為之配皇天也天子將欲配天必宜治居土中故稱周公之言其為大邑于土之中其當今此成王用是大邑行化配上天而為治也說周公之意然戒成王使順公也廣案孔于紹上帝傳云繼天為主治亦用王說

我不敢知曰有夏服天命傳以能敬德故多歷所我不敢獨知亦王所知○正義云王說亦然 廣案穎達所謂亦然者孔全與同不敢改一字者也

予小臣傳言我小臣讜辞。王云我小臣召公自謂

尚書卷九

洛誥朕復子明辟傳成王年二十。正義傳説成王之年惟此而已王肅於金縢末云武王年九十三而崩以冬十二月崩其明年稱元年周公攝政作大誥而東征二年克殷殺管叔三年歸制禮作樂出入四年六年而成七年營洛邑作康誥召誥洛誥致政成王然則武王崩時成王年已十三矣周公攝政七年致成王適滿二十孔于此言成王年二十則其義如王肅也又家語武王崩時成王年十三是孔之所據也

咸秩無文傳皆次秩不在禮文者而祀之。又正注王肅云秩序也

悉自教工傳其當盡自教衆官躬化之。王云此其盡自教百

官謂正身以先之

不䕎傳不勉爲政○釋文馬云䕎勉也正義䕎之爲勉相傳訓

也鄭王皆以爲勉廣案馬鄭穎達言王皆不見古文何以相傳訓勉

此亦難爲曲護

亂爲四輔傳四維之輔○正義引文王世子設四輔又引管子

四維而云傳取其意文離甚矣

王在新邑○釋文馬孔絕句鄭讀連下牛二廣案孔用馬故亦

絕句

惟告周公至咸相傳告曰尊周公立其後爲魯侯王賓與周公

文武受命○釋文絕句馬同惟七年周曰攝政七年天下太平

王云戌○古與馬同王尊周公不敢臣之以爲賓故封其子廣案孔割

裂之語意不貫

太室祼傳太室清廟祼鬯告神○王云太室清廟中央之室廣

案王意以太室清廟皆中央之室非謂太室為清廟也孔誤

會釋文馬云廟中之夾室

文武受命○釋文絶句馬同惟七年周公攝政七年天下太平

亦與馬同

多士敢弋殷命弋取也○正義鄭王本弋作翼王亦云翼取也

釋文馬同

肆予至邑商傳故我敢求汝于天邑商○正義言鄭云言天邑

商者亦本天之所建王云言商為今為我之天邑其言略異

七

皆以天邑商為殷之舊都廣業肆以故代下率肆矜尔（惠伐）云
循殷故事憐愍汝故徙教汝穎達謂故事是釋經中肆字故
徙之故解義之言非經中肆一肆字如此煩瑣獨畧于天邑
何也
予大至四國民命傳民命謂君也大下汝民命謂誅四國君○
王云君為民命為君不能順民意故誅之也廣業君為民司
命王言是也孔直以民命為（謂）君大下汝民命大害理四國當
如破斧詩傳謂管蔡商奄穎達正義云不数淮夷者以東夷
之國不與中國同也此上文明云朕来自奄傳乃云先誅三
監後伐淮夷（奄）必兼言淮夷贅矣孟子誅紂伐奄並不及淮

裂之語意不貫

太[illegible]神。王云太室清廟中央之室廣

[illegible]央之室非謂太室爲清廟也孔誤

駒案釋文云馬孔絕句鄭讀王
在彰意亦云鄭讀連下斗
二字恐有誤

文武受命。釋文絕句馬同惟七年周公攝政七年天下太平

亦與馬同

多士敢弋殷命弋取也。正義鄭王本弋作翼王亦云翼取也

釋文馬同

肆予至邑商傳故我敢求汝于天邑商。正義言鄭云言天邑

商者亦本天之所建王云言商爲今爲我之天邑其言黠異

七

皆以天邑商爲殷之舊都廣桀肆以故代下率肆於尔傳云
循殷故事憐愍汝故徙教汝穎達謂故事是釋經中肆字故
從之故解義之言非經中肆一肆字如此煩瑣獨畧于天邑
何也

予大至四國民命傳民命謂君也大下汝民命謂誅四國君○
王云君爲民命爲君不能順民意故誅之也廣桀君爲民司
命王言是也孔直以民命謂爲君大下汝民命大害理四國當
如破斧詩傳謂管蔡商奄穎達正義云不數淮夷者以東夷
之國不與中國同也此上文明云朕來自奄傳乃云先誅三
監後伐淮夷奄必兼言淮夷贅矣孟子誅紂伐奄並不及淮

八

罔攸賓傳無所賓外。釋文馬云却也音擯

爾厥有幹至茲洛傳汝其有安事有豐年于此洛邑言由洛脩

善得還尒土有幹有年。正義王云汝其有安事有長久年

于此洛邑王觧于文甚便但孔上句為云尒乃尚有尒本土

是引誘之辭故止為得還本土有幹有年也廣按上句傳云

乃庶幾還有汝本土乃庶幾安汝故事止居以反所生誘之

曰還作誥陳說天命稱述先德方以大邑之洛四方無擯勞

徠之何況誘以得還以本土王肅所謂安事乃安居之事今云

安汝故事不知何指上文遜教其多所遜順也孔云于我宗多

遜傳云多為順道臣我多遜傳重言多為順事提襟見肘張

皇之象露矣

無逸君子所其無逸傳所在念德其無逸豫君子且猶然況王者乎。廣案君子謂先哲王下中宗高宗祖甲是也鄭云君子止謂在官長者所猶處也君子處位為政其無是自逸豫傳蓋取此

祖甲傳湯孫太甲也殷家亦祖其功故稱祖。正義王肅亦以祖甲為太甲諸書皆言太甲其稱祖甲惟見此篇必言祖其功亦未知其然殷先王有祖乙祖辛祖丁称祖多矣或可號之為祖未必祖其功而存其廢也廣案湯孫之說本王肅穎達無以難之祖功係孔新意穎達亦不能曲護矣詳隨筆

得還爾土有幹有年
爾宅[illegible]作年

罔攸賓傳無所賓外○釋文馬云却也音擯
爾厥有幹至茲洛傳汝其有安事有豐年于此洛邑言由洛脩
[illegible]年○正義王云汝其有安事有長久年
[illegible]也便但孔上句為云爾乃尚有爾本土
是訓詁之讀古山為詩還本土有幹有年也廣按上句傳云
乃庶幾還有汝本土乃庶幾安汝故事止居以反所生誘之
曰遷作誥陳說天命稱述先德方以大邑之洛四方無擯勞
徠之何況誘以得以還本土王爾所謂安事乃安居之事今云
安汝故事不知何指上文遜教其多所遜順也孔云于我宗多
遜傳云多為順道臣我多遜傳重言多為順事捉襟見肘張

八

皇之象露矣

無逸君子所其無逸傳所在念德其無逸豫君子且猶然況王者乎。廣案君子謂先哲王下中宗高宗祖甲是也鄭云君子止謂在官長者所猶處也君子處位為政其無是自逸豫傳蓋取此

祖甲傳湯孫太甲也殷家亦祖其功故稱祖。正義王肅亦以祖甲為太甲諸書皆言太甲其稱祖甲惟見此篇必言祖其功亦未知其然殷先王有祖乙祖辛祖丁稱祖多矣或可號之為祖未必祖其功而存其廢也廣案湯孫之說本王肅穎達無以難之祖功係孔新意穎達亦不能曲護矣詳隨筆

文王受命惟中身傳即位時年四十七○正義鄭云受殷王嗣位之命然殷之末世政教已衰諸侯嗣位何川皆待王命受先君之命亦可也王云文王受命嗣位為君不言受王命也

則皇自敬德傳大自敬德○鄭以皇為暇言寛暇自敬王肅本皇作況況滋益用敬德也廣案上無皇曰之皇孔亦訓暇此又依洪範訓大窃謂此對下信之則皇自反之意也

不永念厥辟傳不長念其為君之道○正義王積辟為扶亦反不長念其刑辟不當加無罪也廣案玩上下文王説為優

尚書卷十

君奭序召公不説無傳○鄭王皆云周公既攝王政不宜復列

於臣職故不說孔無傳

又曰天不可信至德延傳無德去之是不可信故我以道惟安寧王之德○正義鄭王以為周公稱人之言王云重言天不可信則已之留蓋畏其天命則肅意以周公重言故稱又曰傳雖不觧當與王意同言寧王者即文王也鄭王亦同

巫賢傳咸子巫氏○正義云相傳云然父子俱稱巫知為氏也

廣案同氏多矣不必父子

王人傳自湯至武丁其王人○王云王人謂君人也

天壽平格傳天壽有平至之君安治有殷○正義王以為無言君臣之有德故安治有殷言是者不可不法殷家有良臣也

鄭注以為傳言臣事格謂至於天也與孔不同廣案王說為長亦惟有若虢叔傳五臣佐先王為胥附奔走先後禦侮之任。孫詩正義引鄭注云詩傳說有疏附奔走先後禦侮之人而曰文王有之當以受命之謂也

武王惟茲四人傳虢叔先死故曰四人。正義文王之弟其年應長故言先死鄭疑不知誰死注云至武王時虢叔等有死者餘四人也廣案鄭云不知闕如是也虢叔之死果何據乎

蔡仲之命惟周公位冢宰一段取左傳之文敷衍而已尤不類

因蔡叔至之蔡傳郭鄰中國之外地名霍叔封為霍侯又叔之所封圻內之蔡仲所封淮汝之間圻內之蔡名已滅故取其名以為名新國。正義云中國之外地名相傳為然不知在何方世家武王封叔處于霍不聞其爵傳言霍侯或當有所據

而知之圻内蔡地不知所在廣案頴達于禹貢冀州謂安國親見秦特國籍此中國之外地名及圻内蔡地豈亦秦籍耶漢儒遇此等必曰未詳

周公告召公作將蒲姑傳言將徙奄新立之君于蒲姑告召公使作册書○正義其篇既亡不知告以何事孔以意卜之不能知其必然否也

多方周公曰王若曰傳周公以王命告四方稱周公以别王自告○王云周公攝政稱成王命以告及還政稱王曰嫌自成王辭故加周公以明之然多士之篇王若曰之上不加周公曰者以彼上二句云周公初于新邑洛用告知是周公故也

因甲于内亂傳外不憂民内不勤德曰甲于二亂之内○正義
鄭王皆以甲為狎習災異于内外為禍亂鄭云習為鳥獸之
行于内為淫亂與孔意異也廣案鄭王皆是甲于二亂之内
不可通

代夏作民主傳大代夏政為天下民主○王云以大道代夏為
民主廣案孔刪道字作大代不可通

臣我監五祀傳臣服我監五年無過則是還本土○王云其無
成雖五年亦不得反也廣案修善得還故里之說洛誥及與並然
據正義所引王說則皆本之王可知然恐未然

立政用咸戒于王傳周公用王所立政之事皆戒于王○王云於

時周公會群臣共戒匡成王其言曰拜手稽首者是周公讚
羣臣之辭
嗚呼休兹傳歎此五者立政之本○正義王云此五官美哉是
休兹爲美此五官也
古之人至大競傳歎古之人道惟有夏禹之時乃有卿大夫室
家大强○正義王云古之人道惟有夏之大禹爲天子也其
意言古人之道說有此事孔意似不然也孔以大夫稱室家
猶家也廣案室必卿大夫則王室何以稱焉孔改王說近甚
帝欽罰之傳敬罰之○王云敬罰者謂須暇五年
立政任人至三事傳文武亦法禹湯以立政常任準人及收

則是還本土
明監本作是　明臺本作
淂

因甲子內亂傳外不憂民內不勤德曰甲子二亂之內○正義

習災異于內外為禍亂鄭云習為鳥獸之

孔意異也廣案鄭王皆是甲子二亂之內

代夏作民主傳大代夏政為天下民主○王云以大道代夏為

民主廣案孔删道字作大代不可通

臣我監五祀傳臣服我監五年無過則是還本土○王云其無

成雖五年亦不得反也廣案修善得還故里之說洛誥（及與）並然

據正義所引王說則皆本之王可知然恐未然

立政用咸戒于王傳周公用王所立政之事皆戒于王○王云於

時周公會群臣共戒臣成王其言曰拜手稽首者是周公讚
羣臣之辭
嗚呼休茲傳歎此五者立政之本○正義王云此五官美哉是
休茲為美此五官也
古之人至大競傳歎古之人道惟有夏禹之時乃有卿大夫室
家大强○正義王云古之人道惟有夏之大禹為天子也其
意言古人之道說有此事孔意似不然也孔以大夫稱室家
猶家也廣案室必卿大夫則王室何以稱焉孔改王說迂甚
帝欽罰之傳敬罰之○王云敬罰者謂須暇五年
立政任人至三事傳文武亦法禹湯以五立政常任準人及牧

治為天地人之三事也○正義王云文王所以立政任人常
任也準夫準人也牧者諸侯之長也與孔意同廣業三事依
詩傳謂三卿周官傳亦作公卿此云天地人不知何據
夷微至阪尹傳蠻夷微盧之衆師及亳人之歸文王者三所為
之立監及阪地之尹長皆用賢○正義亳是湯之舊都三亳
必是亳民分為三所各為立監也亳人歸文王經傳未有其
事文王既未伐紂紂亳民不應歸之鄭王所說皆同蓋此章
雜陳文王武王時事其言以文王為主先儒因言亳民歸文
王爾三亳歸周必武王時也山阪之地立長不知指斥何處
鄭元以三亳阪尹共為一事云湯舊都之民歸文王者分為

三邑其長居險故言阪尹盖東成皐南轘轅西降谷也皇甫謐以為三處皆名亳蒙為北亳穀熟南亳偃師西亳案亳州志載張慶亳考辨亡安之誤甚詳大指言亳者有二左傳莊十二年公子御說奔亳亳北宋地在蒙縣北即薄縣襄傳十一年同盟于亳城北北鄭地在偃師者也湯所都之亳鄭康成云今偃師云孫以穀熟為湯都名為南亳誤也穀熟本名誰則克宅之至俾乂傳用賢人之法能居之于心能用陳之此乃使天下治○王云則能居之在位能用其才力如此故能使天下治也廣業以心換位又删去才力殊不可解陳

尚書卷十一

周官○官制所繫至重豈容意造故諸僞篇猶可恕周官則斷宜削去

王俾榮伯傳榮國名同姓諸侯為卿大夫○集解馬云榮伯周同姓畿内諸侯為卿大夫也孔以畿内字義不明

告周公作亳姑傳周公從奄君於亳姑因告柩以襲畢之義斥及奄君已定亳姑言所遷之功盛○正義篇名與序不相允

會其篇既云不知所道傳厚其意而為之說廣業與鑿空臆
論何以傳信乎

君陳傳臣名○正義鄭注中庸云君陳蓋周公之子者以經言
周公既沒命君陳猶蔡叔既沒命蔡仲也孔不必然廣業鄭
注在坊記非中庸云君陳伯禽弟也

惟孝友于兄弟○論語書云孝乎惟孝友于兄弟注包氏曰孝
乎惟孝者美大孝之辭也友于兄弟善于孝弟也東觀餘論
洪适隸釋所載石經論語俱作孝于惟孝文選潘岳閒居賦
作孝乎惟孝乎于二字相類而偽無足異宋儒以孝友乎為
句上經孝文已非之今與亦（去）字孝乎二字是亦宋儒之見也

論語注不言出書何篇作偽者何以知為君陳

顧命惟四月哉生魄傳成王崩年之四月始生魄月十六日○

正義漢書律歷志成王即位三十年四月庚戌朔十五日甲子哉生魄即引此顧命之文此劉歆說也孔以小甲子為十六日不與歆同

名太保奭芮伯彤伯傳名芮彤畢衛毛皆國名○王云彤姒姓之國其餘五國姬姓畢毛文王庶子衛侯康叔所封成王母弟依世本史記為說廣案傳于彤芮一無發明鄭云芮伯周同姓

御事傳御作事者○王云治事羣士也（國在畿內）

伯相傳邦伯為相則名公○王云名公為二伯相王室故曰伯（相）

會其篇既云不知所道傳厚其意而為之說廣業此鑿空臆

言所還之切盛（盛左作成）乎

正義鄭注中庸云君陳蓋周公之子者以經言

君陳猶蔡叔既沒命蔡仲也孔不必然廣業鄭

注在坊記非中庸云君陳伯禽弟也

善于孝弟也于兄弟○論語書云孝乎惟孝友于兄弟注包氏曰孝

馥案孝當作兄者美大孝之辭也友于兄弟善于孝弟也東觀餘論

洪适隸釋所載石經論語俱作孝于惟孝文選潘岳閒居賦

作孝乎惟孝乎于二字相類而偽無足異宋儒以孝友乎為

句上經考文已非之今此亦去字孝乎二字是亦宋儒之見也

論語注不言出書何篇作偽者何以知為君陳

顧命惟四月哉生魄傳成王崩年之四月始生魄月十六日○正義漢書律歷志成王即位三十年四月庚戌朔十五日甲子哉生魄即引此顧命之文此劉歆說也孔以甲子為十六日不與歆同

名太保奭芮伯彤伯傳名芮彤畢衛毛皆國名○王云彤姒姓之國其餘五國姬姓畢毛文王庶子衛侯康叔所封成王母弟依世本史記為說廣業傳于彤芮一無發明鄭云芮伯周同姓國在畿內

御事傳御作事者○王云治事蓋羣士也

伯相傳邦伯為相則名公○王云名公為二伯相王室故曰伯相

篾席傳篾桃枝竹○正義鄭注周禮次席桃枝席有次列成文

鄭元不見孔傳亦言是桃枝席則此席用桃枝之竹必相傳

有舊說也鄭注此云篾析竹之次青者王肅云篾席纖蒻苹

席不知何所據也廣案釋文馬云篾纖蒻此王所據孔所傳

舊說則非鄭其誰

底席傳底蒻苹○正義禮注謂蒲席為蒻苹孔以底為蒻苹當

謂蒲為蒲蒻之席也史游急就篇蒲蒻藺席蒲蒻謂此王肅

云青蒲席也釋文馬同王

豐席傳豐莞○王云豐席莞

筍席傳筍蒻竹○釋文馬云箁篛也

玄紛傳黑（玄粉）綬。○正義鄭注周禮云紛如綬有文而狹者此注云以玄組為之廣案紛綬相類孔直以為綬誤矣又改紛為粉

牖間南嚮傳此見羣臣覲諸侯之坐西序傳此旦夕聽事之坐東序傳此養國老饗羣臣之坐西夾傳此親屬私宴之坐○正義王肅說四坐皆與孔同鄭說西序亦然

越玉傳於東西序北列玉五重廣案此越不當訓於釋文馬云越地所獻玉

大訓傳虞書典謨○正義王亦然

夷玉天球傳夷常也球雍州所貢○正義不解常夭之義未審孔意如何王云夷玉東夷之美玉天球玉磬也亦不解稱

天之意鄭云雍州所貢之玉色如天者皆璞未見琢治故不以禮器名之

河圖傳八卦伏羲王天下龍馬出河遂則其文以畫八卦謂之河圖○正義當孔之時必有書為此說也王肅亦云河圖八卦也

先輅次輅傳先輅象次輅木○正義木輅上猶有革輅知次輅不者馬王皆云不陳戎輅者兵事非常故不陳之孔意或當然也鄭以綴次是從後之言二者皆副貳之車綴輅是玉輅之貳次輅是金輅之貳不陳象革木者主于朝祀而已未知誰得經旨廣案鄭是

先輅傳凡所陳列皆象成王生時華國之事○鄭云陳寶者方有大事以華國也孔剽其語而昧其義

綦弁傳綦文鹿子皮弁○正義王云綦赤黑色孔以為綦文鹿子皮弁各以意言無正文也廣業鄭云青黑曰綦毛詩東門傳及說文皆云蒼艾色不聞有鹿子皮

執惠傳三隅矛○正義七兵惟戈經傳多言之餘皆無文傳惟言惠三隅矛銳亦矛也戣瞿皆戟屬不知何據以劉與鉞對故言鉞屬以似之而別亦不知何以為異王肅惟云皆兵器之名也鄭說較詳亦云七兵或施矜或著柄周禮戈長六尺六寸其餘未聞長短之數廣業此當闕疑鄭王是也

夾兩階戺傳堂廉曰戺○正義相傳爲然
側階傳北下立階上○正義鄭王皆云東下階然立東垂者已
在東下階上此人何復並立故以爲堂北下階北惟一階側猶
特也

大卞傳大法○正義卞無正訓王以爲大法
三咤傳三奠爵○正義經典無咤字咤爲奠爵經典無文王肅
以爲奠爵然鄭云徐行前曰肅却行曰咤廣業釋文馬作詫王本
想亦同之說文詫奠爵也馬王訓同今字從口旁而義取言
旁誤矣

康王之誥畢公率東方諸侯傳二公爲二伯各率其所屬○王

云畢公代周公爲東伯、所率東方諸侯、廣業畢命傳云畢

公代周公爲太師爲東伯、與其說

誕受羑若傳大受天道○釋文馬云羑道也 正義王云羑道

也、廣業天道天字孔但用作襯墊耳

寡命傳寡有之教命○王云美文王少有及之故曰寡有也

厥邦至男衛傳不言諸群臣、侯以外見內上太保至芮伯傳不言諸

侯、以內見外○此等支蔓兩漢所無

丕平富傳文武道大政化平美○王云文武道大天下以平萬

民以富

齊信傳中信之道○王云立大中之道

尚書卷十二

畢命序惟十有二年傳康王即位十二年六月三日庚午○正義漢初不得此篇有僞作以代之者漢書律歷志云康王十二年六月戊辰朔三日庚午故畢命豐刑曰惟十有二年六月庚午朏王命作策書豐刑此僞作者傳聞舊語得其年月不得以下之辭（妄言作）豐刑耳亦不知豐刑何所道也鄭云今逸篇有冊命霍侯之事不同與此序相應非也鄭所見又似異於豐刑皆妄作也廣業僞書僞傳皆撏撦漢志之文以豐刑貫辭而去之初無他據顯違曲護孔氏反斥他文為僞妄非持平允之論也

呂刑王享國百年傳穆王即位年過四十矣言百年大期○正義年過四十不知出何書周本紀穆王即位春秋已五十矣五五十五年而崩司馬遷若在孔後或各有所據無逸言享國若干年皆謂在位之年此百年從生年而數意在美王年老能用賢而言其長壽 晉書束晳傳紀年自周受命至穆王百年非穆王壽百歲也

蚩尤傳九黎之君號曰蚩尤○正義當有舊說云然不知出何書史記神農氏世衰諸侯相侵伐蚩尤最為暴虐莫能伐之黃帝乃徵師諸侯與蚩尤戰于涿鹿之野遂禽殺蚩尤如其言則蚩尤是炎帝之末諸侯名也應劭曰蚩尤古天子鄭云蚩尤霸天下黃帝所伐者漢書音義臣瓚引孔子三朝記云蚩尤庶人之貪者諸說不同未知蚩尤何如人也楚語曰少昊

氏之衰也九黎亂德顓頊受之使復舊常則九黎在少昊之末非蚩尤也韋昭云九黎氏九人蚩尤之徒也韋昭雖以九黎為蚩尤要史記蚩尤在炎帝之末國語蚩尤在少昊之末不得同也九黎之文惟出楚語孔以蚩尤為九黎下傳又云蚩尤黄帝所滅與史記同孔非不見楚語而為此說蓋以蚩尤是九黎之君黄帝雖滅蚩尤猶有種類故少昊之末更復作亂若其不然孔意不可知也鄭元云學蚩尤為此者九黎之君在少昊之代也其意以蚩尤當炎帝之末九黎當少昊之末九黎學蚩尤九黎非蚩尤也廣業顯達此辨甚核但孔說實本馬融釋文馬云蚩尤少昊之末九黎君名孔襲其說孔襲用之而不復深考又

雖取史記黃帝所滅之文以自亂雖為曲為之解不得也馬
說不知所據觀康成亦言有九黎學蚩尤當非鑿空之論
鴟義傳為鴟梟之義。正義鄭云盜賊狀猶如鴟梟鈔掠良善劫
奪人物傳言鴟梟之義如鄭說
苗民傳蚩尤黃帝所滅三苗帝堯所誅言異世而同惡。正義
楚語云三苗復九黎之惡鄭以為苗民即九黎之後顓頊誅
九黎至其子孫為三國高辛之衰又復九黎之惡堯興又誅
之堯末又在朝舜臣堯又竄之後禹攝位又在洞庭逆命禹
又誅之穆王深惡此族三生凶德故著其惡而謂之民孔惟
言異世同惡不言三苗是蚩尤之子孫韋昭云三苗炎帝之

後諸侯共工也廣案經首言蚩尤繼言苗民明苗是蚩尤之遺孽鄭氏得之孔忽牽合黄帝所戮之蚩尤支離其説是實未嘗深究國語也

劓刵椓黥傳截人耳鼻椓陰黥面○正義鄭云刵斷耳劓截鼻椓謂椓破陰黥為羇黥人面鄭意謂耳鼻多截之椓陰若于去勢黥面甚于墨額孔意或亦然也廣案苗與堯並世臯陶為士象以典刑象刑者其衣冠象五刑也故曰五帝畫象又曰畫衣冠而民不犯苗造此五虐之刑淫為劓刵椓黥即漢所謂肉刑也非唐虞已有此刑而苗從而加甚也

乃命重黎傳重即羲黎即和堯命羲和○叢鄭據楚語謂是顓頊

命重黎　以皇帝哀矜至罔有降格皆顓頊事皇帝清問以下
乃說堯事然顓頊誅九黎謂之遏絕苗民義爲不穩據楚語
又於孔說未允未知誰得經意廣案三苗雖見堯典非必始
於堯世顓頊誅九黎其遺孽復惡因遏絕之使無世在下
復命重黎絕地天通文勢如此今謂重黎即羲和與前傳義
和重黎之後先亦相矛盾矣

庶有格命傳庶幾有至命○正義當是至善之命不知是何命
也鄭云格登也登命謂壽考者傳亦然

何度非及傳當何所度非惟及世輕重所宜乎○王云度謀也
非當與主獄者謀慮刑事度世輕重所宜也　廣案傳襲之
不成句

其罰百鍰傳六兩曰鍰○正義六兩曰鍰蓋古語(在茲)當時未必有明文也考工記戈矛重三鋝馬融云鋝量名當與呂刑鍰同俗儒云鋝六兩為一川不知所出耳鄭元云鍰稱輕重之名今代東萊稱或以太半兩為鈞十鈞為鍰鍰重六兩太半兩鍰鋝似同也或有存行之者十鈞為鍰二鍰四鈞而當一斤然則鍰重六兩三分兩之二周禮謂鍰為鋝如鄭元之言一鍰之重六兩多於孔王所說惟校十六銖爾　廣案王說未見據顥達連稱孔王則孔襲王也

尚書卷十三

文侯之命傳幽王為犬戎所殺平王立而東遷洛邑晉文侯迎

遂安定之故錫命焉又云平王命爲侯伯。王云幽王既滅平王東遷晉文侯鄭武公夾輔王室者爲大國功重故平王命爲侯伯

父義和傳稱父者非一人故以字別之。此蓋以天子於同姓諸侯稱伯父叔父故爲是説然拙甚矣

造天丕愆至國家純傳遭天大罪過父死國敗祖業隤隕周邦喪亂絕其資用惠澤於下民侵兵傷我國家及卿大夫之家禍甚大。王云遭天之大愆謂幽王爲犬戎所殺殄絕其先祖之澤於下民侵犯兵寇傷我國家甚大謂犬戎也

若汝予嘉傳汝功我所善之。王云如汝之功我所嘉也廣業

五十八篇之傳遇若必以順代之無或漏者獨此無訓故竊

達據王説而以若爲如

簡恤爾都傳不言鄙由近以及遠。鄭云都國都也鄙近邑也

言都不言鄙由近以及遠也

費誓徐戎傳此戎夷帝王所羈縻統敘諸侯。此據明堂位封

伯禽爲方伯監七百里之

周公于曲阜地方七百里而小變之爲方伯禽方伯監之無據

魯侯即伯禽如何更曰魯侯伯禽家有吳防所刊古文尚書呂序云得唐本於宋次道家皆隸古字其前費誓篇首句元

魯侯命伯禽宅曲阜。學齋佔畢曰

無明命據宅也其文止曰大衣侯柏禽錫瑞乃屋訓今文魯侯伯禽宅曲阜則今文衍字明矣

淮夷徐戎傳此戎夷帝王所羈縻統敘故錯居九州之内秦始

皇逐出之。正義漢時内地無戎夷者秦始皇逐出之始皇之

前蓋孔之初惟可三四十年古老猶在及見其事故孔得親

知之也王肅云皆紂時錯居中國經傳不説其事無以知紂時來也廣業戎夷見春秋者如姜戎驪戎陸渾之戎陸戎芋戎長狄赤狄白狄之類凡數十種至六國時已盡隸版圖秦即其地郡縣之無迹出之説穎達以爲孔親知之于禹貢云去漢初七八十年此云去始皇之前想當與三四十年先自矛盾親知與否不足辨也

敿乃干傳施汝楯紛。正義鄭云敿猶繫也王云敿楯當有紛繫持之是相傳爲此説也廣業碩命粉紼傳以爲粉此又忽出楯紛何也

杜乃擭敜乃穽傳擭捕獸機檻當杜塞之穽穿地陷獸當以土窒斂之無敢令傷所放牿牢之牛馬。王云杜閉也擭所以捕禽獸機檻之屬敜塞也穽穿地爲之所以陷墜之恐害

五十八篇之傳遇若及以順代之無或漏者獨此無訓故竊

堯誓下應接寫粵侯一條
伯禽乃方伯是否同居傳

及遠。鄭云都國都也鄙近邑也

言都不下鄙内近以及遠也

此戎夷帝王所羈縻統叙諸侯。此據明堂位封
伯禽為方伯監七百里之

阜地方七百里而遂小變之為方伯禽方伯監之無據

○學齋佔畢曰余家有吳防刊古文尚書呂東萊所得唐本於宋次道家皆隸古字

一曰此乃庚柏舍[illegible]訓今文書庚伯舍宅曲阜則今文衍字明矣

故功戎所善之
相臺本無之字

淮夷徐戎傳此戎夷帝王所羈縻統叙故錯居九州之内秦始

皇逐出之。正義漢時内地無戎夷者秦始皇逐出之始皇之

崩至孔之初惟可三四十年古老猶在及見其事故孔得親

知之也王肅云皆紂時錯居中國經傳不説其事無以知紂時来也廣業戎夷見春秋者如姜戎驪戎陸戎茅戎陸渾之戎長狄赤狄白狄之類凡數十種至六國時已盡隸版圖秦即其地郡縣之無逖出之説穎達以為孔親知之想當然耳于禹貢云去漢初七八十年此云去始皇之崩可三四十年先自矛盾親知與否不足辨也

敿乃干傳施汝楯紛○正義鄭云敿猶繫也王云敿楯當有紛繫持之是相傳為此説也廣業顧命紛純傳以為紛此又忽出楯紛何也

杜乃擭敜乃穽傳擭捕獸機檻當杜塞之穽穿地陷獸當以土窒敜之無敢令傷所放牿牢之牛馬○王云杜閉也獲所以捕禽獸機檻之屬敜塞也穽穿地為之所以陷墜之恐害

牧牛馬故使閑塞之
汝則有大刑傳汝則有乏軍興之死刑○正義興軍征伐而有
乏少謂之乏軍興今律乏之軍興者斬廣案之軍興漢代有此
語魯公不應有之馬但云死刑
汝則有無餘刑非殺傳刑者非一也汝則有無餘之刑然亦非殺汝○王云父母
妻子同産皆坐之無遺免之者故謂無餘之刑然入於罪隸
亦不殺之鄭云盡殺奴其妻子不遺其種類在軍使給廁役反
則入於罪隸舂藁不殺之廣案糗糧芻茭皆死刑此則合家
緣坐但非殺耳非殺者較輕於大刑故辭非寬辭王孔似未
合語意

秦誓序敗諸崤傳以其不假道伐而敗之。三傳無不假道之文

日月逾邁若弗云来傳欲改過自新如日月並行過如不復云来雖欲改悔恐死及之無所益。疏云年已衰老恐命將終日月遂往若不云来將不復見日月雖欲改過無所及益自用改過遲晚深自咎責之辭。正義員即云也則本文云當作員。諸本並作云誤

惟截截善諞言傳惟察察便巧善為辯佞之言。釋文馬云截截辭語截削省要也諞作偏少也辭約損明大辯佞之人

如有一介臣斷斷猗傳如有束脩一介臣斷斷猗然專一之

之臣雖無他技藝其心休休焉樂善其如是則能有所容言
將任之。釋文馬云一介耿介一心端慤者正義王云一介
耿介一心端慤斷斷守善之貌無他技能徒守善而已休休
好善之貌其如是人能有所容忍小過寬則得衆穆公疾技
巧多端故思斷斷無他技者廣案東脩頗似漢人語然亦錯
會野客叢談引鹽鐵論桑宏羊曰臣結髮束脩得宿衛謂束
帶脩飾也後漢書馬援杜詩延篤傳注皆謂年十五束帶脩
飾之意據此則番番黃髮之相臣可得言束脩乎

《國家圖書館藏未刊稿叢書》總目

日記編

黄陶樓先生日記（全二册）（清）黄彭年 著　樊長遠等 整理

張叔未日記（外六種）

　張叔未日記（清）張廷濟 著　陳紅彦　樊長遠 整理

　舊山樓日記（清）趙宗建 著　肖　剛 整理

　非昔居士日記（清）趙宗建 著　肖　剛 整理

　庚子非昔日記（清）趙宗建 著　肖　剛 整理

　壺中日記（清）葉　鈞 著　肖　剛 整理

　東洲草堂日記（清）何紹基 著　曹菁菁 整理

　顔脩來日記（清）顔懋价 著　杜　萌 整理

笘誃日記（清）江　標 著　樊長遠 整理

書札編

張蔭桓致劉毓森書札　龔易圖致劉毓森書札

　（清）張蔭桓　龔易圖 著　董馥榮 整理

袁昶友朋書札（全六册）（清）袁　昶 輯　謝冬榮等 整理

王懿榮往還書札（外三種）

　王懿榮往還書札（清）王懿榮等 著　蘇揚劍 整理

　藝風堂同人尺牘（清）惲祖翼等 著　謝冬榮 整理

　黄子壽先生遺札（清）黄彭年 著　杜　萌 整理

　趙宗建友朋書札（清）趙宗建等 著　彭文芳 整理

葉德輝致松崎鶴雄書札　葉德輝 著　孫　俊 整理

國家圖書館藏清代名家尺牘法書選刊（全十六册）

白謙慎　薛龍春 主編

金石題跋編

國家圖書館未刊石刻題跋輯録　盧芳玉　整理
小蓬萊閣金石目　（清）黄　易　著　盧芳玉　整理

題贊手卷編

明渤海孫氏積善堂題贊手卷　田曉春　整理

中法漢學研究所編

燕京傳薪録
——中法漢學研究所未刊稿研究
孫　俊　程天舒　林世田等　編著

著作編

周易注疏校勘記（全二册）（清）阮　元　總纂
讀相臺五經隨筆（全二册）（清）周廣業　著
經義述聞（全九册）（清）王引之　著
經義考異　（清）方　邁　著
國語解訂譌（外三種）
　國語解訂譌　（清）孔繼涵　孔廣栻　輯校
　白虎通義校稿　（清）吴　騫　輯
　古小學書鉤沈　（清）陳　鱣　輯
　聲系　（清）陳　鱣　著
説文解字考異（全五册）（清）姚文田　輯
四庫全書表注（全二册）（清）李文田　著
登樓雜記（全三册）（清）錢　泳　著
蛾術編（全十册）（清）王鳴盛　著
籀鄦簃雜著（全三册）（清）王仁俊　著

『十三五』國家重點圖書出版規劃項目
2011—2020年國家古籍整理出版規劃項目
2020年度國家出版基金資助項目
國家社會科學基金重大項目『國家圖書館藏未刊稿整理與研究』（13&ZD107）

國家出版基金項目
NATIONAL PUBLICATION FOUNDATION

國家圖書館藏未刊稿叢書・著作編

讀相臺五經隨筆

（一）

主編　劉玉才　陳紅彥

（清）周廣業　著

鳳凰出版社

圖書在版編目（CIP）數據

讀相臺五經隨筆 /（清）周廣業著. —南京：鳳凰出版社，2021.8
（國家圖書館藏未刊稿叢書 / 劉玉才，陳紅彦主編. 著作編）
ISBN 978-7-5506-3363-6

Ⅰ. ①讀… Ⅱ. ①周… Ⅲ. ①五經—研究 Ⅳ. ①Z126.27

中國版本圖書館CIP數據核字（2020）第261625號

書　　名　讀相臺五經隨筆
著　　者　（清）周廣業
責任編輯　孫　州　姜　嵩
裝幀設計　姜　嵩
出版發行　鳳凰出版社（原江蘇古籍出版社）
　　　　　發行部電話 025-83223462
出版社地址　江蘇省南京市中央路165號，郵編：210009
出版社網址　http://www.fhcbs.com
照　　排　南京新華豐製版有限公司
印　　刷　南京新世紀聯盟印務有限公司
　　　　　江蘇省南京市建鄴區南湖路27號春曉大厦5樓，郵編：210017
開　　本　718毫米×1005毫米　1/16
印　　張　37
版　　次　2021年8月第1版
印　　次　2021年8月第1次印刷
標準書號　ISBN 978-7-5506-3363-6
定　　價　650.00圓（全二册）

（本書凡印裝錯誤可向承印廠調換，電話：025-68566588）

《國家圖書館藏未刊稿叢書》編委會

序

中國國家圖書館以庋藏中國古籍善本宏富著稱，其中宋元舊槧、珍稀印本，向爲學界推重，頗獲利用。相較之下，約佔館藏善本總量三分之一的寫本類文獻，利用還遠不够，堪稱有待發掘的文獻寶藏。國圖藏寫本文獻以著作稿抄本爲主，兼及日記、書札、題跋、校語、文書檔案等類文字形式，因多爲唯一傳本，故有别於刊印文獻，具有獨特的文物、藝術和文獻價值。根據館方專家調查，[一]館藏宋元抄本即有十五部，明抄本則多達一千二百四十六部，其中一百七十餘部爲内府所抄。如宋仁宗親撰《洪範政鑒》，僅此一部内府抄本秘藏宫内，從無刊刻傳抄，彌足珍貴。明嘉靖間《永樂大典》抄本，世存殘卷亦以國圖收藏最夥。許多早期抄本與原本成書年代接近，而原本或有亡佚殘缺情形，抄本遂具有無可替代的校勘與輯佚價值。國圖所藏明清抄本中，著名學者、藏家抄本佔有相當比例，許多是影抄宋元舊本和珍稀本，僅毛晉汲古閣影抄本即有近八十部。在清抄本五千餘部中，還包括有盧文弨、鮑廷博、吴騫、翁方綱、陳鱣、黄丕烈、焦循、管庭芬、楊守敬、王國維等名家手稿本。著作類稿抄本之外，國家圖書館還藏有明清以至民國一百五十餘家日記稿抄本，三四百種書札文獻，數

[一] 陳紅彦《國家圖書館藏抄本述略》，《國家圖書館學刊》，2016年第4期。

千款金石題跋，以及數量不菲的圖卷題詠、批校文字、文書檔案等類寫本文獻。上述寫本文獻，除部分著作抄本之外，大多未經刊行，均可歸爲未刊稿之列。

寫本文獻存量稀罕，往往具有孤本性質，加之多數未經整理，字迹辨識不易，閲覽亦不方便，這都成爲限制其發掘利用的重要原因。有鑒於此，我們組織國家圖書館古籍館與北京大學中文系合作的學術團隊，在對館藏寫本文獻全面調查的基礎上，首先選擇具有重要學術價值、讀者利用不便的未刊文獻，予以整理刊布。並在國家社科基金申請設立『國家圖書館藏未刊稿整理研究』重大課題，以保證整理研究工作的實施。經過課題組同人的共同努力，陸續完成部分階段性成果，今擬分作日記、書札、金石題跋、題贊手卷、中法漢學研究所、著作諸編，依次予以刊布。

《日記編》整理收録顔懋价、葉鈞、張廷濟、何紹基、趙宗建、黄彭年、江標七位清人未刊稿本日記。其中如黄彭年、江標，不僅參與過重大政治活動，在學術領域亦有較高成就，屬於政學兼通的重要歷史人物。黄彭年《黄陶樓先生日記》、江標《笘誃日記》所載均長達數十年，可稱一生行迹的詳盡記録，涉及朝章典故、交遊見聞、日常讀書生活等諸多内容，極其豐富。張廷濟《張叔未日記》、顔懋价《顔脩來日記》、葉鈞《壺中日記》、何紹基《東洲草堂日記》、雖然記述時間不長，但是內容各有所長，據之不僅可以考察日記主人的生平交遊，還可豐富清代學術史的場景。晚清藏書家趙宗建的《舊山樓日記》《非昔居士日記》《庚子非昔日記》，內容跨越清同治元年（1862）至光緒二十一年（1895）共三十多年的時間，記録了趙氏的日常生活、藏書收購及與衆多友人交遊情形，還有對圍剿太平軍的見聞記述，頗能反映江南地方士人的生活與眼界。

《書札編》從館藏各類書札文獻中選取黄彭年、趙宗建、張蔭桓、袁昶、王懿榮、吴重憙、繆荃孫、葉德輝等十餘家往還書札，予以整理刊布。因所涉人物都是晚清、民國間重要官員和學術文化界名流，書札內容豐富，且未經前人揭示，具有無可替代的文獻價值。如《黄子壽先生遺札》收録清光緒年間黄彭年在江蘇布政使任內與按察使朱之榛之間往來信件六十七通，涉及漕運與海運之流弊、來蘇流民之安置、正誼書院並藏書樓之籌建等諸多政務。黄彭年著述宏富，但大多未經刊布，本課題同時整理其日記、書札，預期將會推動學界對黄氏的深入研究。《趙宗建友朋書札》收録趙宗建光緒年間所撰詩歌、隨筆、抄經、墓誌銘、祝壽帖及其友人李芝綬、季錫疇的書札共一百四十餘件，不僅內容豐富，還可與《日記編》所收趙氏三種日記互相參照，促進學界對這位重要藏書家的全面研究。《袁昶友朋書札》收録劉履芬、丁丙、馮煦、孫詒讓、楊守敬、沈曾植、戴望、張謇、李文田、孫衣言、張鳴珂、張之洞、陸潤庠、王頌蔚、王懿榮、翁同龢等人信札二百餘通，袁昶親自整理粘貼爲十二巨册，涉及歷史人物衆多，堪稱是晚清學者的群體資料。《王懿榮往還書札》收録王懿榮與師友、親屬往還書札數百通，基本可以反映其後半生的主要經歷與交遊關係。王懿榮光緒年間授翰林院編修，三任國子監祭酒，博覽書史，精於鑒藏，與當世金石學者來往密切。書札所涉人物包括潘祖蔭、陳介祺、繆荃孫、吴大澂、盛昱、汪鳴鑾、孫汝梅、黄紹箕、吴重憙諸名流，以及女兒女婿等家人。書札内容多爲討論金石碑拓釋讀、古籍收藏、科舉學問，以及時務政治、爲人處世、家務瑣事，據之可以考察同光時期精英士大夫鑒藏金石之風尚，以及業餘生活趣味的豐富細節。《藝風堂同人尺牘》是晚清著名學者繆荃孫的友朋書札稿本集，收録惲祖翼、繆朝荃、劉炳照、吴慶坻、陳慶年等人致繆荃孫書札一百餘通。書札的撰寫時間多在光緒時期，内容比較廣泛，除家常瑣事之外，還涉及刻書、詩詞交往、方志編纂等方面，是研究繆荃孫學術交遊、晚清政治與文化教育的重要資料。葉德輝致松崎鶴雄書札（《郋園手札》）是著名學者葉德輝1910年至1920年間致日本學者松崎鶴雄的書信，涉及研治經學、小學等多方面内容，可稱現代中日學術交流史的重要文獻。

《書札編》收録書札出自名家之手，書法用箋考究，文獻價值之外，兼具有藝術觀賞價值，故採取録文整理與選擇影印結合的方式予以刊布。此外，我們還特邀白謙慎先生、薛龍春先生精選館藏十餘種名家尺牘，製作法書字帖，集爲《國家圖書館藏清代名家尺牘法書選刊》，以饗書法愛好者。

國圖收藏金石拓本豐富，題跋數量衆多。如宋元合璧拓本《廣政石經》即有名家題跋、批校百餘款，宋拓《嘉祐石經》亦有吴昌碩、丁晏、葉昌熾、沈曾植、羅振玉、陳寶琛、楊守敬、曹元忠、繆荃孫、柯劭忞等多人題跋和批校。《金石題跋編》甄選館藏金石題跋七十餘種，以拓本爲單位，撰寫提要，著録題名、拓本、裝幀、行款、書體、責任者、遞藏源流等項信息，並對題跋文字進行輯録整理，可爲金石證史、拓本源流研究、金石學者交遊研究提供全新的資料。

《題贊手卷編》率先刊布長達十六餘米的《明渤海孫氏積善堂題贊手卷》，該手卷是河北滄州孫楷第家族世守之寶，彙集明代前期朝廷重臣、翰苑侍從、書法名家四十三人的題贊墨迹，爲明代文化史、文學史、書法史研究的重要實物與文獻。諸家題贊，書法風格各異，可稱難得的藝術珍品。其中如明代第一大和尚姚廣孝的題贊，可能是其唯一的傳世手迹；而明初賢相『三楊』（楊士奇、楊榮、楊溥）和書法大家『二沈』（沈粲、沈度）的墨迹傳世甚罕，手卷所存可謂吉光片羽，彌足珍貴。此次刊布改卷裝爲經折裝，採用原版影印與題贊釋文相結合的整理方式，前半部分展示手卷原貌，後半部分爲題贊釋文、印章釋讀及題贊者小傳，既能滿足學術界對此珍貴文獻的研究需求，又可據之勾勒明初京師文化圈的面貌。

中法漢學研究所是法國中法教育基金委員會1941年在北京資助成立的漢學研究機構，設有民俗學組、語言歷史組、通檢組、圖書館、法文研究班等部門，開展文獻搜集整理和研究、翻譯工作。該研究所1953年撤離中國時，部分申請出關的圖書資料被中國政府徵購或没收，輾轉存藏於國家圖書館。《中法漢學研究所編》對其中曾毅公《五十年來之甲骨學》、陸翔《敦煌學著述考》、傅惜華《漢代畫像全集》三編、徐宗元《古今本竹書紀年合校》、柯昌泗《漢晋石刻略録》、羅常培《蒙古字韻跋》、魏建功《完全本王仁昫刊謬補缺切韻初次的討論》等未刊論著稿本以及神禡相關資料，進行整理研究，以求揭示這批珍貴稿本資料的學術價值，豐富敦煌學、甲骨學、民俗學等專題學術史，爲深入瞭解中法漢學研究所的學術活動，探究現代漢學研究史，提供文獻幫助。

著作稿抄本在國圖館藏寫本文獻中數量居多，近年頗有影印出版，加之閱覽方便，已漸爲學界所關注，因此未列爲本課題重點對象。不過考慮到有些著作稿抄本學術價值很高，甚至關涉重要學術論争，有必要予以刊布揭示，更便利學界研究，我們選擇方邁、王鳴盛、周廣業、孔廣栻、吴騫、王念孫、王引之、姚文田、李鋭、李文田等清代學者稿抄本予以影印，并分別撰寫研究解題。其中如李鋭《周易注疏校勘記》殘稿，是阮元主持纂修《十三經注疏校勘記》的重要文獻見證，有助於釐清當年校勘工作的緣起與修訂過程。《經義述聞》涉及王念孫、王引之父子著作權的爭議，是清學研究界關注的熱門問題。爲便於展開深入研究，我們將國圖館藏《經義述聞》初刻、二刻、三刻所據稿本及《校書録》稿本合併影印。其餘諸家稿抄本，亦精彩紛呈，各有可觀。

以上未刊文獻，雖然形式有別，但是日記、書札、題跋及著作稿抄本内容多有關聯，甚至可以相互印證，子課題實際都是總課題的有機組成部分。我們希望通過對這批未刊文獻的發掘整理，爲學界提供第一手的資料，以推動明清以至近現代學術史研究的深入。在整理過程中，根據文獻樣式的不同，我們分别採取釋讀、點校、輯録、影印、解題、小傳等整理研究形式，以期最大限度地發揮未刊文獻的功用。因爲未刊文獻的隨意書寫特性，文字辨識、内容整理難度很高，整理成果想必仍有不少訛誤，期待學界同人不吝指正。此項整理研究工作得到國家圖書館古籍館、北京大學中文系的大力支持，浙江大學文化遺産研究院白謙慎先生、薛龍春教授在文字釋讀方面給予無私的幫助，鳳凰出版社慨允出版，謹表衷心感謝。

北京大學中文系、中國古文獻研究中心　劉玉才

二〇一八年五月

目録

解題

《讀相臺五經隨筆》四卷《續筆》一卷，清周廣業撰。周廣業（1730—1798），字勤圃，號耕厓，浙江海寧人。乾隆四十八年（1783）舉人。廣業深研古學，於《孟子》一書致力最勤。著有《孟子四考》《經史避名彙考》《文昌通紀》《闕帝徵信編》《廣德州志》《寧志餘聞》《兩浙地志録》《季漢官爵考》《四部寓眼録》《目治偶鈔》《補注意林》《動植小志》《循陔纂聞》《三餘摭録》《時還讀我書録》《蓬廬詩文鈔》等書，多爲未刊之稿。[一]

此書初稿本分藏上海圖書館和中國國家圖書館兩處。[二]上圖藏本一册（索書號：線善756732），僅存《尚書》《毛詩》部分，屬於原書卷一、卷二的内容。國圖藏本一册（索書號：A02051），爲卷三、卷四，書衣題『讀相臺五經隨筆下』。兩處館藏合之，仍闕《周易》部分。《販書偶記》所載『底稿本』存卷與國圖藏本相合，[三]可見民國時此本即已分散。初稿本多增改之處，從字跡看，皆出周氏自手。

國圖又藏稿本一部三册（索書號：A02049），凡《讀相臺五經隨筆》四卷《續筆》一卷，非周氏自筆，當是倩人謄録。鈐『周廣業印』白方、『畊厓』朱方、『吴騫讀過』白

[一]［清］吴騫《愚谷文存》卷一〇《周耕厓孝廉傳》，見虞坤林點校《吴騫集》第3册，浙江古籍出版社，2016年，頁153—156。按：原文字作『勤補』，今改從周氏自用印作『勤圃』。周氏著述目録可參見［清］管庭芬原輯，蔣學堅續輯《海昌藝文志》卷一三，影印民國十年（1921）排印本，《地方經籍志彙編》第27册，國家圖書館出版社，2008年，頁341—348。

[二]《中國古籍善本書目·經部》（上海古籍出版社，1989年，頁365）分爲二本著録，上圖本作『手稿本』，國圖本作『稿本』。

[三]孫殿起《販書偶記》卷三，民國二十五年（1936）借閒居排印本，頁19b。

方、『馥』朱方、『廣伯』白長方等印。有孫志祖、錢馥、陳振墀等人批校，皆校勘文字、指正闕誤，於是書頗有助益。《續筆》則又經朱筆斷句及校改，校語有題『駒案』者，當爲吴騫從子昂駒。《隨筆》卷一爲《周易》《尚書》，卷二爲《毛詩》，以上第一册。卷三爲《春秋經傳集解》，卷四爲《禮記》，末有周廣業、蔣師爚二跋，以上第二册。《續筆》一卷，均爲《尚書》，以上第三册。此本《隨筆》部分當據初稿本謄録，初稿本增改之處皆已吸收，但仍有少量新增之文。《續筆》後成，初稿所無，故增改之跡甚多。

浙江圖書館又藏周氏種松書塾黑格鈔本一部三册（索書號：善754），凡《隨筆》四卷《續筆》一卷（附《宋石經記略》）。其子勳懋叙列先父著述，分爲『已付剞劂』『謄有清本』和『尚未得重寫』三類。[一] 其中《讀經隨筆》一書屬於『謄有清本』者，當即浙圖藏本《讀相臺五經隨筆》。相較稿本，此本多出嘉慶九年（1804）王引之、嘉慶十二年（1807）馬瑞辰二序，皆周氏殁後，其子求作。《海昌藝文志》據此本著録，故云有王序、馬序，並節録馬序之文。[二] 王序未收入《王文簡公遺集》，《海昌藝文志》亦未録文。今將二序一併録出，供讀者參考：

《讀相臺五經隨筆》，海寧周耕崖孝廉所記也。其書博取前人之説，稽合異同，以資多識，蓋惠氏定宇之亞矣。顧氏炎武據《漢書》以爲《彖》《象傳》附經始于費直，戴吉士駁正之。曩嘗歎其精審，而是書所論實與戴氏不期而合。至其辨東晋《古文尚書傳》之譌，與閻、惠二徵君相爲表裏，有功經學甚偉。余因孝廉之嗣，得見孝廉之書，用附數語于簡末，以志傾慕之誠云。嘉慶九年四月朔日，高郵王引之序。

《讀相臺五經隨筆》，海寧周耕厓先生所箸也。先生博學多聞，箸述最富。余先子曾手録所著《孟子四考》

[一]［清］周廣業《經史避名彙考》卷三末嘉慶三年（1798）周勳懋識語，影印清鈔本，《續修四庫全書》第827册，頁458。

[二]［清］管庭芬原輯，蔣學堅續輯《海昌藝文志》卷一三，頁341。

以授，蓋嘗與先生訂交於都門矣。余不克見先生，得交先生之嗣竹泉，因受此書而讀之。其引《翼奉傳》『歷中甲庚』『性中仁義』，證《易》先甲後甲、先庚後庚之義，與楊子《太玄》言『庚斷甲，義斷仁也』合。其論《禹貢》『鳥夷皮服』，當從鄭氏古文作『鳥夷』，與《大戴記·五帝德》『東長、鳥夷羽民』合。其引鄭氏以毛公爲先師之説，證《詩箋》之義，足解《博物志》之疑。其引鄭氏注《陔夏》注『陔之言戒』，與《詩序》『相戒以養』義合，足證束晳補亡之失。其引《史記·宋世家》襄公時正考父作《商頌》，足證鄭氏《禮注》商爲宋詩之説。其餘博採舊聞，稽合同異，皆精確不移，不爲鑿空之論。至其辨東晉《古文尚書傳》之謬，尤與閻、惠兩徵君相發明。而以作傳之孔安國爲東晉孔愉之子字安國者，爲前人所未道。昔毛西河作《易小帖》，以《漢志》不載《子夏易傳》，《史》《漢》儒林傳皆無子夏受《易》事，謂《隋》《唐志》所載《子夏傳》爲杜子夏作。余按杜欽無受《易》事，因考《漢·儒林傳》沛鄧彭祖字子夏，受《易》於五鹿充宗，疑子夏或出於彭祖。是亦與先生定安國爲東晉人者，可同備一説也。先生所著有《意林校本》《避名録》《過夏録》《目治偶鈔》凡十數卷，皆未得見，而讀此已足見先生淹博之學，其有功於經術者不少矣。嘉慶十二年四月二十六日桐城馬瑞辰序。

此本書前還列有『參訂姓氏』，包括：仁和孫貽穀侍御名志祖，錢塘王竦雨觀察名朝梧，績谿方茶山廉使名體，歸安丁小疋進士名杰，儀徵貴郎中名徵，陽湖顧子明茂才名述，同邑吴兔牀明經名騫、吴醒園明經名昂駒、錢緑窗處士名馥、家松靄大令名春。其中孫志祖、吴騫、吴昂駒、錢馥乃國圖藏稿本的批校者。從序言、參訂姓氏等要素皆備看，此本乃爲刊行做準備，只是最終未能實現。

《隨筆》書末有乾隆五十一年（1786）十月周廣業跋，交待了寫作此書的緣起：

宋岳鄴侯於嘉熙間取廖氏世綵堂本重校刊九經三傳，

閱今六百年，五經具存，珍藏祕府。聖天子崇尚經術，特詔倣寫付鋟，頒布天下學官。其與諸本異同者，復命儒臣詳加考證，所以嘉惠藝林者至矣。臣廣業印得全部，莊讀一過，案頭獨有永懷堂本，用以參閱。卷中既各爲標識，間有管窺，隨筆之别紙，彙爲四卷。於經義無所發明，特以佔畢小儒，晚遊京華，遂獲先覩寶書，斯寔快事存之，庶以志幸也。

所謂相臺岳氏九經三傳，前人皆以爲南宋岳珂所刻，即周跋之『岳鄰侯』。後經張政烺考證，始知此岳氏乃元代荆溪（宜興）岳浚。〔一〕乾隆四十八年（1783），清高宗於昭仁殿後廡建『五經萃室』貯藏岳本五經，並下旨仿寫刊刻，即武英殿翻岳本，各卷末附有考證。〔二〕周氏手校殿翻岳本現藏浙江圖書館，《周易》《尚書》《詩經》《春秋》皆有朱筆跋語。〔三〕

〔一〕張政烺《讀〈相臺書塾刊正九經三傳沿革例〉》，《張政烺文集·文史叢考》，中華書局，2012年，頁313—340。

〔二〕詳參拙文《『岳本』補考》，《中國典籍與文化》2015年第3期。

〔三〕浙江圖書館編《浙江圖書館藏國家珍貴古籍題跋圖録》，國家圖書館出版社，2017年，頁152—158。

周氏於乾隆四十九年（1784）春入京應試，留都三載。〔四〕據其跋語可知，乾隆五十一年（1786）春館北平查世倓（憺餘）家，托金汝珪（方雪）印得此書，校讀一過，因作《讀相臺五經隨筆》四卷，乃讀經札記的彙編。周氏還從翁方綱處借得乾隆四十三年（1778）秀水陳氏影宋刻《相臺書塾刊正九經三傳沿革例》，《隨筆》中多有引其校記之處。所謂永懷堂本，指崇禎十三年（1640）崑山葛氏永懷堂本《十三經古注》，爲經注本，當時在坊間頗爲流行，〔五〕殿本考證的校本中即有永懷堂本。〔六〕

此書是一部經學考證筆記，不僅有文字的校勘、句讀的審定，更涉及許多經學史上的重要問題。各條考證多先引前

〔四〕[清]周春《蓬廬文鈔序》，《蓬廬文鈔》卷首，影印民國二十九年（1940）燕京大學圖書館排印本，《續修四庫全書》第1449册，頁327—328。[清]周廣業《謁護國帝君廟記》，《蓬廬文鈔》卷二，頁373—374。

〔五〕廖明飛《永懷堂本〈十三經古注〉本〈儀禮〉略説》，《版本目録學研究》第5輯。

〔六〕拙文《『岳本』補考》，《中國典籍與文化》2015年第3期。

人之説，再申明己見，廣徵博引，言必有據，體現了嚴謹求實的乾嘉學風。周廣業不僅重視經書的文本内容，還留意其文本形式。如指出岳本《周易》卷端題『周易上經乾傳第一』，與《經典釋文》相合，説明王弼《易》注稱『傳』，而永懷堂本、汲古閣本皆不題『乾傳』二字，下云『王弼注』，遂使後人不知王弼原本名『傳』。又如『彖曰』條，先引蔣師爚説，考證以《彖》《象》連經始於鄭玄，以《文言》附《乾》《坤》二卦始於王弼。然後指出王弼本編次體例不統一，乃是出於『乾爲六十四卦之首』的變例，李光地及蔡淵的改易不可取。最後批評時人讀朱子《本義》而編次從王弼本，使得『《彖傳》注遂不可解』。周氏注重漢儒舊説，但於唐宋以來有理之異説亦不完全否定。如《周易·乾卦》『九三，君子終日乾乾，夕惕若厲无咎』，王弼注『至於夕惕，猶若厲也』，顯然是以『夕惕若厲』爲句。而孔穎達《周易正義》、郭京《周易舉正》則以『若』字爲語辭，宋儒因之，遂讀『夕惕若』爲句。周廣業引《漢書·王莽傳》、《淮南子·人間訓》、張衡《思玄賦》、傅咸《叩頭蟲賦》、班固《薦謝夷吾文》、許慎《説文解字》、崔寔《大赦賦》、《宋書·袁粲傳》等十餘種文獻，説明兩漢諸儒皆以『夕惕若厲』爲句，且唐前無異辭。但同時也承認郭京等以『厲』字連下讀亦有理據，可謂持平之論。《古文尚書》及孔傳，此前閻若璩、惠棟等學者已發其僞，周廣業在《隨筆》中也指出了孔傳的不少訛誤及其參用馬融、王肅注之處。至於其作者，前人或以爲皇甫謐，或以爲王肅，或以爲梅賾，莫衷一是。[一]周氏則提出有兩孔安國：西漢孔安國僅以今文讀古文，並未作傳；今傳孔傳之作者乃東晉太元間人孔愉之子。東晉孔安國祖述馬融、王肅之注，參用鄭玄之説，自成一家之書，只是後之作僞者强行屬之西漢孔安國。此條徵引廣博，論述極詳，蔣師爚跋、馬瑞辰序皆點出此説，稱爲前人所未道。今之研究者叙述此説皆舉陳

〔一〕參見劉起釪《尚書學史（訂補修訂本）》，中華書局，2017年，頁369—370。

壽祺《左海經辨》、馮登府《十三經詁答問》，[一]不知此前周廣業已經提出。除了以上所述，蔣師爚跋、馬瑞辰序也指出不少此書的精到之處，讀者自可參看。

周氏此書未經刊行，流傳不廣，今據中國國家圖書館藏稿本（A02049）影印出版，以饗讀者。

張學謙

〔一〕劉起釪《尚書學史（訂補修訂本）》，頁370。按：陳壽祺説見《左海經辨》卷上《今文尚書大誓後得到説》，影印道光三年（1823）三山陳氏刻本，《續修四庫全書》第175册，頁377—378。陳氏只是指出東晋李顒《尚書集注》於《大誓》篇所引『孔安國曰』乃是東晋孔安國，並非認爲今傳孔傳之作者即是此人。馮登府説見《十三經詁答問》卷一，《皇清經解續編》卷七四一，頁11b—12a。馮氏明確提出『東晉別有一孔安國，亦通經學，與梅賾上書元帝時相先後，《書傳》或出其手，而後人誤以爲漢之臨淮』，但或是限於答問體例，論述遠不及周廣業周詳。

讀相臺五經隨筆卷一

海寧周廣業

周易上經乾傳第一

陸氏釋文標題如此宋景文公筆記云今國學行王弼易題曰周易乾傳第一下云王弼注傳即注解之名下當只云王弼乃允廣案易有傳始子夏繼之者王肅王弼皆名傳賈公彥儀禮喪服子夏傳正義云或有解云前漢以前云傳後漢以後云註若然王弼王肅等後漢之人云傳此説非也賈與陸皆唐人王弼曰傳不曰註明矣永懷汲古二本皆不題乾傳字其云王弼註與是本同人遂無復有知爲傳者

乾九三夕惕若厲注至於夕惕猶若厲也。孔穎達正義曰據上下文勢若字宜爲語辭諸儒並以若爲如如有厲是實无厲也理恐未盡郭京周易舉正謂定本猶字在惕字上亦以若爲語辭與有字發若若字同　廣案郭氏以夕字爲絶句毛西河仲氏易用之易小傳則謂俗儒夕字句不通今考夕惕若厲爲句兩漢諸儒皆如此讀王莽傳夕惕若厲淮南子人間訓夕惕若厲以陰息也張衡思玄賦傅咸叩頭蟲賦班固薦謝夷吾文以至昭烈上言漢帝晉惠帝永平元年詔周武帝詔並〔梁武帝淨業賦〕同許慎說文首部引易亦然夕部又引作夕惕若夤後漢崔實（寔）大赦賦夕處敬而厲惕陸機讓平原賦史表憂愧若厲宋書袁粲傳晨兢夕厲白居易賀雨表發於若厲之誠皆無異辭自孔氏説行宋儒因之遂讀夕惕若爲句矣然郭氏以文言乾乾因其時而惕雖危无咎爲證則厲字連下讀亦有理

无咎○説文无字注云奇字無通于无者虛無道也王育（章帝時人作字説者）説天屈西北爲无釋文云无音無易内皆作此字吾邱衍閒居録云古書無无字唯易有之其初本于蔡邕石經以易中无字多故隸法從省道家書本于易凡無字亦皆作无後人云象天傾西北直以俗書妄解耳（廣）案許氏所謂奇字王莽時甄豐所改定六書之一卽孔壁古文而異者也古今字體

大抵由繁趨簡篆變爲隸是也亦有古省而今繁者易彖文辭於字皆作于十翼則作於者十九作于者十一論語並用於字獨子路稱誄曰禱爾于上下神祇堯曰篇引湯誓敢昭告于皇皇后帝作于此引古書記者仍其原文也餘惟乘桴浮于海及伯夷叔齊餓于首陽之下民到于今稱之三見耳

象曰。此孔子所作傳所謂十翼者也初不與經文相雜顧亭林謂漢費直始以傳附經據漢書儒林傳費直字長翁治易長於卦筮亡章句徒以彖象繫辭十篇文言解說上下經也蔣主事師爚嘗辨之曰顧說非也漢書文言二字應在十篇之上此刊本之誤以彖象繫辭文言十篇解說上下經者以足亡章句云爾非謂以傳附經也果以傳附經何繫辭中推衍各卦爻辭之傳並不附入各卦爻之後是直翁當日但用十篇解之説之而已並未嘗以附經且淳于俊之對高貴鄉公明言鄭元合彖象於經不言費直漢上翁曰康成始以彖象連經文王弼又以文言附乾坤二卦自康成而後其本加彖曰象曰自弼而後加文言曰此不易之論康成以彖象連經文本之魏志王弼以文言附乾坤二卦本之正義廣案直翁解説上下經不立章句初無叅雜經傳之事至鄭王連附王應麟漢藝文志考證亦云蔣説韙矣弼編次乾坤與諸卦異例乾復與坤異例如此彖傳在六爻辭後坤彖傳下次大象傳

次爻辭是也將以乾為六十四卦之首故獨變異之歟李光地讀易詳說則以彖傳次元亨利貞以小象分繫潛龍勿用等爻辭下與諸卦同文言傳但叙入注中而不列全文蔡淵卦爻經傳訓解据大傳彖者言乎象者也因升大象於釋彖之前尤誤朱子本義用王肅古本經傳劃分今人無不讀本義而編次仍用弼本至彖傳注遂不可解而試士命題有全出十翼者亦未達易所以首諸經之故矣

比彖不寧方來注則不寧之方皆來矣。原無之字皆字九經三傳沿革例云添此二字意始明　廣案上言安則不安者託（敬具）焉則不寧方所以來上下應故也此處即不添二字未嘗不

足亡章句云爾非謂以傳附經也果以傳附經何繫辭中推
衍各卦爻辭之傳並不附入各卦爻之後是直翁當日但用
十篇解之說之而已並未嘗以附經且淳于俊之對高貴鄉

陳振墀謹按論語引古書於字作于者尚有惟孝友于兄弟亦作于字解則民到于今
受其賜亦作于

彖曰象曰自弼而後之
經文本之魏志王弼以文言附乾坤二卦本之正義廣案直
翁解說上下經不立章句初無紊雜經傳之事至鄭王連附王應
麟漢藝文志考證亦云蔣說題矣弼編次乾坤與諸卦異例
乾復與坤異例如此象傳在六爻辭後坤象傳下次大象傳

次爻辭是也將以乾為六十四卦之首故獨變異之歟李光地讀易詳說則以彖傳次元亨利貞以小象分繫潛龍勿用等爻辭下與諸卦同文言傳但敘入注中而不列全文蔡淵卦爻經傳訓解据大傳彖者言乎象者也因升大象於釋彖之前尤誤朱子本義用王肅古本經傳劃分令人無不讀本義而編次仍用弼本至彖傳注遂不可解而試士命題有全出十翼者亦未達易所以首諸經之故矣

比彖不寧方來注則不寧之方皆來矣○原無之字皆字九經三傳沿革例云添此二字意始明　廣案上言安則不安者託
敏具
焉則不寧方所以來上下應故也此處即不添二字未嘗不

明考工記惟若寧侯毋或若不寧侯與此不寧正同詩韓奕榦不庭方猶此言不寧方也

經泰傳第二

泰上象傳后以財成天地之道。徐鍇說文繫傳通論云后之言後也繼體君也書曰嗣先人宅丕后易泰象后以財成天地之道輔相天地之宜言物畜然後有禮禮履也有禮然後安故受以泰泰然後財成既富而教必世而後仁之義也又姤象后以施命誥四方益而不已必夬夬決也決必有所遇天地相遇后以施令亦嗣君也書曰王享國百年耄荒度作刑以詰四方是也易變而不窮至屯剥之後萬物始復復則不妄非繼體之象故无妄之象曰先王以茂對時育萬物此夏

桀之後湯始有民之象也故曰先王

上經泰傳第二

大有九四匪其彭注常匪其旁則无咎矣旁謂三也。案釋文彭步郎反止讀彭為旁据注直改作旁疑王本有彭當為旁四字傳寫脱之也子夏易傳作旁虞翻作尪

上經噬嗑傳第三

噬嗑彖先甲三日後甲三日。漢書翼奉傳歷中甲庚性中仁義甲為仁庚為義此先甲後甲巽九五先庚後庚蓋取諸此

九四噬乾胏。王肅注四體離陰卦骨之象骨在乾肉脯之象金矢所以獲野禽故食之反得金矢君子於味必思其毒於

利必俻其難見太平御覽明詹景鳳性理小辨引之

大過九二枯楊生稊。賈昌朝羣經音辨枯音姑山榆也鄭康成讀案字有同異何楷說易載之甚詳

下經咸傳第四

恒上六振恒注振動也。說文引作榰恒柱砥古用木今以石也繫傳謂許用孟注故不同

大壯九五羝羊觸藩羸其角。說文繫傳云六畜中駿馬多瘦牛亦瘦狗亦細形雞之瘦不至于劣惟羊瘦則羸也

明夷六二夷于左股。禮記內則注夷作睇傾視也

睽六三其牛掣注滯隔所在不獲進也。說文角部引作觢訛俗

觢旁注

說觢一角仰也從角㓞聲繫傳云爾雅牛角一俯一仰觭皆
踊觢注云竪角也又手部引作㩙今作掣据說文引縱曰㩙
㩙觢皆與今不同未知徐所据何本

下經夬傳第五

家人九五注父父子子兄兄弟弟夫夫婦婦六親和睦交相愛
樂而家道正。管子上服度則六親固老子六親不和有孝
慈注皆以父子兄弟夫婦為六親後漢馮衍傳注同賈誼新
書六術篇人有六親始曰父父有二子為昆弟昆弟又有子
子從父而昆弟故為從父昆弟從父昆弟又有子子從祖而
昆弟故為從祖昆弟從祖昆弟又有子從曾祖而昆弟故為

利必偹其難見太平御覽明詹景鳳性理小辨引之

大過九二枯楊生稊。賈昌朝羣經音辨枯音姑山榆也鄭康成讀棻字有同異何楷說易載之甚詳

嘉祖書王肅唯說肆注困学紀聞已引之矣

恒上六振恒注振動也。說文引作榰恒柱碾古用木今以石也繫傳謂許用孟注故不同

大壯九五羝羊觸藩羸其角。說文繫傳云六畜中駁馬多瘦牛亦瘦狗亦細形鷄之瘦不至于劣惟羊瘦則羸也

明夷六二夷于左股。禮記內則注夷作睇傾視也

睽六三其牛掣注滯隔所在不獲進也。說文角部引作觢訛俗

觢虞注

說觢一角仰也從角㓞聲繫傳云爾雅牛角一俯一仰觭皆
踊觢注云竪角也又手部引作㨨今作掣据說文引縱曰㨨
㨨掣觢皆與今不同未知徐所据何本

下經夬傳第五

家人九五注父父子子兄兄弟弟夫夫婦婦六親和睦交相愛
樂而家道正。管子上服度則六親固老子六親不和有孝
慈注皆以父子兄弟夫婦為六親後漢馮衍傳注同賈誼新
書六術篇人有六親始曰父父有二子為昆弟昆弟又有子
子從父而昆弟故為從父昆弟從父昆弟又有子子從祖而
昆弟故為從祖昆弟從祖昆弟又有子從曾祖而昆弟故為

曾祖昆弟曾祖昆弟又有子子為族兄弟備於六此之謂六親漢書禮樂志如淳注用此說王應麟小學紺珠云呂氏春秋謂之六戚左傳注云父子兄弟姑姊甥舅昏媾姻亞

姤初六羸豕孚蹢躅注陰質而躁恣者羸豕特甚。初以一陰遇五陽淫恣之甚者也牝豕羸弱而淫得豭乃定傳曰既定爾婁豬盍歸吾艾豭

萃六二引吉无咎。王肅曰六二與九五相與俱履其正引由迎也為吉所迎何咎之有見文苑英華王志愔應正論

九五以杞包瓜注杞之為物生于肥地者也包瓜為物繫而不食者也杞與包瓜是兩物笣瓜即匏瓜也

井彖傳巽乎水而上水注音舉上之上又豐彖曰豐大也注音
闡大之大也王弼注易止此二音
艮六三列其夤。說文胂夾脊肉也繫傳引易列其夤夤字當
作此胂字
漸九三注非大而孕。大當作夫永懷本作夫
下經歸妹傳第六
歸妹彖注少陰而承長陽。承永懷本作乘蔣主事曰殿板注疏
作承作乘者與略例合揆之彖傳亦是盧學士曰一論卦體
一論爻本不同
繫辭第七

其受命也如響。響諸本俱作嚮釋文嚮許兩反又作響漢書
賈山傳天下嚮應

吉凶者貞勝者也注老子曰侯王以為天下貞。釋經以老莊宋儒為甚而寔始于漢晉鄭康成注大學引老子曰多藏必厚亡

繫辭第八

神農氏沒以下九節。孔穎達禮記正義序曰易繫辭黃帝九事章云古者葬諸中野則有凶禮也黃帝九事章名不知誰所定也亦見儀禮喪服正義

序卦第九

動必止之。沿革例云諸本皆無動必二字從蜀本興國本添入廣案七經孟子考文云古本有動必二字

雜卦遘遇也。吳革本朱子本義亦作遘蓋宋以避高宗諱始皆改為遇此以下有遇字故權改為遘岳本皆改正獨遺此耳

第十略例邢璹注衆不能治衆治衆者至少以治之三治字他本皆作理璹避國諱也

易義無窮廣別有讀易纂言一書此偶記數條耳

尚書卷一

尚書○孔序云伏生以其上古之書謂之尚書王肅肅云上所言史所書故曰尚書孔穎達正義曰尚者上也據此則當讀如上下之上今皆讀為常沿秦音官有尚書亦呼為常

孔安國序○正義曰鄭玄謂之贊者以序不分散避其序名故謂之贊謂佐成序義明以註解也安國以孔子之序分附篇端故已之總述亦謂之序事不煩重義無所嫌故也廣案割裂經文東漢末間有之魏晉始盛分附孔序一事都非西漢經師所為也朱子謂書序不是孔安國作其文軟弱又曰是六朝人文又云似李陵答蘇武書昭明文選乃使與毛氏傳並列可異

也考孔安國有二一漢武帝博士即得古文尚書者也字子國官至諫大夫臨淮太守一東晉孝武帝太元間人字安國詳後

古者伏犧氏之王天下也始畫八卦造書契以代結繩之政由是文籍生焉○此說以網罟之結繩為結繩而治正義亦知其說而曲為之說文多不載梁唐張懷瓘書斷云孔安國云宓羲造書契代結繩非也厥初生人君道尚矣應而不求為而不悖執大象也迨伏犧作始定人道辨予臣子伏而化之結繩為治故孔子曰三皇伯世叶神無文洛乙紀命韻字須合又班固云庖犧繼天而王為百王先並是也易曰庖犧氏之王天下也作結繩而為網罟以佃以漁蓋取諸離離者麗

尚書卷一

尚書○孔序云伏生以其上古之書謂之尚書王肅肅云上所

韓詩外傳八漢書食貨
志語作興雲

正義曰尚者上也據此則當讀

秦音官有尚書亦呼為常

賛者以序不分散避其序名故

解也安國以孔子之序分附篇

端故已之總述亦謂之序事不煩重義無所嫌故也廣棨割

裂経文東漢末間有之魏晉始盛分附孔序一事○斷○非○兩○漢○

經○師○所爲○也○朱子謂書序不是孔安國作其文軟弱又曰是六朝

人文又云似李陵答蘇武書昭明文選乃使與毛氏傳並列可異

也考孔安國有二一漢武帝博士即得古文尚書者也字子國官
至諫大夫臨淮太守一東晉孝武帝太元間人字安國詳後

古者伏羲氏之王天下也始畫八卦造書契以代結繩之政由
是文籍生焉○此說以網罟之結繩為結繩而治正義亦知
其說而曲為之說文多不載案唐張懷瓘書斷云孔安國云
宓羲造書契代結繩非也厥初生人君道尚矣應而不求為
而不悖執大象也迨伏羲作始定人道辨孚臣子伏而化之
結繩為治故孔子曰三皇伯諱世叶神無文洛乙紀命頡字須
合又班固云庖犧繼天而王為百王先並是也易曰庖犧氏
之王天下也作結繩而為網罟以佃以漁蓋取諸離離者麗

也取化成天下向明而理之義庖犧神農氏没軒轅氏作始造圖書禮樂度數甲子律歷自開闢之事皆先聖傳流于口黃帝以後紀錄言之無幾故春秋國語唯發明五帝太史公敘黃帝顓頊以下事孔子修書始自堯舜尚年月闕然詩人所述起于虞后其可知也巢燧之時淳一無敎故言上古昔者但是伏羲神農之時言後世世聖人即黃帝堯舜之時際易曰上古結繩而理後世聖人易之以書契此猶太陽一照衆星没矣此辨甚晰特錄之

伏犧神農黃帝之書謂之三墳言大道也少昊顓頊高辛黃帝唐虞之書謂之五典言常道也。周禮外史掌三皇五帝之書鄭氏注楚靈王所謂三墳五典廣彙序本諸此下復緣飾左傳強以八卦為八索九州之志為九邱三皇五帝之書漢已全失漢書藝文志雜家首孔甲盤盂二十八篇注云黃帝之史或曰夏帝孔甲似皆非也若農家神農二十篇道家黃帝四經四篇黃帝銘六篇黃帝君臣十篇雜黃帝五十八篇陰陽家黃帝泰素二十篇之類注皆以為六國時人偽托司馬溫公所謂百家皆言黃帝文不雅馴是也今序所据其即此等乎否則何以下但言孔子黜八索除九邱而於墳典獨言討論也。釋僧祐宏明集宗炳明佛論三皇之書謂之三墳言大道也梁書蕭子顯對梁武帝曰仲尼讚易黜八索述職方除九邱蓋此書盛行

於江左故多引用之

春秋左傳曰楚左史倚相能讀三墳五典八索九邱。鄱陽程伯圭曰西漢未有學左傳者劉歆始欲表章而諸儒詆罷之今安國序皆引左傳明非巫蠱以前之書廣案安國論語注亦引左傳據此尚未足别真贗但西漢文必無借左傳數行七八行之體杜注墳典等云皆古書今傳遂云即謂上世帝王遺書陋矣又曰八卦之説謂之八索案賈逵以八索為八王之法張衡以為周禮八議之刑准馬融以為八卦而韋昭亦有八體以應八卦之説然則安國之言八卦固本之馬融矣

先君孔子。裔孫稱其先祖。不。應。稱都。姓。頴達正義序云先君宣

父即其例也下又云我先人又云孔子舊宅云以書還孔氏

此皆襲漢人之文而未暇顧名寔者也

述職方以除九邱。七經小傳謂九共九篇當作丘古文丘作丠與共相近即所謂八索九邱孔安國為隸古定不知丘字誤為共遂謬說云述職方以除九邱躁職方氏之掌一官所守耳周禮出于周公仲尼未嘗刪也而云除九邱予廣案以九共為九丘亦未的但其駁安國職方之說是也

典謨訓誥誓命之文凡百篇。王充論衡正說篇景帝時魯共王壞孔子教授堂以為殿得百篇尚書于壁中武帝使使者取視莫能讀遂藏于中外不能見至成帝徵為古文尚書學東

海東張霸接百篇之序空造百兩之篇獻之成帝出秘府百篇校之皆不相應下霸于吏罪當死帝高其才不誅亦惜其文不滅故百兩篇傳于世廣棨百篇見于漢書藝文志謂孔子纂書上斷于堯下訖於秦凡百篇而為之序言其作意据論衡言莫能讀而今所存古文平淺甚於今文何也

以其上古之書謂之尚書。正義引馬融說曰上古有虞氏之書故曰尚書曰言馬融雖不見孔君與說理自然同廣棨孔傳參用馬融王肅之說非馬同孔也詳後

博考經籍採摭羣言以立訓傳。博考二句酷似齊梁人語且（朱子曰書決非孔安國注恐是魏晉人作托其名又云是晉人文）廣棨漢時甫開獻書之路書文缺簡脫難言博考其經解家自為說各

有師承劉歆所謂尚書見在時師傳讀而已又何採摭羣言之有桓譚新論載秦君近說堯典篇目兩字之説至十餘萬言但説曰若稽古三萬言今傳文局於邊幅依文敷衍可云博采乎正義以經籍爲五經羣言爲子史考傳于五經除馬王舊注外經絶少援引子史尤罕採及也史記儒林傳伏生得二十九篇教于齊魯之間後魯周霸孔安國雒陽賈嘉俱能言尚書事孔氏有古文尚書安國以今文讀之因以起其家逸書得十餘篇蓋尚書滋多于此矣但言滋多不言作傳漢書劉歆傳宣帝時移書太常曰得古文于壞壁中書十六篇天漢之後孔安國獻之遭巫蠱倉卒之難未及施行藝文志云孔安

國献之遭巫蠱倉之難未及施行藝文志云孔安國得古文以考二十九篇得多十六篇獻之遭巫蠱未列於學官劉向以中古文師古曰中者天子之書也校歐陽大小夏侯三家經文字異者七百有餘脫字數十又云古文尚書經四十六卷自注為五十七篇經二十九卷自注大小夏侯二家歐陽經二十二卷師古曰此今文傳四十一篇班無注此傳係於今文之下則為夏侯歐陽所著可知合司馬劉班之言。但不言孔有訓傳。而序云受詔為五十九篇作傳。不亦誣乎。蓋此序祇剽竊漢書之文而增益之。斷非西漢孔安國撰。且所謂古文今文者特字有今古之制別耳大體相同故壁中之書安國可以今字讀之其與伏生二十九篇異者据班志亦止七百餘字耳鄭康成注儀禮叅互古文今文如士冠禮布席于門中闑西閾外注云古文闑為槷閾為蹙孝友時格注云今文格為嘏此類甚多尚書之有今古文亦猶是也豈真判然兩書哉況未立學官何遽詔使作傳耶若東晉之孔安國傳中既明引馬融王肅之說其序尤不當托名於西漢之孔安國不知誰何偽造意必姚興方之徒歟

傳之子孫以貽後代

朱子曰漢時無這般文章

堯典曰若稽古帝堯傳若順稽考也能順考古道而行之者帝

國猷之遭巫蠱倉之難未及施行藝文志云孔安國得古文
以考二十九篇得多十六篇獻之遭巫蠱未列於學官劉向
馥案晉書荀崧傳古文尚
書孔安國自當有傳但
未必奉詔爲之耳
古曰中者
子之書也
校歐陽大小夏侯三家經文字異者
字數十又云古文尚書經四十六卷自注為五
十七篇經二十九卷自注大小夏侯二家歐陽經二十二卷
古曰傳四十一篇班無注此傳係於今文之下則為夏侯
文
馥案秦君近
當作秦延君
陽所著可知合司馬劉班之言。俱不言孔有訓傳。而序云
受詔為五十九篇作傳。不亦誣乎。蓋此序祇剽竊漢書之文
而增益之。斷非西漢孔安國撰。且所謂古文今文者特字有
今古之制別耳大體相同故壁中之書安國可以今字讀之

其與伏生二十九篇異者据班志亦止七百餘字耳鄭康成注儀禮叅互古文今文如士冠禮布席于門中闑西閾外注云古文闑為縶閾為蹙孝友時格注云今文格為嘏此類甚多尚書之有今古文亦猶是也豈真判然兩書哉况未立學官何遽詔使作傳耶若東晉之孔安國傳中既明引馬融王肅之說其序尤不當托名於西漢之孔安國不知誰何僞造意必姚興方之徒歟

傳之子孫以貽後代

朱子曰漢時無這般文章

堯典曰若稽古帝堯傳若順稽考也能順考古道而行之者帝

堯。案此王肅注也肅難鄭元而宗馬融故其注多與馬同魏志高貴鄉公命羣臣講尚書帝問曰鄭元云稽古同天言堯同於天也王肅云堯順考古道而行之二者不同何者為是博士庾峻對曰洪範稱三人占從二人之言賈馬及肅皆以為順考古道以洪範言之肅義為長帝又問曰四嶽舉鯀王肅云堯意不能明鯀是以試用與孔傳堯未明其所能據衆言可試故遂用之相合陸德明釋文云王肅亦注今文解大與古文相類或肅私見孔傳而秘之孔穎達堯典正義亦云前漢劉向劉歆後漢賈逵馬融鄭元晉服虔杜預並皆不見孔傳惟王肅注書始似竊見孔傳故注亂其紀綱為夏太康時又云王肅之注尚書其言多用孔傳彼皆謂王肅用孔不知是孔安國用王也裴駰作史記集解於夏本紀又東至於醴下（書作澧言汶水）此載孔安國曰馬融王肅皆以醴為水名又于魯世家其在祖甲下載孔安國曰王肅曰祖甲湯孫太甲也是安國明明自言本之馬融王肅矣此安國果西漢人何以反述東漢馬融及魏王肅之說今尚書孔傳於澧但云澧水名於祖甲但云祖甲湯孫太甲也乃絕似馬王襲孔者然如謂裴駰誤引則三人時代易明不容倒置如謂字誤則明正德間慎獨齋重刊元中統二年段子成史記索隐本吳興凌稚隆本毛氏汲古閣本並然豈豈皆誤乎陳仁錫本醴下注删去曰字似可通然通檢裴注從無蓋疊稱姓名之例不知曰字之例祖甲下直删去孔安國注非闕如之意也西漢孔安國但以今文讀古文並未作傳作傳者別一孔安國祖述馬王於用鄭氏自成一家之書後之作偽者强奪以屬之西漢孔安國裴駰劉宋人所見必係真本據而録之必無誤也所謂別有一孔安

馥案服虔漢人與鄭康成同時。晉服虔三字宜乙轉

堯。案此王肅注也肅難鄭元而宗馬融故其注多與馬同魏志高貴鄉公
命羣臣講尚書帝問曰鄭元云稽古同天言堯同於天也王肅云堯順考古道而
不同何者為是博士庾峻對曰洪範稱三人占從二人之言賈馬及肅皆以
古道以洪範言之肅義為長帝又問曰四嶽舉鯀王肅云堯意不能
日鯀方命圮族試用與孔傳堯末明其所能據衆言可試故遂用之相合陸德明釋
文云王肅亦注今文解大與古文相類或肅私見孔傳而祕之孔穎達堯典
正義亦云前漢劉向劉歆後漢賈逵馬融鄭元晉服虔杜預並皆不見孔傳
惟王肅注書始似竊見孔傳故注亂其紀綱為夏太康時又云王肅之注
尚書其言多用孔傳彼皆謂王肅用孔不知是孔安國用王也裴駰作史
記集解於夏本紀又東至於醴下書作灃言汶水此載孔安國曰馬融王肅

皆以醴爲水名又于魯世家其在祖甲下載孔安國曰王肅曰祖甲湯孫太甲也是安國明明自言本之馬融王肅矣此安國果西漢人何以反述東漢馬融及魏王肅之説今尚書孔傳於澧但云澧水名於祖甲但云祖甲湯孫太甲也乃絶似馬王襲孔者然如謂裴駰誤引則三人時代易明不容倒置如謂字誤則明正德間慎獨齋重刊元中統二年段子成史記索隱本吳興淩稚隆本毛氏汲古閣本並然豈皆誤乎陳仁錫本醴下注刪去曰字似可通然通檢裴注從無蓋疊稱姓名之例不知曰字之例祖甲下直刪去孔安國注非闕如之意也西漢孔安國但以今文讀古文並未作傳作傳者別一孔安國祖述馬王裴用鄭氏自成一家之書後之作偽者強奪以屬之西漢孔安國裴駰劉宋人所見必係真本據而錄之必無誤也所謂別有一孔安

國者劉孝標注世說新語德行篇引續晉陽秋曰孔安國字
安國會稽山陰人車騎愉第六子也少而孤貧能善樹節以
儒素見稱歷侍中太常尚書遷左僕射特進卒晉書安國附
見愉傳愉字敬康先世居梁國曾祖潛太子太傅漢末避地
會稽家焉咸嘉中官至散騎常侍三子誾汪安國安國字安
國年小諸兄三十餘歲羣從諸兄並乏才名以富強自立唯
安國與汪少厲孤貧之操汪既以直亮稱安國亦以儒素顯
孝武帝時甚蒙禮遇安帝隆安中下詔曰領軍將軍孔安國
貞慎清正出內播譽可以本官領東海王師必能導達津梁
依仁游藝後歷尚書左右僕射義熙四年卒贈左光祿大夫

此安國注書本傳雖未明載但其從祖丹陽太守沖許孜傳作豫章太守為許孜所師事受詩書禮易及孝經論語見許孜傳則孔氏之明於書乃其家學而本傳亦稱其以儒素顯劉義慶復列之於德行是傳必出安國之手而裴駰得其本以解史記也更有證者穎達泰誓正義曰李顒集注尚書於偽泰誓篇每引孔安國曰計安國必不為彼偽書泰誓作傳不知顒何由為此言夫西漢安國之不傳偽泰誓盡人所知豈李顒反不知之正惟東晉別有安國故每引不疑耳釋文顒字長林江夏人東晉本郡太守晉書顒附李充傳新唐書宰相世系表江夏李氏式字景則東晉侍中生嶷嶷生尚字茂仲生矩字茂約江州刺史世說新語注[illegible]

咸嘉〻字當是咸康〻〇散騎常侍
加官且愉曾爲僕射護軍將軍領軍將軍
國子祭酒矣似當云官至會稽內史

國者劉孝標注世說新語德行篇引續晉陽秋曰孔安國字
安國會稽山陰人車騎愉第六子也少而孤貧能善樹節以
尚書遷左僕射特進卒晉書安國附
身惟侯惟忘哥虞身廿丑梁國曾祖濬太子太傅漢末避地
會稽家焉咸嘉中官至散騎常侍三子愉汪安國安國字安
國年小諸兄三十餘歲羣從諸兄並之才名以富強自立唯
安國與汪少厲孤貧之操汪既以直亮稱安國亦以儒素顯
孝武帝時甚蒙禮遇安帝隆安中下詔曰領軍將軍孔安國
貞慎清正出內播譽可以本官領東海王師必能導達津梁
依仁游藝後歷尚書左右僕射義熙四年卒贈左光祿大夫

此安國注書本傳雖未明載但其從祖丹陽太守沖許孜傳作豫章太守為許孜所師事受詩書禮易及孝經論語見許孜傳則孔氏之明於書乃其家學而本傳亦稱其以儒素顯劉義慶復列之於德行是傳必出安國之手而裴駰得其本以解史記也更有證者穎達泰誓正義曰李顒集注尚書於偽泰誓篇每引孔安國曰計安國必不為彼偽書泰誓作傳不知顒何由為此言夫西漢安國之不傳偽泰誓盡人所知豈李顒反不知之正惟東晉別有安國故每引不疑耳釋文顒字長林江夏人東晉本郡太守晉書顒附李充傳新唐書宰相世系表江夏李氏式字景則東晉侍中生疑疑生尚字茂仲生矩矩字茂約江州刺史世說新語注

書李充祖康父生充字弘度中書侍郎生顒郡舉孝廉七世孫
矩與此不同
元哲從江陵即善之父也世說新語簡文朝充為殷浩所薦授剡令則其
為中書侍郎當與安國為侍中同在孝武之世禮志又蔚文字志武渡江累遷侍中見晉書年五十卒幼弟嵗永和中卒書是顒
因安國之後進也不惟親見其人書且親見其人其取傳入
注寧或有虛謬哉孔傳所以有偽泰誓者以其傳一本馬王
馬王注今文二十八篇合泰誓為二十九其名曰傳見尚書序正義
安國因之亦注今文二十八篇集解引孔安國注解合泰誓止在二十八篇可知
為二十九亦名曰傳彼時原未嘗有所謂古文泰誓也顒注
隋志十一卷釋文新舊唐書俱十卷又新釋二卷音略二卷計所引孔
安國傳必不專在泰誓類達意中止有一西漢孔安國故於

他篇無所置疑至泰誓始自知無可附會乃曰不知顯何由為此言顯著書垂世豈若庸妄之徒專務欺人者乎夫李顒安國之傳見於（李顒集）注既如此合諸裴駰集解又如（彼）其為東晉而非西漢復何疑焉又新唐書藝文志尚書既首列孔安國傳十三卷王肅注十卷矣而馬融注十卷下又有王肅孔安國問答三卷使此安國係西漢人則無由與王問答亦不當列王於孔之上舊唐志作尚書問答三卷注云王肅問更不言誰答据新志則爲孔安國答明矣但二志均不著編集之人意安國作傳時既參用馬王之說而肅注間有與已見同異者故設為質難之詞抑或後人讀者見孔傳多與王同因設

問答以明之俱未可知要之非西漢之孔安國也此與李顒集注二書雖皆亡軼而得其崖略俱足以證安國之為東晉（經義考以為即此亦尚書義問孔鼎采鄭王說參以己見者亦想當然耳）姚方興輩亦不能盡滅其跡也孔傳出於晉末李顒録用之後閱數十年至宋孝武明帝之世裴駰始再取以注史自餘絕無傳焉駰父松之於宋文帝元嘉初注三國志引尚書注亦祇鄭元馬融而已一注只十處六稱鄭一稱馬餘亦鄭氏蓋其本既絕少學者罕見齊姚方興吳人去會稽不遠創獲是本遂傅會為西漢孔安國以其傳有今文泰誓偽將立破也從而刪之傳文有馬融王肅姓名偽又將立破也從而削之西漢孔安國不應傳今文二十八篇則為添撰大禹謨等二十五篇及傳以

為此真孔氏古文尚書矣而又慮世人之疑而攻之也則造
為皇甫謐得其書梅賾奏上之說以紊其世次於是東晉孔
安國之傳更無復有言及之者即指為偽托者終疑於皇甫梅賾所栗
格（敢爲大言）噫作偽誠巧矣誣古亂經莫甚於此然興方所以敢於作
偽南北諸儒所以輕信者亦自有故南史儒林傳云宋齊開
置國學不能十年取文具而已鄉里莫或開館公卿罕通經
術朝廷大儒獨學而弗肯養衆後生孤陋擁經而無所講習
大道之鬱久矣據所列儒林十九人宋齊無言尚書者惟梁
山陰孔子袪明古文尚書為國子助教講尚書四十編聽者（此古文當即孔安國之五十八篇也）
數百人著尚書義二十卷集注二十卷北史儒林傳云齊時

問答以明之俱未可知要之非西漢之孔安國也此與李顒

經義考以爲郎隋志尚書義問孔晁采鄭王說參以己見者亦想當然耳

集注二書雖皆亡軼而得其崖略俱足以證安國之爲東晉

隋志云梁有尚書義問三卷鄭元王肅及晉五經博士孔晁撰此書當是孔晁集鄭王之說也舊唐志云尚書答問三卷王肅問其注已不明晰至新唐志竟標王肅孔安國問答則誤晁爲安國矣又考冊府元龜以尚書義問爲孔晁撰崇文因之新唐志一時粗忽遂致疑誤後賢費許多辭論也

於晉末李顒撰錄用

始再取以注史自

注三國志引尚書

蓋其本既絕少學

者互見參安文異字人主售粘不遠愈獲是本遂傳會爲西

然則王肅亦非魏之字子雍者當爲元魏時字恭懿者矣 馥注

安國以其傳有今文泰誓僞將立破也從而刪之傳文

而王肅姓名僞又將立破也從而削之西漢孔安國不

應傳今文二十八篇則爲添撰大禹謨等二十五篇及傳以

為此真孔氏古文尚書矣而又慮世人之疑而攻之也則造
為皇甫謐得其書梅賾奏上之說以紊其世次於是東晉孔
安國之傳更無復有言及之者即指為偽托者終疑於皇甫梅賾所梁
啟賾貫言格噫作偽誠巧矣誣古亂經莫甚於此然與方所以敢於作
偽南北諸儒所以輕信者亦自有故南史儒林傳云宋齊開
置國學不能十年取文具而已鄉里莫或開館公卿罕通經
術朝廷大儒獨學而弗肯以其長與後生孤陋擁經而無所講習
大道之鬱久矣據所列儒林十九人宋齊無言尚書者惟梁
山陰孔子袪明古文尚書為國子助教講尚書四十編聽者
此古文當即今之五十八篇也
數百人著尚書義二十卷集注二十卷此足為大專云齊時

儒士罕傳尚書之業徐遵明受業於屯留王聰聰傳濮陽李
國[周]仁及渤海張文敬李鉉河間權會並鄭康成所注非古文
也下里諸生不見孔氏注武平末劉光祖劉士元始得黃彪[費甝頭?]
義疏乃留意焉雖梁武[帝中]議不行用尚未之深信而時無經
師莫或是正孔子祛蒔既習之而昭明復以序入選洎至隋
唐其説遂牢不可破矣如張霸之百兩篇使非成帝校以祕
府後世尊之奚啻今之偽書之一邵孔穎達奉勅為正義尤曲為附
和尚書正義序云馬鄭諸儒莫覩其學晉皇甫謐獨得其書
載於帝紀又引晉書皇甫謐傳云從姑子外弟梁柳得古文
尚書故作帝王世紀往往載孔傳五十八篇之書宋葉石林
元吳草廬

說此本晉書又云晉太保公鄭沖以古文尚書授蘇愉愉授梁柳
即謐之外弟也柳授臧曹曹授梅賾賾遂於前晉奏上其書亡
失舜典一篇晉末范甯為解已不得焉至齊蕭鸞建武四年姚
方興於大航頭得而獻之識者以為孔安國之所注也適方興
有罪事亦隨寢至隋開皇三年購募遺典乃得其篇考皇甫得
書梅賾上書二事晉書絕無之姚興方亦不見於南齊書惟唐
初撰五代志顯違亦興其書中有云東晉豫章內史梅賾始得
孔安國之傳止闕舜典一篇齊建武中吳姚興方正義及釋文皆作姚方興
蔡傳因之明袁仁砭蔡編據此駁正蔡大航頭得之奏上於是始立學宮今在隋書經籍
志釋文略同則知其說皆齊梁間耳食之儒所臆造全無根據者即

如鄭沖仕魏爲司空與侍中鄭小同親授高貴鄉公尚書業而高貴鄉公與諸儒講尚書祇舉鄭王初不及孔（魏志）則偷之所（沖又與何晏孫邕曹羲共集論語注名論語集解見晉書本傳今其書見在所引孔安國說與古書傳皆迥異則冲）授於偷者從可知矣（近程綿莊廷祚著晚書訂疑振[illegible]一極呼）且穎達所見之晉書既載其事去房喬等修晉書時稍先後耳何以刪薙不錄就所稱引亦全不類或史文似是穎達自爲說也夫古文尚書劉氏班氏雖云遭巫蠱未行而中秘已藏其書劉歆嘗校之其移書太常曰抑此三學尚書爲備（三學謂詩禮春秋備者謂備而不用）未嘗言亡也況漢書明言平帝時古文立學官乎（見儒林傳贊）晉書荀崧傳元帝踐阼崧轉太常時方修學校簡省博士置周易王氏尚書鄭氏古文尚書孔氏毛詩鄭氏周官禮記鄭氏春秋左傳杜氏

服氏論語孝經鄭氏博士各一人凡九人其儀禮公羊穀梁及鄭易皆省不置崧以為不可疏言世祖武皇帝時太學有石經古文先儒典則賈馬杜服孔王何顏尹之徒章句傳注衆家之學置博士十九人職官志晋初承魏制置博士十九人據此則武帝時孔氏已置博士皇甫士安方就帝借書安得有家藏二十六篇之古文梅頤見世說新語方正篇為豫章太守注引晋諸公贊曰字仲眞汝南西平人少好學隱退而求賾進止永嘉流人名曰頤[illegible]司馬不及工書事釋文則謂工書在元帝時夫以漢魏數百年不傳之書一旦奏上當日必有疑之者信之者今既不書之於史朝臣學士亦從無有議及者且如太康二年汲郡盜冢得竹書不過雜史傳記武帝以付秘書校綴次第以今文寫之

如鄭沖仕魏為司空與侍中鄭小同親授高貴鄉公尚書業覈案房喬等所修晉書無此文安知非譌尚書衹舉鄭王和不及孔且魏劇愉之所臧榮緒王隱輩之晉書耶經典序錄亦云(亦)則非孔沖遠之臆說可知矣近程綿莊廷祚著晚書訂疑一概……且穎達所見之晉[illegible]主房喬等修晉書時稍先後耳何以刪薙不錄就所稱引亦全不類史文(或)何是穎達自為說也夫古文尚書

沖又與何晏等共集論語注名論語集解見晉書本傳今其書現在所引孔安國說與今書傳皆迥異則沖

志祖案古文尚書之僞至今日而論定矣然謂梅賾之書亦無其事出於孔沖遠之影撰則未敢以為然也

未行而中秘已藏其書劉歆嘗校之學尚書為備三學謂詩禮春秋備者謂備而不用未嘗帝時古文立學官乎見儒林傳贊晉書荀崧傳元帝踐阼崧轉太常時方修學校簡省博士置周易王氏尚書鄭氏古文尚書孔氏毛詩鄭氏周官禮記鄭氏春秋左傳杜氏

取舜典篇以續孔氏齊明帝建武中吳興姚方興采馬王之注造孔傳舜典一篇云于大航頭買得之梁武議不行用就其言推之裴駰後於梅賾既得孔傳以解史記安得不見梅書何反不用王注此非梅所造明矣方興得孔傳時裴解行世已久見其所引皆非孔說而其文義深奧非若諸偽篇之淺率可以隨文敷衍即竭意創造勢必不能出先儒之樊籬因言原闕舜典一篇而依倣裴解造爲偽傳十九取諸馬融十一取諸鄭氏是裴解寔偽傳之藍本非興方爲之而誰爲之乎陸氏以爲采馬王之注亦未及將裴解詳加勘校又云近惟傳古文者爲之鄭馬王注遂以廢

衛恒束晳王接皆為考證參訂安有上古聖經乘時顯著反
不加論定之理故知梅賾上書係姚興方等偽造並無其事
而今之辨孔者輒目之為梅[illegible]亦未之深考也（梅賾當作賾 諸書作頤）
（或謂晉書有王隱干寶等十八家房喬等[illegible]偽遺而[illegible][illegible]之郎[illegible][illegible]猶有[illegible]史之法錄要刪繁稍知[illegible]擇者亦皆能之）
或謂安國東晉人是矣二十五偽篇及傳何以知造自姚興
而非梅頤也曰亦以史記集解知之集解於帝紀書（堯）堯（釐）降二女（以刑）
以前多引孔安國注自順（揖）和（讓）典至分北三苗所引皆馬融
鄭元之說絕不一及安國是安國原書堯典亡缺後半信也
其曰闕舜典一篇則姚之妄說（孔傳）古文尚書昌嘗有舜典予釋
文曰梅頤上孔傳亡舜典一篇乃取王肅注堯典慎徽五典
分為舜典以續之學徒遂盛後范寗變為今文集注俗間或

古經奏上無何事也而謂房喬等偽遺乎[illegible]萬或遺之徒見論史者[illegible]肯拾之乎且亦散見他書如御覽六百三職官十六部載晉書將作大匠陳勰掘地得古文尚書奏古文長於今文宜以古為正議者以為習用已久不宜複改此晉初事今晉書不載者以當時見所議識故也文但言（古文）長於今文則亦字體之異非真議不改用也豈如今之秘要西晉書亦說古者得此說又以渾[illegible]房喬等之漏之未加[illegible]哉

取舜典篇以續孔氏齊明帝建武中吳興姚方興采馬王之注造孔傳舜典一篇云于大航頭買得之梁武議不行用就其言推之裴駰後於梅賾既得孔傳以解史記安得不見梅書何反不用王注此非梅所造明矣方興得孔傳時裴解行世已久見其所引皆非孔説而其文義深奧非若諸偽篇之淺率可以隨文敷衍即竭意創造勢必不能出先儒之樊籬因言原闕舜典一篇而依倣裴解造爲偽傳十九取諸馬融十一取諸鄭元是裴解寔偽傳之藍本非興方爲之而誰爲之乎陸氏以爲采馬王之注亦未及將裴解詳加勘校又云近惟專古文書者之鄭馬王注遂以廢

覆案鄭注書敍逸篇之目有舜典王接皆為考訂參詳安有上古聖經來時顯著反
不加論定之理故知梅賾上書係姚興方等偽造並無其事
或謂晉書有王隱干寶等十八家處喬等何得偶遺而既網羅之節縮刊削修史之法錄要刪繁稍知審擇者所皆能之
而今之辨孔者輒目之為梅賾不深考也梅賾當作賾
或謂安國東晉人是矣二十五偽篇及傳何以知造自姚興諸書作頤
而非梅頤也曰亦以史記集解知之集解於帝紀書堯釐降二女以觀厥刑
以前多引孔安國注自慎徽五典至分北三苗所引皆馬融
鄭元之說絕不一及安國是安國原書堯典亡缺後半信也
其曰闕舜典一篇則姚之妄説古文孔傳尚書昌嘗有舜典予釋
文曰梅頤上孔傳亡舜典一篇乃取王肅注堯典慎徽五典
分為舜典以續之學徒遂盛後范寗變為今文集注俗間或

古經奏上非何事也而謂
慮喬等偶遺乎故萬
或遺之後世論史者職
貫總之乎且亦必無見他
書如御覽二百三十六職官
部載晉書將作大匠陳
勰掘地得古文尚書奏古
文長於今文宜以古為正議
者以為習用已久不宜復改
此晉初事今晉書不載若
以當時見所疑議
故也文但言古文長於今文
則亦字體之異非岳
議不改用也豈如今之截
然西晉時泥古者得此
說又何俟豫喬等之
流未知其然哉
論未一

取舜典篇以續孔氏齊明帝建武中吳興姚方興采馬王之注造孔傳舜典一篇云于大航頭買得之梁武議不行用就其言推之裴駰後於梅賾既得孔傳以解史記安得不見梅書何反不用王注此非梅所造明矣方興得孔傳時裴解行世已久見其所引皆非孔說而其文義深奧非若諸偽篇之淺率可以隨文敷衍即竭意創造勢必不能出先儒之樊籬因言原闕舜典一篇而依倣裴解造此偽傳十九取諸馬融十一取諸鄭元是裴解寔偽傳之藍本非興方為之而誰為之乎陸氏以為采馬王之注亦未及將裴解詳加勘校又云近惟傳古文者為之鄭馬王注遂以廢

肅注卷本十今以孔氏為正惟舜典一篇仍用王肅本上既云方興采馬王偽造此又單言王肅已自矛盾又舜典第二下注云王氏注梅賾時以王肅注頗類孔氏故取以續之肅注今已不傳就舜典言之釋文謂是一肅注正義直云姚方興所續得孔傳檢正義所引肅注數條如云三帛纁玄黃也附庸與諸侯之適子公之孤執皮帛其執之色未詳聞或曰孤執玄諸侯之適子執纁附庸執黃孔即用其或說而曰諸侯世子執纁公之孤執玄附庸之君執黃流宥五刑云君不忍刑殺宥之以遠方孔于此下取其意云以流放之法寬五刑于五流三宅又用其語曰不忍加刑則流放之分北三苗云云分北三苗之民有赦宥者復

不從化不令相從分北流之孔即為倒之云分北流之不令
相從三十徵庸三十在位云徵用三載其一在徵用之年其
餘二歲與攝位二十八年凡三十歲孔因云歷試二年攝位
二十八年惟柔遠能邇肅云能安遠者先能安近孔改云言
當安遠乃能安近以乃為先其義迥殊顯違謂牧在遠方故
据遠近之些曲說也孔于文侯之命傳云能柔遠者必能柔近
然後國安仍用王說都自矛盾三就肅云原野市朝甸師與馬鄭同孔刪
去甸師强分大夫于朝士于市不知肆諸市朝論語禮記連言之古者前朝後
市合為一就顯違以甸師所刑王之同族非刑之正故孔不數之然聖王制刑不
施同姓甸師一就何獨非正刑乎史記五帝紀集解所引肅注祇五品不遜五品謂五常係與

肅注十卷本今以孔氏為正惟舜典一篇仍用王肅本上既云（方）興
采馬王僞造此又單言王肅已自矛盾又舜典第二下注云

馥案上云姚方興采馬王之注造孔傳舜典一篇
梁武時爲博士議遂不行用下云今舜典一
篇仍用王肅本爲矛盾

頤瀕孔氏故取以續之肅注今已不
是肅注正義直云姚方興所續得（孔傳）檢
正義所引肅注數條如云三帛纁玄黃也附庸與諸侯之適
子公之孤執皮帛其執之色未詳聞或曰孤執玄諸侯之適
子執纁附庸執黃孔即用其或說而曰諸侯世子執纁公之
孤執玄附庸之君執黃流宥五刑云君不忍刑殺宥之以遠
方孔于此下取其意云以流放之法寬五刑于五流三宅又
用其語曰不忍加刑則流放之（分北三苗肅云）分北三苗之民有赦宥者復

不從化不令相從分北流之孔即為倒之云分北流之不令相從三十徵庸三十在位云徵用三載其一在徵用之年其餘二歲與攝位二十八年凡三十歲孔因云歷試二年攝位二十八年惟柔遠能邇肅云能安遠者先能安近孔改云言當安遠乃能安近以乃為先其義迥殊顛違謂牧在遠方故据遠近之異曲說也孔于文侯之命傳云能柔遠者必能柔近然後國安仍用王說卻自矛盾三就肅云原野市朝甸師與馬鄭同孔刪去甸師強分大夫于朝士于市不知肆諸市朝論語禮記連言之古者前朝後市合為一就顛違以甸師所刑王之同族非刑之正故孔不數之然聖王制刑不施同姓甸師一就何獨非正刑乎史記五帝紀集解所引肅注祗五品不遜五品謂五常係與

今孔傳同其他多引馬融乃全與孔傳同如賓于四門馬曰
四門四方之門諸侯羣臣來朝者舜賓迎之皆有美德孔傳
但去羣臣二字正月上日馬曰朔日也輯五瑞至班瑞馬曰
輯歛也五瑞公侯伯子男所執以為瑞信也脩五禮馬曰吉
凶軍賓嘉孔傳並同又二生一死贄馬曰二生羔雁卿大夫
所執一死雉士所執孔亦曰二生卿執羔大夫執雁一死士
執雉卒乃復馬曰五玉禮終則還之三帛以下不還孔但改
以下不還為生死則否肇十有二州馬曰禹平水土置九州舜
以冀州之北廣大分置并州燕齊遼遠分燕置幽州分齊為
營州於是為十二州也孔為刪之曰禹治水之後舜分冀州為

幽州并州分青州爲營州始爲十二州流宥五刑馬曰流放也
宥寬也孔遂云宥寬也以流放之法寬五刑鞭作官刑馬曰
爲辨治官事者作刑孔遂云以鞭爲治官事之刑金作贖刑
馬曰金黄金也意善功悪使出金贖罪坐不戒愼也孔遂云
金黄金誤而入罪出金以贖罪又馬曰崇山南裔三危西裔
羽山東裔孔並同惟幽洲史作幽陵故馬直以爲北裔而孔
則取揚子方言加水中可居者曰洲文字五刑有服五服三就馬曰五刑墨劓剕
宮大辟三就謂大罪陳諸原野次罪於市朝同族適甸師氏
既服五刑當就三處孔則改曰行刑當就三處大罪於原野大夫於朝士於
市餘並同五宅三居馬曰五等之差有三等之居大罪投四

裔次九州之外次中國之外孔但改中國二字爲千里疇若予上下易曰上謂原下謂隰孔但改原隰爲山澤女作朕虞馬曰掌山澤之官名孔但去名字以朕三禮馬曰三禮天神地祇人鬼之禮孔去神祇鬼三字直而溫寬而栗馬曰正直而色溫和寬大而敬謹戰栗孔於上句去色字下句作寬宏而能莊栗歌永言馬曰歌所以長言詩之意孔亦曰歌詠其意以長其言女二十有二人馬曰禹垂以下皆初命凡六人與上十二牧四嶽凡二十二人孔但改云禹垂益伯夷夔龍六人新命有職餘同据此則今所謂孔傳（今本舜典下一例書孔氏傳）寔王肅注而肅注又寔馬融注也融所注係杜林漆書先是賈逵其後鄭康成並注

此本今孔傳叅互馬王用之謂專用王肅本者非也且如釋文慎徽注王
云美馬云善大麓注王云錄馬鄭云山足也庢可績注王云致馬云定也文
祖注王云文祖注廟王名馬云文祖天也天為文萬物之祖故曰文祖上帝注王
云天也馬云太一神在紫微宮六宗注王云四時寒暑日月星水旱馬云天地
四時也懋哉注王云勉馬云美也孔俱從王不從馬至禋字注王云禋絜祀也馬
云精意以享也今孔傳精意以享謂之禋輯字注王云合馬云歛也今孔作
歛同律注王云同齊也律六律也馬云律法也今孔傳使齊一之律法制
藝祖注馬王云禰也今孔傳藝文也言祖則考著四朝注馬王皆云四面朝于方
岳之下今孔傳各會朝于方岳之下凡四處故曰四朝三苗注馬王云三苗國名縉雲
氏之後為諸侯蓋饕餮也今孔傳同惟此蓋為號冑子注王云國子也馬云冑

以睦高祖玄孫之親乃命
羲和馬云羲氏掌天官
和氏掌地官四子掌四時
孔疏云羲氏和氏世掌天地
四時之官

長也教長天下之子弟今專胄長也教長國子其兼採毋蒙遺
女注甚明他篇與王肅同者史記集解殷本紀咸有一德王
肅曰言君臣皆有一德孔亦曰言君臣皆有純一之德微子
世家今爾無指王曰無意告我孔亦曰無指意告我使善其
行而邦其昌王曰使進其行任之以政則國為之昌孔亦云
使進其所行則國其昌土爰稼穡王曰種之曰稼斂之曰穡
孔但去兩之字天子作民父母王曰政教務中民善是用所
以為民父母為天下所歸往孔亦云天子布德惠之教為兆
民之父母是為天下所歸往是訓是行王曰民納言于上而
而得中者則順而行之近猶益也順行民言所以益天子之

光孔亦曰中心之所陳言者順是行之可以近益天子之光周本紀在今爾安百姓王曰訓以安百姓之道當何所選擇乎非當選擇賢人乎孔亦曰在今爾安百姓之道當何所擇非惟吉人乎周公世家金縢我國家禮亦宜之王曰亦宜褒有德也孔倒之曰亦國家禮有德之宜無逸祖甲饗國王曰先中宗後祖甲先盛德後有過也孔亦曰以德優劣立年多少為先後故祖甲在下費誓三郊三遂王曰邑外有郊郊外有曰遂不言四者東郊留守故言三也孔刪改曰言三郊三遂明東郊距守不峙其與馬融同者尤多今畧舉之史記集解夏本紀予欲左右有民馬曰我欲左右助民汝當翼成我也孔

長也教長天下之子弟今其胄長也教長國子是又雜采馬
王注爲之推之他篇取諸王肅者史記集解殷本紀咸有一德
王肅曰言君臣皆有一德孔亦曰言君臣純一之德微子
世家今爾無指王曰無意告我孔亦曰無指意告我使羞其
行而邦其昌王曰使進其行任之以政則國爲之昌孔亦云
使進其所行則國其昌土爰稼穡王曰種之曰稼斂之曰穡
孔但去兩之字天子作民父母王曰政教務中民善是用所
以爲民父母爲天下所歸往孔亦云天子布德惠之教爲兆
民之父母是爲天下所歸往是訓是行王曰民納言于上而
而得中者則順而行之近猶益也順行民言所以益天子之

光孔亦曰中心之所陳言者順是行之可以近益天子之光
周本紀在今爾安百姓王曰訓以安百姓之道當何所選擇乎
非當選擇賢人乎孔亦曰在今爾安百姓之道當何所擇非惟
吉人乎周公世家金縢我國家禮亦宜之王曰亦宜襃有德
也孔倒之曰亦國家禮有德之宜無逸祖甲饗國王曰先中
宗後祖甲先盛德後有過也孔亦曰以德優劣立年多少為
先後故祖甲在下費誓三郊三遂王曰邑外有郊郊外有曰
遂不言四者東郊留守故言三也孔刪改曰言三郊三遂明
東郊距守不峙其與馬融同者尤多今畧舉之史記集解夏
本紀予欲左右有民馬曰我欲左右助民汝當翼成我也孔

亦曰左右助也助我所有之民富而教之汝翼成我嵎夷既略馬曰嵎夷地名用功少曰略孔同三邦厎貢厥名馬曰言菌簵楛三國所致貢其名善也孔亦曰三國常致貢之其名天下稱善西傾因桓是來馬曰治西傾山因桓水是來言無餘道也孔亦曰西傾山名而刪無餘道句和夷厎績馬曰和夷地名孔即曰和夷之地百里采馬曰采事也各受王事者孔即曰供王事而已二百里蔡馬曰蔡法也受王者刑法而已孔即政曰蔡法也法三百里而差簡五百里荒服馬曰政教荒略因其故俗而治之孔即曰言荒又簡略三百里蠻二百里流馬曰蠻慢也禮簡怠慢來不距去不禁流行無城郭

常居孔改曰以文德蠻來之不制以法流移也言政教隨其俗蠻來字不可通隨俗仍据馬荒服注也甘誓馬曰甘有扈氏南郊地名孔刪氏南二字殷本紀匪台小子馬曰台我也孔即曰非我小子有衆率怠弗協馬曰衆民相率怠慢不和同孔亦亦曰衆下相率爲怠惰不與上和合咎單作明居馬曰咎單湯司空也明居民之法也孔即曰咎單臣名主土地之官作明居民法一篇餘互詳後又釋文堯典乃命羲和馬云羲氏掌天官和氏掌地官四子掌四時孔即云羲氏和氏世掌天地四時之官方鳩僝功馬曰僝具也孔改爲見曰言共工能方方聚見其功案說文僝從人孱聲具也引書証之

史記作旁聚布功今曰方方聚見殊無義此必誤以具爲見
遂曲爲之觧也禹貢冀州既載（奠高山大川馬曰定其差秩祀禮所視也）馬曰載於書孔肩厥賦惟上
上錯馬云地有上下相錯通率第一孔遂云上上第一厥田
惟中中馬云土地有高下孔亦云田之高下肥瘠大野既豬
馬云水所停止曰豬孔去止字淮夷馬云二水名孔同厥草
惟夭馬云夭長也孔即曰少長曰夭榦栝馬曰栝白栝也孔
改（忽用鄭注）爲柏葉松身曰栝（見詩竹竿義）案爾雅檜柏葉松身樅松葉柏身說文
亦然無栝字集韻遂以爲栝與檜同非也惟箘簵楛馬云楛
木名可以爲箭孔遂云楛中矢榦（三邦底貢厥名馬云言箘簵楛三國所致貢其名善也孔遂云三國常致貢之其名天下稱善）盤庚相時憸民馬云相視
憸利小小見事之人孔即云憸利小民梓材戕敗人宥馬云

㦲残也孔作残敗人者洛誥頒朕不暇馬云頒猶分也孔同汝乃是不蘉馬云蘉勉也孔作不勉爲政惟七年馬云攝政七年天下太平孔同君奭鳴鳥不聞馬云鳴鳥鳳凰也孔即曰鳴鳳顧命王乃洮頮水馬云洮洮髮頮頮面孔作洮盥頮面呂刑蚩尤馬云少昊之末九黎君名孔即云九黎之君號曰蚩尤每兩兩叅觀馬王辭達而意明孔字縮而義晦一創一襲灼然可見集解所取孔居十七馬居十三非優孔而劣馬也孔合馬王二家既首尾完善不必更爲區别惟改竄過當損失本真者則必録馬氏原注王肅説尤少者以皆爲孔氏据有之無事另録也自齊梁文士誤爲漢本唐初撰五代史

史記作旁聚布功今曰方方聚見殊無義山必誤以具為見遂曲為之解也禹貢冀州既載馬曰載於書孔同厥賦惟上（奠高山大川馬曰定其差秩祀禮所視也）上錯馬云也有上下相錯通率第一孔遂云上上第一厥田下孔亦云田之高下肥瘠大野既豬去止字淮夷馬云二水名孔同厥草惟夭具云夭長也孔即曰少長曰夭榦栝馬曰栝白栝也孔改為（經用鄭注）柏葉松身曰栝（見詩竹竿義）案爾雅檜柏葉松身樅松葉柏身說文亦然無栝字集韵遂以為栝與檜同非也惟箘簵楛馬云楛木名可以為箭孔遂云楛中矢榦（三邦底貢厥名馬云言箘簵楛三國所致貢其名善也孔遂云三國常致貢之其名天下稱善）盤庚相時憸民馬云相視憸利小小見事之人孔即云憸利小民梓材戕敗人宥馬云

振墀謹案三邦底貢厥名云云也見前
此重出

戕残也孔作残敗人者洛誥頒朕不暇馬云頒猶分也孔同汝乃是不蘉馬云蘉勉也孔作不勉為政惟七年馬云攝政七年天下太平孔同君奭鳴鳥不聞馬云鳴鳥鳳凰也孔即曰鳴鳳顧命王乃洮頮水馬云洮洮髮頮頮面孔作洮盥頮面呂刑蚩尤馬云少昊之末九黎君名孔即云九黎之君號曰蚩尤每兩兩參觀馬王辭達而意明孔字縮而義晦一創一襲灼然可見集解所取孔居十七馬居十三非優孔而劣馬也孔合馬王二家既首尾完善不必更為區別惟政寡過當損失本真者則必録馬氏原注王肅説尤少者以皆為孔氏据有之無事另録也自齊梁文士誤為漢本唐初撰五代史

志者仍之孔穎達雖嘗致疑而未究其本宋元以來自朱子
吳草廬以及明梅鷟諸人俱極攻梅賾僞篇而未及詳觀孔
傳傳譌而書之譌不待辨而明矣又案許愼說文解字作于
後漢和帝間自序云其稱易孟氏書孔氏詩毛氏皆古文也
今觀其所引尚書乃與今文絕不同許自序必不誤今文之
非漢本明矣又其所訓字又與今孔傳迥異如訓曰字云詞
也從口乙聲亦象口气出也訓若字云擇菜也從艸又右
手也一曰杜若香草稽字云留止也又古故也從十口識前
言者也帝諦也王天下之號堯高也從垚在几上高遠也皆
與孔異繫傳則爲說云有所異處必稽考之考之即遲留也

尚書曰若稽古帝堯又云帝堯堯德高遠之意也然與順考古道終不可通若諸引尚書處洪水浩浩浩澆也孔傳無又釋州字云水中可居者曰州周遶其旁從重川當堯遭洪水民居水中高土故曰九州詩曰在河之州一曰州疇也各疇其土而生也繫傳謂古九州字與洲渚字同孔傳於州字無注惟幽洲注云水中所居者曰洲是但知洲渚之洲而不知州之為州也班瑞班分瑞玉傳訓班為還厥草惟繇繇草盛貌傳訓繇為茂草木蔪包草相蔪包傳訓漸為進長揚州貢瑤琨皆美瑤玉之美者琨石之美者傳云瑤琨皆美玉惟箘簵楛楛木名也傳但云楛中矢幹過三塗塗埤增水邊土人

所止者傳云三澨水名西伯既戡黎戡殺也傳云戡勝也說文別有戡字列也惟其塗丹雘雘善丹也傳云丹以朱至于媰婦婦人妊身也傳云妾婦夷玉見珣字注云醫無閭之珣玗琪周書所謂夷玉也傳訓常玉太保受同祭嚌嚌嘗也傳云嚌至齒此類甚多使今傳即爲許慎所見之本何至乖異若此而徐楚金乃謂慎說詩多與毛異說尚書多與安國合不可解也又案何晏論語注引孔安國說甚多就其說尚書處如堯曰篇敢昭告于皇皇后帝一段云此湯祭告天文也殷家尚白未變夏禮故用黑牡也墨子引湯誓其辭若此無以萬方萬方不預也萬方有罪我身過也雖有周親云親而

不賢不忠則誅之管蔡是也仁人謂箕子微子來則用之也所重民食喪祭云重民國之本也重食民之命也重喪所以盡其哀重祭所以致敬也均與書傳迥異又論語說木鐸云施政教時所振也書傳金鈴木舌所以振文教是又參用說文大鈴之說其非即注論語之安國顯然可見矣。曰字孔無訓蔡沈則云粵通寀說文繫傳通論云曰詞也氣上出也與粵異粵於也上有所連曰直發端而已氣自上出無所閡粵從丂丂上閡於一也故虞書首云曰若稽古帝堯也洪範先言卜五占用二總舉其綱下別發端云曰雨曰霽每一曰則文斷而自為首也粵於也故曰粵若來粵三月皆連上文所止者傳云三滏水名西伯既𢦟黎𢦟殺也傳云戡勝也說其塗丹雘雘善丹也傳云丹以朱至于……云妾婦夷玉見珣字注云醫無閭之珣……也傳訓常玉太保受同祭嚌嚌嘗也傳……使今傳即為許慎所見之本何至乖異若此而徐楚金乃謂慎說詩多與毛異說尚書多與安國合詒注引孔安國說甚多就其說尚書王皇后帝一段云此湯祭告天文也用黑牡也墨子引湯誓其辭若此無以萬方萬方不預也萬方有罪我身過也雖有周親云親而

志祖案書幽州字作州字今作洲字乃衛包所改觀正義仍云作幽州以文多不敢改也如此洪範曰雨曰霽曰圛之類書中此類頗多又未可以為偽古文之證

振鏞謹案𢦟字當是戡字

不賢不忠則誅之管蔡是也仁人謂箕子微子來則用之也所重民食喪祭云重民國之本也重食民之命也重喪所以盡其哀重祭所以致敬也均與書傳迥異又論語說木鐸云施政教時所振也書傳金鈴木舌所以振文教是又參用說文大鈴之說其非即注論語之安國顯然可見矣。曰字孔無訓蔡沈則云粵通寀說文繫傳通論云曰詞也氣上出也與粵異粵於也上有所連曰直發端而已氣自上出無所闕粵從亏亏上闕於一也故虞書首云曰若稽古帝堯也洪範先言卜五占用二總舉其綱下別發端云曰雨曰霽每一曰則文斷而自為首也粵於也故曰粵若來三月皆連上文

允恭克讓。梁劉勰滅惑論五經典籍幽而不[illegible]

王延壽賦粤若稽古帝漢模引尚書本當作曰而假借作粤非寶字也 廣案說文粤亏也審愼之詞

厥民析鳥獸孳尾傳春事既起丁壯就功厥其也言其民老壯分析乳化曰孳交接曰尾。史記五帝紀其民析鳥獸字微集解孔安國曰春事云云乳化曰字尚書微作尾說文云尾交接也案裴引孔傳止（孳字疑爲字且）於乳化曰字其下別引說文則孔原（知）無交接曰尾（四字）可知必後人所加也

宅南交傳夏與春交。交是地名史記作居南交是也劉氏七經小傳謂本作宅南交曰交趾後脫兩字鑿也

宅西曰昧谷。羣經音辨引作度西曰昧穀度音宅居也鄭康

成讀案周禮縫人注引書曰度西曰柳谷釋文云度音宅古文𡧍與度字相似因此而誤

鳥獸毛毨傳毨理也毛更生整理。史記集解引孔作毛更生曰整理說文毨仲秋鳥獸毛盛可選取以為器讀若選纂傳云詳許慎之意毨訓選也孔安國曰毨少也毛至秋皆成而少少則可選慎與安國義通 廣案徐所引孔與今不同未知楚金何本所据何本

靜言庸違。漢書靜作靖諸書援引異字甚多姑舉一二

湯湯洪水方割。詩疏割作害

方命圮族。羣經音辨引方作匚甫妄切放也 廣按魏校六書

精蘊口府狼切地之體也從○而矩之廣博平正象地羅之
形引易義以口外吳元洪六書正義口方音芳矩也聲敎之體
也象形則方當作口其匚字精蘊去王切受物之器匯匽等
字從匚闌絶之勢也匯匧等字從匚藏受之義也趙宧光説
文長箋凡方字皆作匚非也
師錫帝曰傳衆臣知舜聖賢恥己不若故不舉乃不獲已而言
之○舜之聖賢堯亦聞之而衆臣尤得其詳故特共舉以應
巽位之問是知之審而舉之當莫如堯之衆臣矣乃以前此
未言輒謂其恥己不若今乃不獲已始言以後世媢嫉之見○
臆度古人○殊失釋經之本○裴駰注史記于此等皆刪薙不録

韙哉

父頑母嚚象傲傳象舜弟之字。象之為字。不知何据。既云字。何不別舉其名。舜妹繫一名敤手舜女宵明燭光皆見傳記而象名無聞又越絕書云舜父頑母嚚兄狂弟傲尸子云舜事親養兄為天下法史記亦曰兄弟孝慈是舜尚有兄

舜典曰若稽古帝舜傳亦言其順古道而行之。曰若稽古至命以位二十八字舊說姚興方所增元明諸儒皆辨之廣案路史有虞氏紀注引考河命云若稽古帝舜曰重華欽翼皇象注翼奉歷象也言欽奉皇天之歷數然則若稽八字本緯文其下乃姚氏足成之其所謂孔傳即正義所云得自大航頭亦類太

精蘊口府狼切地之體也從○而矩之廣博平正象地羅之形引易義以口外吳元洪六書正義口方音芳矩也聲教之體也象形則方當作口其匚字精蘊去王切受物之器匯匽等字從匚藏受之義也趙宧光說

𩫖案說文長箋方作匚許氏本文也六書精蘊作口者莊渠以意爲之

乚闌絕之勢也匪匧等

乚凡方字皆作匚非也

師錫帝曰傳衆臣知舜聖賢恥己不若故不舉乃不獲已而言之○舜之聖賢堯亦聞之而衆臣尤得其詳故特共舉以應巽位之問是知之審而舉之當莫如堯之衆臣矣乃以前此未言輙謂其恥己不若今乃不獲已始言以後世媢嫉之見○臆度古人○殊失釋經之本○裴駰注史記于此等皆删薙不錄

韙哉

父頑母嚚象傲傳象舜弟之字。象之爲字。不知何据。既云字。何不别舉其名。舜妹繫一名敤手舜女宵明燭光皆見傳記而象名無聞又越絕書云舜父頑母嚚兄狂弟傲尸子云舜事親養兄爲天下法史記亦曰兄弟孝慈是舜尚有兄

舜典曰若稽古帝舜傳亦言其順古道而行之。曰若稽古至命以位二十八字舊說姚興方所增元明諸儒皆辨之廣業路史有虞氏紀注引考河命云若稽古帝舜曰重華欽翼皇象注翼奉歷象也言欽奉皇天之歷數然則若稽八字本緯文其下乃姚氏足成之其所謂孔傳即剽正義所云得自大航頭亦類太

安國傳何耶（觀其序中書句者也□夫）但古注簡質不事繁複如此注順考古道蒙堯典之文猶可也至大禹謨皋陶兩首句亦皆曰順考古道而言之四篇四見重沓可厭矣白虎通說禮樂云禹曰大夏者言禹能順二帝之道而行之義與此異非釋若字也其後微子之微子若曰洛誥之王若曰傳並云順其事而言之蔡仲之命王若曰亦然惟改言為告微子之命王若曰傳順道本而稱之多士畢命君牙冏命之王若曰皆云順其事君奭立政之周公若曰皆云順古道多方之周公若曰政云順大道夫若之為順爾雅有之然猷亦訓若郭注引詩寔命不猷証之猷與猶同則已非順矣盤庚若網在綱義當為如則史臣

述王與周公之言乃是如其意以為言不必改訓為順即云凡若皆訓順亦何待十数見耶此亦後人蛇足無疑且與説文訓若為擇菜杜若迥異。梅鷟考異据孟子堯典曰二十有八載云云謂當時並無舜典考史記五帝紀今舜典之文皆在堯本紀則為後人割裂甚明但趙岐孟子注有云孟子時尚書凡百二十篇逸書有舜典之序亡失其文意舜典之名古固有之但不當分堯典之半以與舜耳王肅注尚書無舜典孔安國安得有舜典也孔穎達最尊信古文而作禮記正義於王制諸侯之於天子也比年一小聘節下引古虞書堯典云五載一巡守羣后四朝鄭注云巡守之年諸侯朝於方岳之下云云此文今在舜典而穎達云堯典猶不用古文也

舜典第二虞書孔氏傳。釋文云用王肅本正義云姚興方所上孔傳則此題係穎達所改定也

安國傳何耶[illegible]庚申書者也[illegible]夫但古注簡質不事繁複如此注順考古道蒙堯典之文猶可也至大禹謨臯陶兩首句亦皆曰順考古道而言之四篇四見重皆可厭矣白虎通說禮樂云禹曰大夏者

振爍謹案數手說文作數首又祖君彥檄煬帝云不圖數首之賢反蒙者褒之恥手亦作首

之義與此異非釋若字也其後微若曰傳並云順其事而言之蔡仲為告微子之命王若曰傳順道本而稱之多士畢命君牙冏命之王若曰皆云順其事君奭立政之周公若曰皆云順古道多方之周公若曰政云順大道夫若之為順爾雅有之然猷亦訓若郭注引詩寔命不猷証之猷與猶同則已非順矣盤庚若網在綱義當為如則史臣

述王與周公之言乃是如其意以為言不必改訓為順即云凡若皆訓順亦何待十數見耶此亦後人蛇足無疑且與說文訓若為擇菜杜若迥異。梅鷟考異据孟子堯典曰二十有八載云云謂當時並無舜典考史記五帝紀今舜典之文皆在堯本紀則為後人割裂甚明但趙岐孟子注有云孟子時尚書凡百二十篇逸書有舜典之序亡失其文意舜典之名古固有之但不當分堯典之半以與舜耳王肅注尚書無舜典孔安國安得有舜典也孔穎達最尊信古文而作禮記正義於王制諸侯之於天子也比年一小聘節下引尚書堯典云五載一巡守羣后四朝鄭注云巡守之年諸侯朝於方岳之下云云此文今在舜典而穎達云堯典猶不用古文也

舜典第二虞書孔氏傳。釋文云用王肅本正義云姚興方所上孔傳則此題係穎達所改定也

慎徽五典至末○史記舜紀始採左傳孟子之文至稽文祖以下者與今舜典同司馬遷受故於孔安國所述如此知孔壁書佚此篇也

至于北岳如初（西）禮○何休公羊傳注引此下有還至嵩如初禮六字

教胄子○史記作稚子鄭元曰國子也尚書作胄孔安國曰稚胄聲相近今傳無此文廣縣本書無稚字此必東晉安國引史文以證胄之為稚姚興方以礙死作偽而去之釋文載為音者四家首孔安國漢人不作音其為東晉更無疑

朕堲讒說殄行傳殄絕也絕君子之行○此馬融注也三國吳志孫權傳注引之

五刑有服傳服從也下五服三就傳既從五刑謂服罪也○案皋陶為士焉有刑不當罪而

不從者服罪之說非也（困學記引）白虎通曰五帝畫象者以其衣服象五刑也犯墨者蒙巾犯劓者以赭著其衣犯臏者以墨蒙其臏處而畫之犯宮者履雜扉犯大辟者布衣無領然則五刑有服謂皆有衣服識別之今之赭衣猶其遺制也豈服從之謂乎

序九共九篇。路史陶唐紀注引九共云予辨下土使民率平民以無傲此九共不知何据

尚書卷二

大禹謨。此偽古文也說文謨字注云虞書曰咎繇謨則本無大禹謨可知趙宦光長箋乃云尚書篇名不止咎繇謨真是癡人說夢釋道宣廣宏明集釋法琳對傅奕廢佛僧事引大禹謨曰禹能卑宮菲室皁帷綈衣而盡力於溝洫為民治水於民有功此謨又不知誰所造又引尚書曰湯行九伐太甲五征伊尹立湯子勝又立勝弟仲壬皆今書所無

苗民逆命傳責舜不先有文誥之命威讓之辭而便憚之以威
加脅之以兵所以生辭。唐虞四凶苗最頑梗其暴虐鬪狠
替戒俗便誠可化以文德。豈待其逆命而後為兩階之舞哉。
唯竄逐之後。終于怙過不悛。故遂遏絕之。使無世在下也。僞
書言逆命已謬。傳復代為詛責之詞。何與于不仁之甚也。東
舞干羽于兩階。韓非子五蠹篇當舜之時有苗不服禹將伐
之舜不可脩政二年執干戚舞有苗乃服淮南子繆稱訓禹
執干戚舞于兩階之間而三苗服魏志注文帝太宗論曰有
苗不賓重華舞以干戚賈誼傳昔舜舞干戚而有苗服鍾繇
傳干戚可以服有苗鍾會傳舜舞干戚有苗自服晉書王導

上書元帝曰有虞舜干戚而化三苗此魏晉習用之語僞書因之但彼皆云干戚此獨易戚爲羽不知干戚爲武舞所執羽旄爲文舞所執舜是時不得兼用文武舞也左思魏都賦所云干戚羽旄之飾好特修言樂備耳蓋彼自謂一字爭長遂取太沖語用之耳

日號泣于旻天傳 仁覆愍下謂之旻天○說文引虞書曰仁閔覆下則稱曰旻繫傳謂當言虞書說廣韻釋文引此傳在多士旻天下今多士傳文云稱天以愍下此安國取說文非許慎也

苗民逆命傳責舜不先有文誥之命威讓之辭而便憚之以威

而脅之以兵所以生辭。唐虞四凶苗最頑梗其暴虐腥聞泯

國子紀聞云書大傳有九共篇文德。豈待其逆命。而後爲兩階之舞哉。

引書曰予辯下土使民平⺀過不佞。故遂遏絕之。使無世在下也。僞

使民無傲代爲誼責之詞。何與于不仁之甚也。東

舞干羽于兩階。韓非子五蠹篇當舜之時有苗不服禹將伐

之舜不可脩政二年執干戚舞有苗乃服淮南子繆稱訓禹

執干戚舞于兩階之間而三苗服魏志注文帝太宗論曰有

苗不賓重華舞以干戚賈誼傳昔舜舞干戚而有苗服鍾毓

傳干戚可以服有苗鍾會傳舜舞干戚有苗自服晉書王導

上書元帝曰有虞舜干戚而化三苗此魏晉習用之語僞書因之但彼皆云干戚此獨易戚為羽不知干戚為武舞所執羽旄為文舞所執舜是時不得兼用文武舞也左思魏都賦所云干戚羽旄之飾好特修言樂備耳蓋彼自謂一字爭長遂取太冲語用之耳

日號泣于旻天傳仁覆愍下謂之旻天。說文引虞書曰仁閔覆下則稱曰旻繫傳謂當言虞書說廣業釋文引此傳在多士旻天下令多士傳文云稱天以愍下此安國取說文非許慎也

皐陶謨懋哉懋哉。爾雅注懋作茂董子天人策亦然

益稷藻火傳傳藻水草有文者。説文引作璪注云玉體如水藻之文繫傳曰藻水中細草今俗名爪菜是也慎所引藻火粉米欲言衣上之藻亦象此爪菜形不謂藻火字當從玉以慎説尚書合孔安國傳故知之也 廣案此曲説

辛壬癸甲傳辛日娶妻至于甲日復往治水。此据呂氏春秋禹娶塗山氏不以私害公自辛至甲四日復往治水故江淮之俗以辛壬癸甲爲嫁娶日也説文嵞山會稽山一曰九江當塗也案杜預左傳注塗山在壽春東北皇甫謐云今九江當塗有禹廟則後説是

百工熙哉傳百工之業乃廣。冊府元龜帝王部引此傳業上有事字

尚書卷三

禹貢禹敷土。貢書名而文首敷土舜稱禹之功亦惟曰汝平水土蓋禹之治水專敷土以爲民居食計也喬行簡序傳寅禹貢集解据王綱振之言曰禹貢起末紀土可宅者二州即孟子人得平土而居之旨中間紀土可作藝者六州即孟子中國可得而食之旨孟子兩言提出綱領遂于大旨了然故古今善讀禹貢者無如孟子見茅瑞徵禹貢滙疏

冀州既載。禹貢滙疏帝都特舉州名不言所至然形勝挾大

行之險三面距河首尾燕晉表裏河山故足領袖諸州而雄視五服矣考一統志古冀州域在山西省則太原平陽大同潞安汾州五府沁澤遼三州在河南省則彰德衛輝懷慶三府北直隸則順天保定河間真定順德廣平永平七府及延慶保安州萬全都司其大名府則冀兖二州域遼東都司則冀青二州域韋昭曰載事也孔傳既載連冀州讀云先施貢賦役載于書杜佑曰載始也禹理水自此而始亦連冀州讀

厥土惟白壤。禹貢滙疏九州言厥土而總結以庶土庶土則凡土皆在其中禹貢未嘗有穀土之說也桑土則于兖州特指言之

島夷皮服傳海曲謂之島○史記島作鳥鄭元曰鳥夷東北之民賦食鳥獸者廣案下揚州有島夷卉服○則冀州當作鳥夷○

灉沮會同○史記作雍沮鄭元曰雍水沮水相觸而合入此澤中周禮職方氏注引亦作雍沮

厥篚織貝傳織細紵貝水物○案兖州厥篚織文傳云錦綺之屬盛之筐篚而貢焉此何以知織為細紵貝大貝宜入厥貢不宜與紵同盛于篚路史注卉今之黃草貝今之吉草然則貝亦葛越之類但葛越易成故言卉服貝須織成故言織貝草乃今之吉貝也鄭康成以貝為錦名引詩貝錦証之亦通

草木漸包○說文作蔪包草相蔪包繫傳云蔪相入也

淮夷蠙珠曁魚。史記曁作泉顏平原集凡曁字俱作泉校者不
識
厥包橘柚錫貢傳錫命乃貢言不常。史記注鄭元曰有錫則
貢之或時乏則不貢錫所以柔金也　廣案揚州域今不産錫
而常州有錫山其縣却名無錫然則錫貢其謂此乎然貨殖
傳固云江南出金錫連（鉛之未鍊者）吴元滿六書正義引作鏈（剛屬）又云
長沙出連錫
沿于江海。史記作均江海鄭元曰均讀曰沿沿順水行也　廣
案太史公受故于安國而五帝夏紀以舜典合堯典益稷合
皋陶謨既用伏生今文夏紀所載禹貢又往往同鄭氏本則

知梅賾所上此亂傳不盡本真矣後出明

下土墳壚傳壚疏○汲古永懷本無此二字案史記注引孔曰壚疏也陳祥道禮書三十四卷云禹貢有墳壚孔安國鄭康成皆以壚為疏則宋以前本皆有之案釋文壚音盧說文黑剛土也則不當為疏

下梁州厥土青黎傳云色青黑而沃壤正義謂以黎為黑而沃壤言其美又引王肅曰青黑色黎小疏也釋文引馬融亦云黎小疏也然則訓黑者壚也訓疏者黎也孔互易之誤矣下庶土交正傳云謂壤墳壚正義以謂諸州之土青黎其色塗泥是濕土性之異惟有壤墳壚耳不知黎寔土性也

厥貢惟球琳琅玕傳琅玕石而似珠○史記注引云琅玕石名而似珠者永懷本作似玉案爾雅崑崙墟之璆琳琅玕狀如珠山海經崑崙山有琅玕樹則當作珠但石似珠不明史注是

詩梁山釋文引鄭書注璆美玉琳美石琅玕珠名詩正義亦引鄭璆又作球

淮夷蠙珠暨魚。史記暨作泉顏平原集凡暨字俱作泉校者不識

志祖案正義云孔讀鳥為島是經本文元作鳥夷也蓋亦衛包改經從注耳

厥包橘柚錫貢傳錫命乃貢言不常。史記注鄭元曰有錫則[illegible]所以柔金也　廣案揚州域今不産錫[illegible]名無錫然則錫貢其謂此乎然貨殖傳同云江南出金錫連鉛之未鍊者吴元滿六書正義引作鏈剛廣鏈又云

長沙出連錫

沿于江海。史記作均江海鄭元曰均讀曰沿沿順水行也　廣案太史公受故于安國而五帝夏紀以舜典合堯典益稷合臯陶謨既用伏生今文夏紀所載禹貢又往往同鄭氏本則

知梅賾所上孔傳不盡本真矣（旁注：此　後出明）

下土墳壚傳壚疏○汲古永懷本無此二字案史記注引孔曰壚疏也陳祥道禮書三十卷云禹貢有墳壚孔安國鄭康成皆以壚為疏則宋以前本皆有之案釋文壚音盧說文黑剛土也則不當為疏

下梁州厥土青黎傳云色青黑而沃壤正義謂以黎為黑而沃壤言其美又引王肅曰青黑色黎小疏也釋文引馬融亦云黎小疏也然則訓黑者壚也訓疏者黎也孔互易之誤矣下庶土交正傳云謂壤墳壚正義以謂諸州之土青黎其色塗泥是濕土性之異惟有壤墳壚耳不知黎寔土性也

厥貢惟球琳琅玕傳琅玕石而似珠○史記注引云琅玕石名而似珠者永懷本作似玉案爾雅崑崙墟之璆琳琅玕狀如珠山海經崑崙山有琅玕樹則當作珠但石似珠不明史注是詩梁山釋文引鄭書注璆美玉琳美石琅玕珠名詩正義亦引鄭璆作球

五百里穌納秸傳秸藁也○禮記藁秸之設注引書秸作穌穗去實曰穌

五百里荒服傳言荒又簡略○漢書蕭望之黄霸等議引書曰

戎狄荒服言其來荒忽無常吳志陸瑁疏曰古者制地荒服言荒惚無常不可保也

五子之歌序太康失國昆弟五人須于洛汭作五子之歌○楚

辭啟九辯與九歌兮夏康娛以自縱不顧難以圖後兮五子

用失乎家巷王逸注言太康不遵禹啟之樂而更作淫聲放

恣情慾以自娛樂不顧患難不謀後世卒以失國兄弟五人

家居閭巷失尊位也尚書序云云此佚篇也洪興祖補注據

今偽書譏逸所稱更作淫聲為無據　廣棨序明言失國偽書

改云尸位序云須洛汭即楚詞所云失家巷也而洪以為未

嘗失尊位誤矣楊雄宗正箴亦曰五子家降又廣弘明集據陶隱居年紀云夏后相及少康之葉其日有窮羿寒浞及風夷淮夷黃夷斟尋等國並相次作亂凡二十七年篡夏自立鬱陶乎予心。鍾嶸詩品以此及楚詞字余曰正則為五字濫觴蓋梁時僞書已盛行也

凜乎若朽索之馭六馬。正義曰經傳之文惟此為六馬漢世此經不傳餘書多言駕四公羊春秋傳天子駕六毛詩說天子至大夫皆駕四許慎案王度記天子駕六鄭元注周禮漢世天子駕六非常法也廣案駕六始于秦史記始皇本紀始皇自以秦代周以水德王改年始朝賀皆自十月朔衣服旄旌節旗皆上黑數以六為紀符法冠皆六寸而輿六尺六寸為步乘六馬注臣瓚曰水數六故以六為名事在二十六年而

五百里蘇納秸傳秸藁也。禮記藁秸之設注引書秸作蘇穗去實曰蘇

五百里荒服傳言荒又簡略。漢書蕭望之黃霸等議引書曰

振擇謹案禹貢作三百里納秸此誤為五

來荒忽無常吳志陸瑁疏曰昔者（荒服言）劃地荒忽無常不可保也

康失國昆弟五人須于洛汭作五子之歌。楚

辭啟九辯與九歌兮夏康娛以自縱不顧難以圖後兮五子

用失乎家巷王逸注言太康不遵禹啟之樂而更作淫聲放

恣情慾以自娛樂不顧患難不謀後世卒以失國兄弟五人

家居閭巷失尊位也尚書序云云此佚篇也洪興祖補注據

今偽書識逸所稱更作淫聲為無据 廣案序明言失國偽書

改云尸位序云須洛汭即楚詞所云失家巷也而洪以為未

嘗失尊位誤矣楊雄宗正箴亦曰五子家降（文）廣宏明集據陶隱居年紀云夏后相及少康之世其目有窮羿寒浞及風夷淮夷黃夷尉尋寺國並相次作亂凡二十六年篡夏自立

欝陶乎予心。鍾嶸詩品以此及楚詞字余曰正則為五字濫

觴蓋梁時偽書已盛行也

凜乎若朽索之馭六馬。正義曰經傳之文惟此為六馬漢世

此經不傳餘書多言駕四公羊春秋傳天子駕六毛詩說天

子至大夫皆駕四許慎案王度記天子駕六鄭元注周禮漢

世天子駕六非常法也廣案駕六始于秦史記始皇本紀始

皇自以秦代周以水德王改年始朝賀皆自十月朔衣服旄

旌節旗皆上黑數以六為紀符法冠皆六寸而輿六尺六寸

為步乘六馬注臣瓚曰水數六故以六為名事在二十六年而

漢書賈山上至言有云秦爲阿房之殿四馬鶩馳旌旗不撓阿房建于始皇三十五年時已駕六而山尚言四可見前此天子從無乘六馬者故山沿其舊稱也又史記石慶爲太僕御以策數馬曰六此漢承秦制駕六之證今以秦漢制入夏書可乎陳祥道禮書據詩稱四牡四騏四駱是大夫駕四車攻吉日言宣王會同之事曰四牡龐龐四牡孔阜是諸侯亦駕四周官校人掌王馬之政乘馬一師四圉詩言諸侯獻馬皆布乘黃朱則天子亦駕四特夏書曰御六馬荀卿曰六馬仰秣六馬不調列子曰二十四蹄無遺跡公羊亦曰天子駕六白虎通曰天子之馬六示有事於天地四方蓋言夏禮也商周

廣宏明集梁武帝

損之以四而後世又以六觀商頌八鸞鎗鎗則商亦駕馬四明矣廣案用之言夏禮亦

無他据苟引諸書經漢儒校寫豈盡原文古文苑石鼓第四有六馬字章樵注

且列子泰豆氏告造父曰六轡不亂而二十四蹄所投無差既言六轡曰安得有二十四蹄

六馬天子所駕也薛尚功鍾鼎款識亦然据上文言六轡則下又言不得不有六馬石鼓之

疑與列子正同若非後人改竄

則詩云云則詩謂也晏子載翟王子羨于景公以重駕晏子曰詩曰載驂載駟君子所誡駕八固非制也今又重其非制不滋甚乎當六國時有此駕六駕八甚至駕十六馬之事非正法也

爲周宣與古史可知要無易忽之理其爲改竄顯然廣宏明集梁武帝淨業

賦朽索御六馬方此非譬重答御講啓勅以朽索馭六馬豈足為喻蕭子良淨住子淨

行法門引書云君人者懍乎如朽索之馭六馬梁時偽書盛行故多用之又貞觀政要

慎終篇魏徵疏曰昔子貢問理人于孔子孔子曰懍乎若朽索之馭六馬元戈直集解謂出

家語考家語致思篇但云懍懍焉若朽索之扞馬注扞馬突馬也書難盡信如此

胤征官師相規傳官師衆官更相規闕。諸本及正義俱作官衆衆官上衆字非誤晉諱師

改為衆或闕筆作帥蓋原梅本如此後人于他處並改作師獨此衆字尚仍原文

伊尹去亳傳伊尹字氏○據君奭有若伊尹傳云尹摯佐湯又伊尹陟為伊尹之子則氏伊字尹而名摯也史記伊尹名阿衡

尚書卷四

湯誓升自陑傳湯升道從陑出其不意○七經小傳曰陑者桀恃險也升言易也言桀雖據險不能拒湯也今云出其不意孫吳之師非湯與伊尹之義也

仲虺之誥傳會同曰誥○此馬融甘誓注也軍旅曰誓會同曰誥釋文引之本周官士師文仲虺告王而稱會同可乎正義曲為說云因解諸篇誥義且仲虺必對衆誥湯亦是會同曰誥夫誓誥皆上勅下之詞不聞臣告君稱誥也

太甲序伊尹放諸桐傳湯葬地也○漢成帝時劉向言殷湯無葬處而安國在武帝時已知葬桐其可信乎史記集解引鄭

康成曰地名有王離宮是也詳閻百詩尚書疏證

亳有祥桑穀共生于朝傳二木合生七日大共不恭之罰。不恭之罰及後高宗肜日飛雉鼎而雊傳云耳不聰之異皆劉向等洪範五行傳之文見漢書五行志不恭當作不憼耳不聰當作目不明其七日大拱亦五行傳文漢書引之

尚書卷五

盤庚中乃不生生。傳以進進解生生凡四見案說文生進也象草木生出土上此字象形必以生生為進進則蒼生將為蒼進眾生將為眾進乎

說命得諸傅巖。傳得之於傅巖之野。史記作傅險說文巖

穴也水經注沙澗水北出虞山南經傅巖傅說隱室俗名聖人窟

說築傅巖之野傳代胥靡築之蔡傳云築居也以卜築爲解楊升菴嘗據其說以譏孟子陳氏正楊歷引諸書辨之其引韓詩外傳云孔子曰傅說負土版築以爲大夫遇武丁也此稱版築先于孟子郭璞三蒼解詁版墻上下板築杵頭鐵沓也

西伯戡黎爾雅注戡作堪

序奔告于受傳受紂也音相亂。讀受爲紂謂聲轉相乱此馬融說也至帝立政篇作受注紂字謂帝乙愛焉爲作善字文用鄭說微子卿士師師非度傳六卿典士相師效爲非法度。史記微子世家集解引馬融非但小民學爲奸宄卿士已下轉相師效爲非法度孔傳刪改數字用之又殷遂喪越至于今馬曰越於也於是至矣於今到矣孔以越爲句而傳之云言遂喪亡於是至於今到不待久支離不明故集解棄孔録馬也予顛隮若之何其馬云隮猶墜也恐顛墜於非義當如之何也孔改云殷邦顛隕隮墜如之何其救之皆不如馬原注之善

我舊云刻子王子弗出。論衡刻子作孩子弗出作不出言紂爲孩子之時微子睹其不善之性性惡不出衆庶長大爲亂不變也

尚書卷六

泰誓罪人以族傳一人有罪刑及父母兄弟妻子言淫濫。錢唐馮山公先生景嘗辨漢書注如浮解三族之繆有云晚出古文泰誓曰罪人以族族者秦法也竊疑紂雖惡五刑之法無改寧有是乎按史記秦本紀文公三十年法初有三族之罪初者創始也蓋謂三代之法所無而秦特創之若紂已行何云初乎張晏三族注曰父母兄弟妻子而如浮則以父族母族妻族解嗚呼不仁哉如浮此下歷引莊子言五紀匡衡韋元成言五屬袁紹言五宗皆謂父祖已子孫又引賈高三族論死等以辨三族是父母兄弟妻子詳見杭世駿道古堂集馮景傳中我聞吉人四句傳言吉人渴日以為善凶人亦渴日以行惡。汲古永懷本渴作竭廣案魏志王肅傳注董遇作朱墨別異教學者先讀百徧學者曰苦渴無日與渴日二字所本也公羊言渴葬魏華歆等勸進文云不辭者未必渴帝位是漢魏以來習用渴字意謂急也周禮草人渴澤用鹿渴或訓竭釋文條例云水旁作曷俗以為饑渴字字書以為水竭之字則渴竭古可通用然不得以竭換渴也

播棄犁老傳布棄不禮敬。布當依永懷作播

今朕必往。湯誓曰夏德若茲今朕必往此亦曰今朕必往何湯武之急於誅伐如出一口也以此可知為一人手筆

尚書卷六

秦誓罪人以族傳一人有罪刑及父母兄弟妻子言淫濫。錢

志祖案馮山解春集中載此辨不必引道古堂集

漢書注如浮解三族之繆有云晚出族者秦法也竊疑紂雖惡五刑之法秦本紀文公三十年法初有三族之罪初者創始也蓋謂三代之法所無而秦特創之若紂已行何云初乎張晏三族注曰父母兄弟妻子而如浮則以父族母族妻族解嗚呼不仁哉如浮此下歷引莊子言五紀匡衡韋元成言五屬袁紹言五宗皆謂父祖已子孫又引賈高三族論死等以辨三族是父母兄弟妻子詳見杭世駿道古堂集馮景傳中

我聞吉人四句傳言吉人渴日以為善凶人亦渴日以行惡。
汲古永懷本渴作竭廣案魏志王肅傳注董遇作朱墨別異教學者先讀百徧學者曰苦渴無日與渴曰二字所本也公羊言渴葬魏華歆等勸進文云不辭者未必渴帝位是漢魏以來習用渴字意謂急也周禮草人渴澤用鹿渴或訓竭釋文條例云水旁作曷俗以為饑渴字字書以為水竭之字則渴竭古可通用然不得以竭換渴也

播棄犂老傳布棄不禮敬。布當依永懷作播

今朕必往。湯誓曰夏德若茲今朕必往此亦曰今朕必往何湯武之急於誅伐。如出一口也。以此可知為一人私靳。

牧誓序虎賁三百人傳勇士稱也若虎賁獸言其猛也○孟子史記俱作三千人續漢百官志虎賁中郎將劉昭注引蔡質漢儀云虎賁舊作虎奔言如虎之奔也王莽輔政以古有勇士孟賁故以奔為賁沈約宋書百官志同廣案奔字形同莽故避其名蔡質漢人說必有据安國時焉得有勇士虎賁之稱周禮劉歆所作故亦有虎賁氏旅賁氏諸書所有虎賁皆劉歆甄豐等所改也

微盧彭濮人○冊府元龜盧作纑注一作盧案史記作纑注引馬融曰武王所率將來代(伐)紂也

尚書卷七

洪範威用六極傳天所以威沮人用六極○史記微子世家集

觧馬融曰天所以威懼人用六極傳改畏懼爲威沮又金曰從革馬曰金之性從火而更可銷鑠孔改爲金可以改革殊無理言曰從馬曰發言當便可從孔曰是則可從思曰睿至從作乂馬曰睿通也孔曰必通於微從作乂馬曰出令而從所以爲治也孔曰可以治四曰司空馬云司空掌營城郭主空土以以居民孔刪去上句六曰司寇馬云主誅寇害孔改主姦盜使無縱四曰星辰馬云星二十八宿辰日月之所會也孔改云二十八宿迭見以叙氣節十二辰以紀日月所會歛時五福二句馬云當歛是五福之道用布與衆民孔增數字云歛是五福之道以爲教用布與衆民使慕之惟時厥庶民于汝極馬云以其

牧誓序虎賁三百人傳勇士稱也。孟子

史記俱作三千人續漢百官志虎賁中郎將劉昭注引蔡質

漢儀云虎賁舊作虎奔言如虎之奔也王莽輔政以古有勇

士孟賁故以奔為賁沈約宋書百官志同廣棠奔字形同莽

此說書漢人說必有据安國時焉得有勇士虎賁之稱

周禮劉歆所作故虎賁氏旅賁氏諸書所有虎賁皆劉歆甄豐等所改也

志祖案蔡質言虎賁三千人豈必劉歆等所改乎疑未必然

孟子亦漢人所傳本耳

微盧彭濮人。册府元龜盧作纑注一作盧案史記作纑注引

馬融曰武王所率將來代（伐）紂也

尚書卷七

洪範威用六極傳天所以威沮人用六極。史記微子世家集

鮮馬融曰天所以威懼人用六極傳改畏懼爲威沮又金曰從革馬曰金之性從火而更可銷鑠孔改爲金可以改革殊無理言曰從馬曰發言當使可從孔曰是則可從思曰睿至從作乂馬曰睿通也孔曰必通於微（從作乂）馬曰出令而從所以爲治也孔曰可以治四曰司空馬云司空掌營城郭主空土以以居民孔刪去上句六曰司寇馬云主誅寇害孔改主姦盜使無縱四曰星辰馬云星二十八宿辰日月之所會也孔改云二十八宿迭見以敘氣節十二辰以紀日月所會歛時五福二句馬云當歛是五福之道用布與衆民孔增數字云歛是五福之道以爲教用布與衆民使慕之惟時厥庶民于汝極馬云以其

能斂是五福故衆民於汝取中正以歸心也孔改云君上有五福之教衆民於君取中凡厥庶民三句馬云凡其衆民有謀有爲有所執守當思念其行有所趣舍也孔改云民戢有道有所爲有所執守汝則念録敘之畏高明馬云顯寵者不枉法畏之孔改寵爲貴無反無側馬云反反道也側傾側也孔云所行無反道不正曰皇極之敷言三句馬云王者當盡極行之使臣下布陳其言是大中而常行之用是教訓天下於天爲順也孔改云言以大中之道布陳言教不失其常則人皆是順矣天且其順而況于人乎割裂顛錯又加訓曰字云曰者大其義尤無謂惟辟作福三句馬云辟君也玉食美

食不言王者開諸侯也孔改云惟君得專威福爲美食星有好風雨句馬云箕星好風畢星好雨孔直用之至是訓是行史記作是順是行故引王肅注云順而行之此既作訓而孔傳猶襲之云凡順是行之將以訓爲順乎凡此皆掊歛成說點竄使若已出而未暇深思之故也前既詳載舜典諸注此復不嫌詞費欲令讀孔傳者毋輕信爲西漢之孔安國也

無偏無陂考證陂本作頗唐開元中以音韻不協詔改爲陂見唐書藝文志。冊府元龜載天寶四載帝讀洪範至無偏無頗而聲不和韻因改頗爲陂詔曰典謨既作雖曰不刊文字或訛豈必相襲朕臨政之暇乙夜觀書匪徒閲于要言寔欲暢于微義每讀洪範至無偏無頗遵王之義三復斯文並皆協韻唯頗一字寔則不倫又周易泰卦無平不陂釋文云陂字亦有頗音陂之為頗訓詁無別為陂則文亦會意為頗則聲不成文應有（本作由明季刊本避諱改）煨燼之餘編簡墮缺傳授之際差迕相沿原始要終宜有刊革朕雖覺兼訪諸儒僉以為然終非獨斷其尚書洪範無偏無頗頗字宜改為陂庶使先儒之義棄彼膏肓後學之徒正其魚魯宜宣于國學括此則非在開元中開元乃命衛包改書古文為今文唐志誤也

曰雨曰霽至衍忒傳龜兆形有似雨者有似雨止者蒙陰闇驛氣落驛不連屬克兆相交錯內卦曰貞外卦曰悔。史記作曰雨曰濟曰涕曰霧曰克注涕尚書作圛又鄭元曰兆卦之名凡七龜用五易用二審此道者乃立之也雨者兆之體氣如雨然也濟者如雨止之雲氣在上者也圛者色澤而光明也霧者氣不釋鬱冥冥也克者如祲氣之色相犯也內卦曰貞貞正也外卦曰悔悔之言晦也晦猶終也卦象多變故言衍貣也　廣案鄭所注係杜林漆書安國閒亦與之同而不合者十之七八知孔未見鄭注也鄭注周禮大卜經兆之體百有二十云百二十每體十繇體有五色五色者洪範所謂曰雨曰濟曰圛曰蟊曰尅又注占人大夫占色云色兆氣也則此五者明俱言氣孔傳于雨霽言形于克又言兆相交錯于蒙則但

暢于微義每讀洪範至無偏無頗遵王之義三復斯文並皆

馬注圛升雲半有半無

沼原始要終宜表于章服盟誓兼言詩傳[illegible]以[illegible]然[illegible]終[illegible]猶

斷其尚書洪範無偏無頗頗字宜改為陂庶使先儒之義棄

彼膏肓後學之徒正其魚魯宜宣于國學播此則非在開元

中開元乃命衛包改書古文為今文唐志誤也

曰雨曰霽至衍忒傳龜兆形有似雨者有似雨止者蒙陰闇驛

氣落驛不連屬克兆相交錯內卦曰貞外卦曰悔。史記作曰雨曰濟曰涕曰霧曰克注涕尚書作圛又鄭元曰兆卦之名凡七龜用五易用二審此道者乃立之也雨者兆之體氣如雨然也濟者如雨止之雲氣在上者也圛者色澤而光明也霧者氣不釋鬱冥冥也克者如祲氣之色相犯也內卦曰貞貞正也外卦曰悔悔之言晦也晦猶終也卦象多變故言衍貣也廣案鄭所注係杜林漆書安國閒亦與之同而不合者十之七八知孔未見鄭注也鄭注周禮大卜經兆之體百有二十云百二十每體十繇體有五色五色者洪範所謂曰雨曰濟曰圛曰蟊曰尅又注占人大夫占色云色兆氣也則此五者明俱言氣孔傳于雨霽言形于克又言兆相交錯于蒙則但

言陰闇氣歟形歟鶻突全無把鼻

謀及乃心四句。史記龜筴傳書建稽疑五謀而卜筮居其二五占從其多明有而不專之道也

五曰惡六曰弱傳惡醜陋弱尩劣。惡對攸好德是凶暴弱是柔懦若貌寢體羸特稟賦偶殊耳何得言極鄭康成曰愚懦不壯毅曰弱

旅獒西旅底貢厥獒傳犬高四尺曰獒。爾雅釋畜狗四尺為獒郭注引公羊傳靈公有害狗謂之獒下引尚書孔氏傳曰犬高四尺曰獒即此義廣案即此義三字殊贅郭注無此例此必後人羼入也

大誥越爾御事傳御治事者凡御皆訓治。鄭氏禮記注御猶
主也書曰越乃御事謂主事者
弼我丕丕基傳輔成我大大之基業。孔叢子夫子對陳惠王
曰文王靈基未及期日而成以少少之衆致大大之功唯君
爾今人言大大二字蓋出於此

尚書卷八

康誥我西土惟時怙冒聞于上帝傳惟是怙恃文王之道故其
政教冒被四表上聞于天。据傳當怙字下爲句趙岐孟子
注引曰冒聞于上帝是也岳本圈在冒下非
梓材至于屬婦傳妾婦。說文作媰婦媰婦人妊身也繫傳曰

言陰闇氣歟形歟鶻突全無把鼻

謀及乃心四句。史記龜筴傳書建稽疑五謀而卜筮居其二五占從其多明有而不專之道也

五曰惡六曰弱傳惡醜陋弱尪劣。惡對攸好德是凶暴弱是柔懦若貌寢體羸特稟賦偶殊耳何得言極鄭康成曰愚懦不壯毅曰弱

旅獒西旅底貢厥獒傳犬高四尺曰獒。爾雅釋畜狗四尺為獒郭注引公羊傳靈公有害狗謂之獒下引尚書孔氏傳曰犬高四尺曰獒即此義廣案即此義三字殊贅郭注無此例後人羼入也

論似太過

大誥越爾御事傳御治事者凡御皆訓治。鄭氏禮記注御猶主也書曰越乃御事謂主事者

弼我丕丕基傳輔成我大大之基業。孔叢子夫子對陳惠王曰文王靈基未及期日而成以少少之衆致大大之功唯君爾今人言大大二字蓋出於此

尚書卷八

康誥我西土惟時怙冒聞于上帝傳惟是怙恃文王之道故其政教冒被四表上聞于天。据傳當怙字下爲句趙岐孟子注引曰冒聞于上帝是也岳本圈在冒下非

梓材至于屬婦傳妾婦。說文作媰婦媰婦婦人妊身也繫傳曰

言陰闇氣歍形歍鶻突全無把鼻

謀及乃心四句。史記龜筴傳書建稽疑五謀而卜筮居其二五占從其多明有而不専之道也

五曰惡六曰弱傳惡醜陋弱尫劣。惡對攸好德是凶暴弱是柔懦若貌寢體羸特稟賦偶殊耳何得言極鄭康成曰愚懦不壯毅曰弱

旅獒西旅底貢厥獒傳犬高四尺曰獒。爾雅釋畜狗四尺爲獒郭注引公羊傳靈公有害狗謂之獒下引尚書孔氏傳曰犬高四尺曰獒即此義廣案即此義三字殊贅郭注無此例後人羼入也

論似太過

殯於五父之衢當時即是不知先塋
之事何得以今曲阜之施墓即指爲
被出之證

志祖絜孔氏三世出妻之說謂伯魚之息
子上之母也其說之誣妄本不足辨然未
有誣及聖母者此何以忽云孔子喪出母
謂郰叔前妻乎且施氏生九女而無子
其妾生孟皮明見家語然則孔子之兄
非施所出也此係偽設人窃之說金履
祥據之爲取再闢之

按此則當云使人不執燧之象以奔吳師似未安只合云左執
大獸之犧而奔搏吳軍惟象之未與其心識乎異力者則不假
為朱以與象闘此自應寫之亦可而象人孰隙之理當時楚迺
產象齒革羽毛地產生之象固有其之物且後世取光武昆
陽之戰至著虎豹常雖既多以壯軍威又何擇於當時之
用象乎

春秋百二十八

大誥越爾御事傳御治事者凡御皆訓治。鄭氏禮記注御猶
主也書曰越乃御事謂主事者
弼我丕丕基傳輔成我大大之基業。孔叢子夫子對陳惠王
曰文王靈基未及期日而成以少少之衆致大大之功唯君
爾今人言大大二字蓋出於此

尚書卷八

康誥我西土惟時怙冒聞于上帝傳惟是怙恃文王之道故其
政教冒被四表上聞于天。据傳當怙字下為句趙岐孟子
注引曰冒聞于上帝是也岳本圈在冒下非
梓材至于屬婦傳妾婦。說文作媰婦媰婦人妊身也繫傳曰

今作匑婦側秀反崔銑小爾雅廣義云妾婦之賤者謂之屬
婦屬逮也言其微也
惟其塗塈茨○羣經音辨引作斁塈茨斁音徒塗也
洛誥公無困哉○漢書成帝相王鳳引作公無困我七經考文
亦作我
尚書卷九
多士惟我下民秉為傳惟我周家不民○不當從永懷作下
無逸其在高宗舊勞于外爰暨小人傳其父小乙使之久居民
閒勞是稼穡與小人出入同事○此本馬融說而小變之鄭
曰武丁為太子時其父小乙使行役有所勞苦於外與小人

從事知小人艱難勞苦也行役止是外出。鄭康成以為為父小乙將師役于外是也。孔政為稼穡何所据乎

肆高宗之享國五十有九年。洪适隸釋載漢石經尚書殘碑作饗國百年 廣案漢書杜欽傳高宗享百年之壽則石經是也舊唐書禮儀志劉承慶疏高宗懲雊雉之異而享百年之福則石經是也

其在祖宗不義惟王舊為小人傳湯孫太甲為王不義久為小人之行伊尹放之桐。此牽合王肅馬融之説而不可通者也肅曰祖甲湯孫太甲也融曰祖甲武丁子帝甲也祖甲有兄祖庚而祖甲賢武丁欲立之祖甲以王廢長立少不義逃亡民間故曰不義惟王久為小人也武丁死祖庚立祖庚死

周家本

春秋卷二十八

志祖案巨義忠云二文注言
斅即古塗字趙康泉云説文
雘字下引書惟其斅丹雘斅
古塗字近本誤刻斅字也

引作斅暨茨斅音徒塗也
帝相王鳳引作公無困我七經考文

尚書卷九
多士惟我下民秉為傳惟我
無逸其在高宗舊勞于外爰暨
閒勞是稼穡與小人出入一
曰武丁為太子時其父小乙使行役有所勞苦於外與小人

志祖案孔氏三世出妻之説謂伯魚之息
子上之母也其説之誣妄本不足辨然未
有誣及聖母者此何以忽云孔子喪出母
謂郰叔前妻乎且施氏生九女而無子
其妾生孟皮明見家語然則孔子之兄
非施所出也此條説人篤之説全屬
臆撰乞高明再酌之

從事知小人艱難勞苦也行役止是外出。鄭康成以為為父小乙將師役于外是也。孔改為稼穡何所据乎

肆高宗之享國五十有九年。洪适隸釋載漢石經尚書殘碑作饗國百年　廣案漢書杜欽傳高宗享百年之壽則石經是也舊唐書禮儀志劉承慶疏高宗懲雊雉之異而享百年之福則石經是也

其在祖宗不義惟王舊為小人傳湯孫太甲為王不義久為小人之行伊尹放之桐。此牽合王肅馬融之說而不可通者也肅曰祖甲湯孫太甲也融曰祖甲武丁子帝甲也祖甲有兄祖庚而祖甲賢武丁欲立之祖甲以王廢長立少不義逃亡民間故曰不義惟王久為小人也武丁死祖庚立祖庚死

祖甲立馬説不義字極有理其説小人字亦與下文作其即
位爰知小人之依緊相照應今强割其不義久為小人之句
屬諸太甲夫太甲既為王矣○反自桐宮○可復云作其即位乎○
徂桐時在位未久旋即悔過可云久為小人之行乎王肅説
享國三十三年云先中宗後祖甲先盛德後有過也孔遂云以
德優劣立年多少為先後故祖甲在下王肅以祖甲為太甲
蓋亦有本説文引尚書有云祖甲返合諸孟子太甲賢又反
之之語知太甲亦稱祖甲然君奭篇湯下為太甲為太戊祖
己武丁○先後秩然○何獨於此忽差敘其優劣也○觀祖甲下文
即云自時厥後立王生則逸豈非謂祖甲之後○商無賢王乎○

丹鉛續録謂安國因史記有祖甲淫亂之語故注以太甲當之其愚已甚陳耀文正楊又言史遷從安國受故豈安國反据史記要之皆夢語也鄭元亦云祖甲武丁子帝甲又漢書韋元成傳貢禹等疏曰殷太甲為太宗太戊為中宗武丁曰高宗周公為毋逸之戒（晋書殷灼傳表曰太甲歸亳殷道復興諸侯咸服親祔太宗）舉殷三宗以勸成王据此則毋逸自有太宗而今無之意中宗之前或有脫簡則未可知若祖甲斷非太甲焉有號為太宗而反在子孫之後乎石經尚書殘碑無逸篇百三字闕祖甲洪氏謂計其字蓋在中宗之上是以傳序為次也此與韋所説正合

君奭序召公不説周公。馬融曰召公以周公既攝政致太平祖甲立馬說不義字極有理其說小人字亦與下文作其即照應今強割其不義久為小人之句王矣○反自桐宮○可復云作其即位乎○悔過可云久為小人之行乎王肅說後祖甲先盛德後有過也孔遂云以德優劣立年多少為先後故祖甲在下王肅以祖甲為太甲蓋亦有本說文引尚書有云祖甲返合諸孟子太甲賢又反之之語知太甲亦稱祖甲然君奭篇湯下為太甲為太戊祖己武丁○先後秩然○何獨於此忽差敘其優劣也○觀祖甲下文即云自時厥後立王生則逸豈非謂祖甲之後○商無賢王乎○

志祖案說文引書祖甲返殷是祖伊反之異文非謂太祖甲為祖甲也

丹鉛續録謂安國因史記有祖甲淫亂之語故注以太甲當之其愚已甚陳耀文正楊又言史遷從安國受故豈安國反据史記要之皆夢語也鄭元亦云祖甲武丁子帝甲又漢書韋元成傳貢禹等疏曰殷太甲爲太宗太戊爲中宗武丁曰高宗周公爲毋逸之戒（晋書段灼傳表曰太甲歸亳猷道復興諸侯咸服號稱太宗）舉殷三宗以勸成王据此則毋逸自有太宗而今無之意中宗之前或有脫簡則未可知若祖甲斷非太甲焉有號爲太宗而反在子孫之後乎石經尚書殘碑無逸篇百三字闕祖甲洪氏謂計其字蓋在中宗之上是以傳序爲次也此與韋所說正合

君奭序召公不說周公○馬融曰召公以周公既攝政致太平

功配文武不宜復列在臣位故不説以爲周公爲貪寵也玩通篇周公委曲自明欲留佐成王之意正爲召公不説之故孔獨無傳何也

率惟兹有陳保乂有殷傳六臣佐其君循惟此道有陳列之功安治有殷也。此亦王肅之説王云循此數臣有陳列云云孔以兹爲此道不知何所指也

蔡仲之命。自金縢讀至此覺微子之命及是篇真惡抵矣王莽依周書作大誥宇文周亦倣周誥晉夏侯孝若作昆李誥雖皆有貌似可謂之軟抵

尚書卷十一

顧命天球河圖傳河圖八卦伏犧王天下龍馬出河遂則其象以畫作卦謂之河圖。書斷曰易曰河出圖洛出書聖人則之孔安國云河圖八卦洛書是九疇馬融王肅姚信並云得河圖而作易禮含文嘉曰伏羲則龜書乃作八卦並乘流而逝不討其原滋誤後生深可歎息案龍圖出河龜書出洛今云法龍圖而作卦或云則龜書而畫之假欲遵之何者為是左傳庖犧氏有龍瑞以龍紀官非得八卦八卦若先見于河圖文王等重之則伏羲何功于易也

四人綦弁。詩疏綦作騏此依馬融本青黑色也

一人冕執鋭傳矛屬。說文鋭作鈗侍臣所執兵從金允聲無

銳字六書正義作鈗音允兵器矛也引顧命爲証草例

畢命惟十有二年六月庚午朏。漢書律歷志引畢命豐刑曰

云云王命作策豐刑孟康曰逸書篇名今無豐刑名

呂刑耄荒。羣經音辨耄作秏音耄老也鄭康成讀

皇帝清問下民。魏志鍾繇上明帝疏引作親問性理小辨曰

趙岐孟子注引無皇字

其罪惟均傳以病所在出入人罪使在五過罪與犯法者同。

馬融曰以此五過出入人罪與犯者等語極明了孔云使在

五過豈官反內貨來五過之外別有疵病乎

其罰倍差傳謂倍之又半爲五百鍰。馬融曰倍二百爲四百

鍰也差者又加四百之三分一凡乃百三十三鍰三分鍰之一也廣案差字字書從無訓半者説文差貳也不相值也等差參差皆不齊之意則不得爲百之成数況史記宮辟之罰五百豈宮剕同罰乎

費誓。史記作肸誓徐廣曰肸一作鮮一作獮裴駰曰尚書作粊

敿乃干傳施汝楯紛。説文繋傳干盾也尚書注曰連盾紛也紛小組帶所以繫盾鼻

魯人三郊三遂峙乃楨榦傳楨榦道近也題曰楨旁曰榦言三郊三遂明東郊距守不峙。王肅曰（邑外曰郊郊外曰遂）不言四者東郊留守故

言三也此改爲距守不峙拙甚馬融曰楨榦皆築具楨在前榦在兩旁此改道近及題尤無義

附漢鴻都石經尚書殘字與孔傳異同諸字以孔本爲主而分繫石經於下。

盤庚篇　厥身（命。上厥字闕）憸　散人惟求（此字無）舊器非求（殺。上器非二字缺）舊汝（女）無　毋侮（此上有翁字）老（此字無）成人無　毋弱（流。下缺）度乃爾口胥慼（高）試以汝（爾）遷安定厥邦（國）汝（女上有今字）不（下缺）其或稽迪自怒（怨）誕（永）勸憂崇（知）降罪疾汝有戕（近）崇興降弗（不）祥（永）嗚呼（於戲）汝分猷（女比猶）念各設（翁）中（下缺）盤（股。下缺）無戲怠（女罔台民）懋（勖）建（今）予（我）嘉（綏）績（下缺）爾（上有今字）謂（惠）朕（下缺）震（朩）動隱（栗）哉懋（勖）簡　右盤庚篇百七十二字異者三十六字多三字少二字。

高宗肜日篇　天

既孚寸　右盤庚字異者一字。牧誓篇　厥遺王作父母弟
右二十四字異者一字。洪範篇　洪鴻。以上缺多一伊字　水汨曰陳乂艾
用三德無有淫淫朋[illegible]　三德三上無六字　凶于而國以上有而字　皮頗僻辟　謀之訐
及庶人民　右洪範篇百八字異者八字多二字少一字。多士
篇維天命元違無作元少違字　王曰告爾殷無此字多下缺　茲洛雒　右四十四字
異者二字少二字。無逸篇　穡嗇。以上缺之艱難乃逸劮乃諺憲
既誕延否不則侮厥下缺　天命自度亮治以民祗懼享國五十
有九年饗國百年　懿恭共懷保小民人　惠鮮鰥。下缺惠于矜　無淫于觀于逸
于遊于田以萬民惟正之供酒毋劮于遊田維共　無皇毋兄曰下缺　厥不聽聖人
乃訓之乃無之乃二字　變亂先王之無此三字　正刑則皇兄自曰　敬德嗚呼於戲

言三也此改為距守不峙拙甚馬融曰楨榦皆築具楨在前
榦在兩旁此改道近及題尤無義

付箋島邦石經尚書殘字與孔傳異同諸字以孔本為主而分

志祖案傳云總諸侯之兵而但
稱魯人峙具楨榦道近也非以
道近二字釋楨榦

厥身命。上厥字闕儉散人惟求此字無舊器非
有老此字無成人無毋弱流。下缺度乃爾口
歟邦國汝女上有今字不下缺其或稽迪自怒怨
誕永勸憂崇知降罪疾汝有戕近崇興降弗不祥永嗚呼於戲
汝分猷女比猶念各設翕中下缺盤股。下缺無戲怠女罔台民懋勖建今予戒嘉綏
績下缺爾上有今字謂惠朕下缺震祈動隱乗哉懋勖簡　右盤庚篇百
七十二字異者三十六字多三字少二字。高宗肜日篇　天

既孚寸　右盤庚字異者一字。牧誓篇　厥遺王作父母弟

右二十四字異者一字。洪範篇　洪鴻。以上缺多一伊字　水汨曰陳乂艾

用三德無有淫淫朋𠟭三德三上無六字凶于而國凶上有而字頗皮僻辟謀訐

及庶人民　右洪範篇百八字異者八字多二字少一字。多士

篇維天命元違無作元少違字王曰告爾殷此字無多下缺茲洛雒　右四十四字

異者二字少二字。無逸篇　穡嗇。以上缺之艱難乃逸劮乃諺憲

既誕延延否不則侮厥下缺天命自度亮治以民祇懼享國五十

有九年饗國百年懿恭共懷保小民人惠鮮鰥。惠于矜下缺無淫于觀于逸

于遊于田以萬民惟正之供酒毋劮于遊田維共無皇毋兄曰下缺厥不聽聖人

乃訓之乃無之乃二字變亂先王之無此三字正刑則皇兄自曰敬德嗚呼於戲

十五

嗣王其(無此字)監于茲 右無逸篇百三字異者二十七字少十八字○君奭篇 終道出于不祥(詳) 右十二字異者二字○多方篇五字○立政篇 常任準(辟下缺)○謀(上有亂字)面用(下缺)有俊(會)心王惟克(此字無)厥宅(度)心乃(下缺)受此(茲)丕丕基(其)嗚呼(於戲下缺)旦以受(前)人之徽(徵)言(下缺)訓于(此字無)德是罔顯在(哉)厥世(下缺)王之耿鮮光 右立政篇五十六字異者十一字多二字少一字○顧命篇達(通上缺)○(此)殷集(就)大命茲既(即○下缺)黼扆(衣) 右顧命篇十七字異者四字○以上見隸釋第十四卷就字義考之亦石經優于孔本也且如邦之為國先儒皆謂中郎避漢高祖諱而改孔壁古文自作邦因以証孔本之出於西漢安國不知漢諱袪漢

人當避之梅賾及東晉孔安國何爲避之哉隸釋所載石經尚有魯詩殘碑百七十三字儀禮四十五字公羊三百七十五字論語九百七十一字皆與相臺本無涉故不復記也

讀相臺五經隨筆卷二

海寧周廣業

毛詩卷一

鄭氏箋○張華博物志云不解稱箋之意或云毛公嘗爲北海郡守鄭是此郡人以此示謙敬 廣業 鄭注周禮記文王世子先師云周禮樂祖祭於瞽宗此先師之類也若漢禮有高堂生樂有制氏詩有毛公書有伏生億可以爲之然則鄭方以毛爲先師安得不變名明敬非以郡人故也或引呂忱字林曰鄭以毛學審備遵暢厥旨以表明毛意記識其事故特稱箋考鄭說頗有與毛異者表明有之遵暢則未也然宗毛爲

主鄭固自言之矣

周南關雎詁訓傳第一○詁訓傳三者皆毛氏所作說文詁故言也訓說教也繫傳云故言謂言有古今也訓者順其意以訓之凡字有異名而同義者宜用詁如關雎篇關關與嗈嗈同為音聲和也則詁曰和聲也字可直舉其事義者宜用訓如雎鳩是鳥即訓曰王雎也鳥摯而有別至於傳則傳述古人之意如后妃說樂君子之德以下是也後人但稱毛傳鄭氏注禮郭璞注爾雅亦然永懷堂本於毛說皆冠以傳字以別於箋今因之○爾雅有釋詁釋訓郭注釋詁初哉條四引詩證之林蒸條兩引詩而云其餘義皆通見詩書雖詩書並

舉而此下諸注引詩者十八引書及他經傳者十二至釋訓
篇疊字既多出詩如切如磋以下則純述詩辭雜取禮記及
毛氏之解其釋言篇亦類是未知毛氏据爾雅以說詩歟抑
後人据爾雅毛詩入歟舊傳爾雅周公所作可以明其不然
說文長箋解詁訓言三名云以今人語言解釋古文明名義曰
釋詁以古典文字事物合後代語言名物曰釋言轉解傳疏
中文字之未顯者曰釋訓又漢儒釋經之名有三一曰故二曰
微三曰通所謂故者即詁也司馬遷受故于孔安國是也毛
氏詁字本亦作故漢志毛詩故訓傳三十卷鄭氏改定關雎
章句有云故言三章云云又謂故言以下是毛公本意可證

詁之為故今作詁蓋沿隋志之失陸氏釋文尚作故五經文字序云字帶惑體如詁故同義詩題交錯之類

關雎篇序關雎后妃之德也○癸辛雜識續集云注家指后為太姒非也后即君耳妃乃夫人以夫人為后乃自秦始

兔罝篇○文選桓溫薦譙元彥表云兔罝絕響於中林五臣注劉良曰兔罝網也詩曰肅肅兔罝喻殷紂之賢人退於山林網禽獸而食之廣案墨子曰文王舉閎夭泰顛於罝網之中授之政正與此合

公侯腹心箋可用為策謀之臣使之慮無○用左傳前茅慮無字永懷本作慮事誤

芣苢篇○韓詩傳曰芣苢傷夫也列女傳曰宋人之女嫁于蔡而夫有惡疾其母將改嫁之女曰夫之不幸乃妾之不幸也柰何去之且夫采采芣苢之草雖其臭惡猶始於捋采之終于懷襭之情以益親況於夫婦之道乎終不聽父母乃作芣苢詩　廣嘗見徐憺園先生乾學撰海塩張芳濚聘妻俞貞女傳俞海寧人嘗繢宋周貞女所繡法華經皈依象敘故其文多從繡經起義中有云姬嫠之棄緯不恤則臣綱立矣上陽之毀服一作復依室則子綱立矣蔡女之芣苢不襭則妻綱立矣此句已極費解恤緯蔡女事易解獨上陽事無所考

汝墳篇王室如燬○唐元度九經字樣燬作⿰火尾注火也今經典

相彖作燬廣業字樣多主說文娓其二一也王應麟詩攷韓詩
薛君章句作娓凡三家異同之字已詳詩攷者不録唐元度
精於小學動不離規矩至推原字書使有指歸橫斜曲直偏
傍上下必就楷則既作九經字樣雜證謬誤又為十體曰古
文曰大篆曰小篆曰八分曰飛白曰薤葉曰垂針曰垂露曰
鳥書曰連珠詳宣和書譜

羔羊篇素絲五緎○說文緎作黬繫傳云以黑為縫也

鵲巢篇維鳩居之傳鳩鳲鳩也○羅願爾雅翼鳲鳩又呼撥穀
似鷄長尾牝牡飛鳴翼相摩拂月令鳴鳩拂其羽是也取其
骨佩之宜夫婦廣業據此則詩以興取妻其以是歟然謂居

芣苢篇○韓詩傳曰芣苢傷夫也列女傳曰宋人之女嫁于蔡
而夫有惡疾其母將改嫁之女曰夫之不幸乃妾之不幸也
柰何去之且夫采采芣苢之草雖其臭惡猶始於捋采之終
于懷襭之情以益親況於夫婦之道乎終不聽父母乃作芣

此文〻筆甚劣陪園集不載蓋
依託也○上陽句疑有誤字

乾學撰海塩張芳灤聘妻俞貞女傳
所繡去華經紘依象設鼓其文多（此句已極費解）
從繡經起義中有云姬發之棄緯丁恤則臣經立矣上陽之
毀服（一作復）依空則子綱立矣蔡女之芣苢不襭則妻綱立矣
恤緯蔡女事易解獨上陽事無所考
汝墳篇王室如燬○唐元度九經字樣燬作焜注火也今經典

相承作燬廣業字樣多主說文娓其一也王應麟詩攷韓詩薛君章句作娓凡三家異同之字已詳詩攷著不録唐元度精於小學動不離規矩至推原字書使有指歸横斜曲直偏傍上下必就楷則既作九經字樣雜證謬誤又為十體曰古文曰大篆曰小篆曰八分曰飛白曰薤葉曰垂針曰垂露曰鳥書曰連珠詳宣和書譜

羔羊篇素絲五緎○說文緎作黬繫傳云以黒為縫也

鵲巢篇維鳩居之傳鳩鳲鳩也○羅願爾雅翼鳲鳩又呼撥穀似鶡長尾牝牡飛鳴翼相摩拂月令鳴鳩拂其羽是也取其骨佩之宜夫婦廣業據此則詩以興取妻其以是歟然謂居

鵲成巢又未然今南方惟鸜鵒所至成羣占奪鵲巢既非撥穀亦非歐公朱子所云拙鳩唯劉瑾詩通釋引謝枋得詩傳注疏有云一章曰居鳩居鵲巢夫人始歸其夫家也二章曰方方正也鳩能正鵲之成巢夫人能正其家也三章曰盈鳩生子盈滿其巢夫人子孫衆多而盈其室家也據此乃是比體其義甚長

摽有梅○孟子塗有餓莩趙岐注餓死者曰莩詩曰莩有梅莩零落也字從艹下受漢書食貨志贊野有餓莩注鄭氏曰莩音蔈有梅之蔈字從艹下票皆音婢小反與寤辟有摽音符小反者不同今讀符小反誤○爾雅釋木稱梅者三皆非此詩

之梅郭璞注梅枏云似杏實酢誤也說詳詩疏廣要先儒言
江北人不識梅然則爾雅為北人所作可知

甘棠○說文繫傳云爾雅杜甘棠木之性有牡者華而不寔伐
去其牡則牝者亦不寔今楊梅亦為然棠即召伯聽男女之訟
處必于野樹之下者其言隱而不宣慮有耳屬不垣者也廣
棠周禮媒氏聽陰訟于勝國之社亦以中冓之言可醜故不
欲宣露之古人所以養人廉恥者如此今陝州召公棠尚存
無枝葉而膚理堅緻同年毛君郁青為余言詳在過夏雜録
中

毛詩卷二

燕燕篇秉心塞淵○說文繫傳引作其心寒泉寒今作塞借也
廣業泉字因避唐諱而改五代亦尚然其字當誤或亦避昞字
之嫌

終風篇願言則嚏箋令俗人嚏云人道我此古之遺語也○漢書
藝文志有嚔嚔耳鳴六十卷蓋以之占驗吉凶令人或遇嚔
嚏輒自祝云吉利亦是古法宋王易燕北錄契丹國主及太
后嚔嚏近陪臣僚齊呼沿夔離沿燕華離者言呼萬歲也但詩
所謂願言乃是願他人說我非以自祝資暇錄已辨之矣

雄雉篇泄泄其羽○泄從水旁世石經避唐諱缺筆今當改
正君子偕老篇紲絆等同

匏有苦葉篇雉鳴求其牡傳飛曰雌雄走曰牝牡○毛意以雌當求雄而反求牝謂非類相求也小雅言雉之朝雊尚求其雌則求雄已非況可求牝乎然書言牝鷄無晨是飛亦言牝牡古詩雄兎脚撲朔雌兎眼迷離是走亦言雌雄說文繫傳曰爾雅釋鳥鷯鶉其雄鶛牝庳春秋傳龍一雌死雌雄牝牡之類不可一概而不分又不可偏滯而拘執也

谷風篇采葑采菲箋云采蔓菁與葍之類音義蔓音萬○正楊引毛居正六經正誤云谷風蔓音作萬万非万本音墨万俟姓也俗借作草書萬字經書豈宜用之

式微篇○方勺泊宅編聯句或云起於栢梁非也式微詩云胡

燕燕篇秉心塞淵○說文繫傳引作其心寒泉寒今作塞借也

廣業泉字因避唐諱而改五代亦尚然其字當誤或亦避昞字

之嫌

志祖案經本云來莊行以云求牝乎

終風篇願言則嚏今俗人嚏云人道我此古之遺語也○漢書箋

藝文志有嚏耳鳴雜占十六卷蓋以之占驗吉凶今人或遇嚏

嚏輒自祝云吉利亦是古法宋王易燕北錄契丹國主及太

后噴嚏近侍臣僚齊呼沿夔離沿獲離者華言呼萬歲也但詩

所謂願言乃是願他人說我非以自祝資暇錄已辨之矣

此不字似誤不襯則妻綱不立矣

泄泄泄泄其羽○泄從水旁世石經避唐諱缺筆今當改

正君子偕老篇紲袢等同

匏有苦葉篇雉鳴求其牡傳飛曰雌雄走曰牝牡○毛意以雌當求雄而反求牝謂非類相求也小雅言雉之朝雊尚求其雌則求雄已非況可求牝乎然書言牝雞無晨是飛亦言牝牡古詩雄兎脚撲朔雌兎眼迷離是走亦言雌雄說文繫傳曰爾雅釋鳥鷯鶉其雄鶛牝庳春秋傳龍一雌死雌雄牝牡之類不可一概而不分又不可偏滯而拘執也

谷風篇采葑采菲箋云菲菜蔓菁與葍之類音義蔓音萬○正楊引毛居正六經正誤云谷風蔓音作萬万非万本音墨万俟姓也俗借作草書萬字經書豈宜用之

式微篇○方勺泊宅編聯句或云起於栢梁非也式微詩云胡

為乎中露胡為乎泥中蓋泥中中露衛之二邑名劉向以為此詩二人所作則一在泥中一在中露其理或然此則聯句所起也廣案二人者黎莊公夫人及其傅母也

旄邱篇序狄人迫逐黎侯○事見左傳宣十五年晉滅潞復立黎侯

靜女序刺時也○靜女以下朱子皆指為淫詩或以問應潛齋先生撝謙潛齋曰信也先王陳詩觀風貞淫並採聖人刪詩垂教正變兼存方周德之盛九州同風固無貞邪和戾之異王化既遠變風始作于是上之人莫以風俗為意而天子之黜陟不行於諸侯并不復採風于下國下民所作之詩亦無由

上達天子世主放僻邪侈不顧天下　公議而百姓愁苦嘆形為刺譏淫縱之習要之讀其詩即其國之治亂興亡綿促强弱粲然可知孔子因去其重複正其紛亂約為三百傳諸學者以為萬世之鑒使知天下之治亂由於風俗風俗之貞淫由於教化至今讀之而知二南之外秦為最彊晉為最厚衛之亡而復興周之弱而不振陳鄭之先亡齊襄之中圮即此數詩已如指掌君子于此當惕然于風俗之變謹其所以養治心養性修己化人之方而鄭聲之不可不放周南召南之不可不為於茲益信推之後世清平三調斗酒百篇唐所以亂也二八女郎曉風殘月宋所以亂也至近日而歌行稗史

入於四子之文邪曲淫書遍於五都之市每變愈下風俗人心不可復問亦可以推世變而知所以坊矣或謂孔子刪詩不當留其淫者夫鄭衛之淇洧定中緇衣雞鳴亦何殊周召正惟淫蕩成風故為變耳猶商臣文姜之事作春秋者能為曲諱乎且國有刺淫之詩則其人心猶未盡亡存之所以示後儒通世務防變亂也至當時賢士大夫所歌頌有及淫詩者則以所取不同如毛韓兩家說詩各異不害其俱為善誦也

貽我彤管傳生子曰辰。永懷日作只據內則妻將生子及月辰作月者是二子乘舟篇傳國人傷二子涉危遂死如乘舟而無所薄汎汎然迅疾而不礙也。案此是以乘舟喻其危非真謂乘舟也劉向新序節士篇衛宣公子伋前母子也壽與朔後母子也壽母與朔謀殺太子伋而立壽使人與伋乘舟於河中將沉而殺之壽知不能止因與之同舟舟人不得殺伋方乘舟時伋傅母恐其死也閔而作詩二子乘舟之詩是也其詩云云於是壽閔其兄之見害作憂思之詩黍離之詩是也其詩云行道靡靡云云又使伋之齊將使盜見載旌要而殺之壽止伋伋曰棄父之命非子道也不可壽又與之偕行壽之母知不能止也因戒之曰壽無為前也壽又為前竊伋旌以先行

幾及壽矣盜見而殺之伋至見壽之死痛其代己死涕泣悲
哀遂載其屍還至境而自殺之容齋隨筆所載同新序而以
（梁朱世卿性法自然論云二生居衛受復舟之痛翻罪止用其事）
為齊詩詩攷引太平御覽以為黍離伯封作又據陳思王植
悪鳥論尹吉甫殺孝子伯奇其弟伯封求之不得作黍離之
詩此韓詩也蓋漢儒治詩家自為說子政所言載旌還屍與
大序左傳皆不合姑錄之以博異聞

毛詩卷三

栢舟序父母欲奪而嫁之誓而弗許○父母者共姜之父母齊
人也齊襄公鳥獸之行淫于其妹桓公好色姑姊妹不嫁者
七人蓋其帷薄不修已非一旦夕之故視夫死再嫁者更無

足異衛宣公之死也齊人使昭伯蒸於宣姜不可強之昭伯於分為蒸在齊人寔為嫁也觀所生子女迭主衛祀嫁於諸侯可知非私育宣公之蒸夷姜亦如此共姜使非誓死以拒誰柜諫之哉孔子謂匹婦執志不可易信然

泉水篇出宿于干飲餞于言傳干言所適國郊也。畿輔通志河間府唐山縣西北四里有干言山延袤數十里接內邱縣界引隋書地理志內邱有干言山又正字通云詩邶風注干言適衛所経之地今合為一山

相鼠篇人而無止箋容止可觀。此下永懷本有無止韓詩止節無禮節也十字是釋文入誤入鄭箋

幾及壽齊矣盜見而殺之伋至見壽之死痛其代已死涕泣悲
哀遂載其屍還至境而自殺之容齋隨筆所載同新序而以
梁朱世卿性法自然論云二生居衛垂覆舟之痛誰罪正用其事
為齊詩寺人之御覽以為黍離伯封作又据陳思王植
丁伯奇其弟伯封求之不得作黍離之
詩家自為說子政所言載旌還屍與
錄之以博異聞

志祖案隋志內卯有千言山賦
云有千山言山耳非合為一也困
學紀聞引袁誤記云桕人知有
千山言山正字通誤說不足
據

毛詩考三

栢舟序父母欲奪而嫁之誓而弗許○父母者共姜之父母齊
人也齊襄公鳥獸之行淫于其妹桓公好色姑姊妹不嫁者
七人蓋其帷薄不修已非一旦夕之故視夫死再嫁者更無

足異衛宣公之死也齊人使昭伯蒸於宣姜不可强之昭伯於分為蒸在齊人寔為嫁也觀所生子女迭主衛祀嫁於諸侯可知非私育宣公之蒸夷姜亦如此共姜使非誓死以拒誰（諒）拒之哉孔子謂匹婦執志不可易信然

泉水篇出宿于干飲餞于言傳干言所適國郊也○畿輔通志河間府唐山縣西北四里有干言山延袤數十里接內邱縣界引隋書地理志內邱有干言山又正字通云詩邶風注干言適衛所經之地今合為一山

相鼠篇人而無止箋容止可觀○此下永懷本有無止韓詩止節無禮節也十字是釋文誤入鄭箋

載馳萹言采其蝱○說文繫傳作莔引本草貝母一名莔形如
聚貝子治目眩項直不能反顧故詩取之
定之方中萹椅桐梓漆○說文桼木汁可髹物當從木旁漆水
名也
淇奥萹綠竹猗猗傳綠王芻[illegible]也說文菉王芻也引詩以證
又薄水萹筑繫傳曰郭璞注爾雅竹萹蓄似小藜赤莖節生
道旁即此水萹筑也陸機詩疏云菉竹一草名莖葉如竹青
綠色高數尺今淇澳旁有之人謂之綠竹水經注云淇川無
竹惟王芻萹草無異据漢書武帝下淇園之竹則漢時當有
竹而北魏已無宋劉執中乃謂淇水之旁至今多竹因盡翻

毛説何也

氓篇抱布貿絲箋季春始蠶孟夏賣絲。學齋佔畢云聶夷中傷田家詩二月賣新絲五月糶新穀二月蠶尚未生月令蠶事在季春之月祭義蠶歲注三月日盡以後豳風蠶月亦指三月則二月安得有絲耶。當是四月傳寫訛耳虞案証聶詩莫如季春二句。蓋孟夏雖已繅成絲。然非急需。則藏以有待。不遽賣也。今吴中富農猶然氓詩云匪來貿絲來即我謀明借貿絲為名鄭据下愆期秋期會意作箋知為孟夏亦謂本非貿絲之時也聶詩借用其意。以見田家之困乏。成絲即賣。更不能稍緩也。聶係後唐明宗時人

載馳篇言采其䖟〇說文繫傳作莔引本草貝母一名莔形如聚貝子治目眩項直不能反顧故詩取之

說文桼木汁可髹物存於部首不入木部以桼字上即从木不得再加偏旁也

竹惟王芻萹草無異按漢書武帝下淇園之竹則漢時當有竹而北魏已無宋劉執中乃謂淇水之旁至今多竹因盡翻

毛說何也

氓篇抱布貿絲箋季春始蠶孟夏賣絲○學齋佔畢云聶夷中傷田家詩二月賣新絲五月糶新穀二月蠶尚未生月令蠶事在季春之月祭義蠶歲注三月日盡以後豳風蠶月亦指三月則二月安得有絲耶○當是四月傳寫訛耳○虞案証聶詩莫如季春二句○蓋孟夏雖已繅成絲○然非急需○則藏以有待○不遽賣也○今吳中富農猶然氓詩云匪來貿絲來即我謀明借貿絲為名鄭据下愆期秋期會意作箋知為孟夏亦謂本非貿絲之時也聶詩借用其意○以見田家之困乏○成絲即賣○更不能稍緩也○聶係後唐明宗時人

木瓜篇末章傳孔子曰吾於木瓜見苞苴之禮行○案孔叢子記義篇孔子讀詩及小雅喟然嘆曰吾於周南名南見周道之所以盛也於柏舟見匹婦執志之不可易也於淇澳見學之可為君子也於考槃見遁世之士而不悶也於木瓜見苞苴之禮行也於緇衣見好賢之心至也於雞鳴見古之君子不忘其敬於伐檀見賢者先事後食於蟋蟀見陶唐儉德之大於下泉見亂世之思明君於七月見豳公之所造周於東山見周公之先公而後私於狼跋見周公之遠志所以為聖於鹿鳴見君臣之有禮於彤弓見有功之必報於羔羊見善政之有應於節南山見忠臣之憂世於蓼莪見孝子之思

養於四月見孝子之思祭於嘗嘗者蓋見古之賢者世保其祿於采菽見古之明王所以敬諸侯以上所論計二十二章而木瓜見引于毛公知孔叢必有所本但以小雅統國風又諸詩錯舉不倫疑有脫漏觀桓寬鹽鐵論引孔子曰吾於河廣知德之至也知當時每章皆有論列矣特錄之以庶無邪之旨因是觸悟耳

毛詩卷四

叔于田傳叔〔太〕共叔〔段也〕〇杜預左傳注云太叔奔共故曰共叔猶晉侯在鄂謂之鄂侯共叔有子公孫滑出奔衛又有孫曰共父定叔鄭厲公時奔衛三年而復之曰不可使共叔無後于鄭

事在莊十三年

清人序高克好利而不顧其君文公惡而欲遠之不能又公子素惡高克進之不以禮文公退之不以道○上下皆言文公中忽言公子殊費辭案春秋鄭棄其師在閔二年去厲公突卒已十三年如謂文公為公〻恃素惡之至是姑令衛欲救衛又非其理也穀梁傳注純用詩序却刪去公〻〻素惡四字較為分明

有女同車序齊女賢而不取○案左傳齊欲取忽者再此女當是後此所請若初時為魯文姜雖為賢矣詩曰孟姜是少庶長女休何注公羊桓三年傳齊侯送姜氏云不言孟姜言姜

氏者從魯辭則孟姜正為文姜文姜嫁魯生莊公季友後皆蕃昌芝草醴泉固不問其所出抑天道有時而不足信歟

山有扶蘇篇隰有游龍傳龍紅草也箋云游龍猶放縱也紅草放縱枝葉于隰中○正義曰紅草一名馬蓼葉大而赤白色生水澤中朱弁曲洧舊聞曰即紅蓼也俗呼水紅廣所謂放縱專釋游字非紅蓼名游龍也與上句橋松之橋同言山有橋竦之松隰有放縱之龍

出其東門篇○鄭自桓武濟美勳在王室文穆而後七子自鳴亦春秋名邦也自莊公失教其弟處心積慮以成於殺遺禍及子遂至兄弟五爭同氣相殘可謂積不善之家必有餘殃

事在莊十三年

清人序高克好利而不顧其君文公惡而欲遠之不能文公子素惡高克進之不以禮文公退之不以道○上下皆言文公中忽言公子殊費辭案春秋鄭棄其師在閔二年去厲公突卒已十三年如謂文公爲公子時素惡之至是姑令禦狄救

取當作娶

公子素惡四字

有女同車序齊女賢而不取○案左傳齊欲取忽者再此女當是後此所請若初時爲魯文姜難爲賢矣詩曰孟姜是少庶長女休何注公羊桓三年傳齊侯送姜氏云不言孟姜言姜

氏者從魯辭則孟姜正為文姜文姜嫁魯生莊公季友後皆蕃昌芝草醴泉固不問其所出抑天道有時而不足信歟

山有扶蘇篇隰有游龍傳龍紅草也箋云游龍猶放縱也紅草放縱枝葉于隰中○正義曰紅草一名馬蓼葉大而赤生水澤中朱弁曲洧舊聞曰即紅蓼也俗呼水紅廣要[illegible]所謂放縱專釋游字非紅蓼名游龍也與上句橋松之橋同正義云言山有橋枯竦之松隰有放縱之龍

出其東門篇○鄭自桓武濟美勳在王室文穆而後七子自鳴同亦春秋名邦也自莊公失教其弟處心積慮以成於殺遺禍及子遂至兄弟五爭同氣相殘可謂積不善之家必有餘殃

矣然使昭公結昏于齊而得大援則祭仲等亦無以逞其奸
是守小節釀大釁者又昭公也孔子刪詩録于鄭録二十一
篇而将仲子叔于田大叔于田遵大路四篇皆刺莊公有女
同車山有扶蘇蘀兮狡童四篇皆刺忽揚之水出其東門亦
刺忽與羣公子可見聖人之用心矣集傳皆以為淫詩豈其
然乎

青衿篇在城闕兮○説文𩫏缺也古者城闕其南方謂之𩫏

毛詩卷五

著篇○三章章三句俱用而字煞脚此離騷之祖

毛詩卷六

椒聊篇遠條且傳條長也箋椒之氣日益遠也○條訓長無義七經考文載古本作脩有理

毛詩卷七

東門之池○序下永懷本有傳水曰池四字小注乃釋文引孔安國說

彼美淑姬○上衡門篇言齊姜宋子以齊宋與陳世為婚姻之國也此三言淑姬者陳胡公嘗取武王元女大姬故思得美女如大姬者以配君子

檜國四篇○檜本亦作鄶公羊傳古者鄭國處于留先鄭伯有善于鄶公者通乎夫人以取其國而遷鄭焉則檜亡在春秋

矣然使昭公結昏于齊而得大援則祭仲等亦無以逞其奸是守小節釀大釁者又昭公也孔子刪詩錄于鄭錄二十一篇而將仲子叔于田大叔于田遵大路四篇皆刺莊公有女同車山有扶蘇蘀兮狡童四篇皆刺忽揚之水出其東門亦刺忽與羣公子可見聖人之用心矣集傳皆以爲淫詩豈其然乎

青衿篇在城闕兮○說文𩫏缺也古者城闕其南方謂之𩫏

毛詩卷五

著篇○三章章三句俱用而字煞脚此離騷之祖

毛詩卷六

椒聊篇遠條且傳條長也箋椒之氣日益遠也○條訓長無義

七經考文載古本作脩有理

毛詩卷七

綴所以表行列說文殺字下載或說城郭市里高縣羊皮有不當入而欲入者暫下以驚牛馬則其物與茅綴得同故三家詩或作綴

之前釋文為鄭武所弁故莊公曰先君新邑于此取鄶詳國語

候人篇何戈與祋○禮樂記注引作荷戈與綴

毛詩卷八

七月篇四月秀葽○說文葽草也引劉向說味苦之葽繫傳字書曰葽狗尾草也廣案今北方四五月間屋上多此草

二之日鑿冰沖沖○禮記伐冰之家周禮凌人斬冰斬伐與鑿皆剌切之意蓋冰雖極堅其理常直今京師夏月賣冰者用小鑿鑿之大小輕重惟所欲得或用搥擊盡力不為動古所以必言鑿也

東山篇零雨其濛○九經字樣零作霝石鼓文我来自東淒淒霝雨

毛詩卷九

皇皇者華周爰咨諏○國語胥臣曰文王詢於八虞而咨於二虢度於閎夭而謀於南宫諏於蔡原而訪於辛尹文雖互出義各有歸

常棣篇鄂不韡韡箋承華者曰鄂○鄂今作萼華未發先有鄂故凡物始㞢曰鄂參同契曰晦至朔旦震来受符當斯之際天地媾其精日月相揮（撢）持雄陽播元施雌陰化黃色混沌相交接權輿樹根基經營養鄞鄂凝神以成軀衆夫蹈以出蝡動

莫不由

伐木篇鳥鳴嚶嚶傳嚶嚶驚懼也箋兩鳥聲也其鳴之志似乎有文道然故連言之○二義雖異皆未嘗言是鶯不知何時誤嚶為鶯唐人遂謂進士登第為遷鶯又省試早鶯求友詩又鶯出谷詩劉賓客嘉話錄李綽尚書故寔已譏其無證據矣李義山獻韓郎中啟直云幽谷未見于鶯喬山浴空勤于皃蒸則竟改詩之嚶字為鶯字矣今人賀移居曰喬遷賀進秩曰鶯遷皆襲其誤

伐木許許傳許許柹貌○柹說文作𣏕削木札樸也謂削下木片䋣傳曰札即木牘也後漢書方術傳楊由傳風吹札𣏕是

也顏氏家訓削杮削札牘之杮古者書誤則削之左傳削而投之是也晉書王濬伐吴造船木杮蔽江而下今作柿五経文字柿柹注上芳吠反見詩注下音仕從木從𠂔餘詳考證廣業許呼古反讀如虎今吴下謂削片爲鏢花猶許音之訛

無酒酤我傳酤一宿酒也箋買也。按凡謂周秦無酤酒者漢始有酒肆當依傳廣業説非酤一宿酒也一曰買酒也鄭從後説漢書食貨志曰詩云無酒酤我而論語曰酤酒不食二者非相反也詩據承平之世酒酤在官和旨便人可以相御也孔子當周衰亂酒酤在民薄惡不戒是以疑而不食又韓非子説儲云宋人有酤酒者懸幟甚高而酒不售不得云酒

肆起漢一宿酒條錯以為造之一夜而熟若今鷄鳴酒也
采薇篇薇亦作止箋今薇生矣先輩可以行也○先輩蓋謂將
率如南仲之輩下章君子之車箋亦云謂將率文王呼將率
為先輩當有所本

南陔序孝子相戒以養也○鄭氏注儀禮南陔至由儀云其義
未聞正義謂鄭注禮時未見此序故云未聞今此箋詩不更
有釋羣經音辨云說文陔階次也束晳補亡詩云循彼南陔
釋云陔隴也有登隴採蘭之義說文自用六書解訓字禮而
晳之言陔於詩義恐未為得按六笙詩篇亡其序尚存南陔
曰孝子相戒以養白華曰孝子絜白華黍曰宜黍稷由庚曰

萬物由其道崇丘曰萬物極其高大由儀曰萬物得宜六序皆釋命篇名義甚著則陔當訓戒明矣鄉飲酒燕禮始宵雅三官卒歌於堂廡笙入而播此六詩焉反賓醉而出則奏陔夏鄭康成曰陔之言戒也終日飲酒以陔為節飲明無失禮夫南陔陔夏皆樂章也鄭氏訓戒正與子夏詩序義協

毛詩卷十

車攻篇赤芾金舄傳達屨也箋金舄黃朱色也○古今注舄以木置履下乾腊不畏泥濕也履者屨之不帶者也周禮屨人赤舄黑舄注複下曰舄禪下曰屨

大庖不盈傳自左膘而射之達於右腢為上殺射右耳本次之

肆起漢一宿酒徐錯以為造之一夜而熟若今鷄鳴酒也

馥按先輩非謂將率

今薇生矣先輩可以行也○先輩盖謂將率如南仲之輩下章君子之車箋亦云謂將率文王呼將率為先輩當有所本

南陔序孝子相戒以養也○鄭氏注儀禮南陔至由儀云其義未聞正義謂鄭注禮時未見毛序故云未聞今此箋詩不更有釋羣經音辨云說文陔階次也朿皙補亡詩云循彼南陔釋云陔隴也有登隴採蘭之義說文自用六書解訓字體而皙之言陔於詩義恐未為得按六詩詩篇亡其序尚存南陔曰孝子相戒以養白華曰孝子絜白華黍曰宜黍稷由庚曰

萬物由其道崇邱曰萬物極其高大由儀曰萬物得宜六序
皆釋命篇名義甚著則陔當訓戒明矣鄉飲酒燕禮始宵雅
三官卒歌於堂廡笙入而播此六詩焉反賓醉而出則奏陔
夏鄭康成曰陔之言戒也終日飲酒以陔爲節飲明無失禮
夫南陔陔夏皆樂章也鄭氏訓戒正與子夏詩序義協

毛詩卷十

車攻篇赤芾金舄傳達屨也箋金舄黄朱色也○古今注舄以
木置履下乾腊不畏泥濕也履者屨之不帶者也周禮屨人
赤舄黑舄注複下曰舄禪下曰屨

大庖不盈傳自左膘而射之達於右腢爲上殺射右耳本次之

射左髀達於右䯚為下殺。釋文膘同膢髃音愚又音偶肩
前也䯚餘繞反又胡了反水膲也一本作髆棠說文膢牛脅
後髀前合革肉也讀若繇繫傳曰按詩傳上殺射中膘今謂
馬肥為膘肥言最薄處故言合革肉言皮肉相合也水膲不
得其鮮蔣主事師爚曰正字通凡畜腰後窊處曰膁窩然則
窩者坎也故云水膲上殺中殺下殺以獸死遲速為辨速死
肉鮮遲死肉惡從左脅達於右肩前則由脅及心由心及肩
未達肩之前已死矣此死之最速者故曰上殺從左脅後達
於右耳本者不及貫心范甯穀梁注所謂射髀髂死差遲者
也故曰中殺從左髀達於右䯚則并心色絡在所不經范甯

所謂中腸污脃死最遲者也其內死必惡故曰下殺下殺不中膘中殺中膘毛傳從上殺省文不言中膘也

吉日篇其祁孔有箋祈當作麎麎麋牝也。羣経音辨鄭以上章麀鹿麌麌麀鹿牝也麌麌麕牝也因謂此麎為麋牝案麎本有辰脤二音又市尸切或古字借祈為麎故鄭得有此說歟然鄭氏釋経率多改字如曲禮庶人摯匹鄭以為鶩釋文遂音匹為木非也

毛詩卷十一

庭燎篇夜未央箋猶言夜未渠央也。羣経音辨渠急也音遽引鄭為證蔣主事曰史記張儀傳且蘇君在儀寧渠能乎渠

亦應作遶索隱音詎則與寧字複

斯干篇考證乃生女子傳裼袒也○毛本注作褓亦作袵（衽）誤史記正義云褓小兒被也傳又云瓦紡塼也說文繫傳云令絡絲之塼

如翬斯飛○九經字樣如作有

毛詩卷十二

正月篇天夭是椓○楊升菴据張衡應閒速速方穀夭夭是加謂當作夭夭（廣）棠後大雅召旻昏椓靡共毛訓椓云夭椓也是誤夭為天信矣但此說本之韓詩沈括筆談云出後漢蔡邕傳本蔡邕釋誨篇文楊誤張衡應間故為晦伯所譏

小宛篇宜岸宜獄傳岸訟也○大雅皇矣誕先登于岸傳岸高位也鄭箋仍依毛作訟

握粟出卜箋持粟出卜決其勝負○說文糈祭具也繫傳云楚辭懷椒糈而要之糈祭神之潔米也故或從米祭神故從示又史記日者傳司馬季主曰卜而不中不見奪賭糈則糈亦所以為卜之資也詩握粟出卜是也說文又曰齎財問卜曰𧵍讀若所繫傳亦引詩証之

小弁篇尚或墐之○九經字樣作殣從說文也

析薪杝矣○五經文字作杝音褫

我躬不閱傳有越人于此關弓而射我下兄弟關弓而射我同○永懷本

亦應作遽索隱音詎則與寧字複

斯干篇考證乃生女子傳裼袪也○毛本注作褓毋作袿（袪）誤史記正義云褓小兒被也傳又云褓紡塼也說文繫傳云今絡

馥案定岸韓詩作犴云鄉亭之繫曰犴則此是借用同聲字與皇矣篇用岸字本義者自不同也　作有

毛詩卷十二

正月篇天夭是椓○楊升菴据張衡應閒速速方穀夭夭是加謂當作夭夭廣案後大雅昏昊昏椓靡共毛訓椓云夭椓也是誤夭為天信矣但此說本之韓詩沈括筆談云出後漢蔡邕傳本蔡邕釋誨篇文楊誤張衡應閒故為晦伯所譏

小宛篇宜岸宜獄傳岸訟也。大雅皇矣誕先登于岸傳岸高位也鄭箋仍依毛作訟

握粟出卜箋持粟出卜決其勝負。說文糈祭具也繫傳云楚辭懷桂糈而要之糈祭神之潔米也故或從米祭神故從示又史記日者傳司馬季主曰卜而不中不見奪糈則糈亦所以為卜之資也詩握粟出卜是也說文又曰齎財問卜曰⿰貝疋讀若所繫傳亦引詩證之

小弁篇尚或墐之。九經字樣作殣從說文也

析薪杝矣。五經文字作杝音禠

我躬不閱傳有越人于此關弓而射我下兄弟關弓而射我同。永懷本

我作之羞改從孟子然古人引孟亦皆作我

巧言篇曰父母且釋文且七餘反。按箋云始者言其且為民之父母則當作姑且之且

昊天太憮箋巳泰言皆甚也。依箋則本文當作泰漢晉以前無太字。自范蔚宗作後漢書。避父諱。始以太代泰。後人改馮書者取便。遂改古書泰字為太。拙著避名錄詳言之

何人斯篇其為飄風。詩集傳及永懷本其並作其

巷伯篇哆兮侈兮傳樎屋而繼之。永懷本樎作縮案北史齊廢帝為太子時稱許散愁曰顏子縮屋稱貞柳下嫗而不亂正用此事作縮釋文亦作縮

毛詩卷十三

谷風篇忘我大德箋切磋以道相成。瑳字訛當從永懷作磋（瑳）

蓼莪篇序孝子不得終養者二親病亡之時時在役所不得見也。李密陳情表（烏鳥私情願乞）奉養祖母以終（養）餘年正用此終養二字今仕者有終養之例用之陳情最為得體若得請後人子自言但當依家語稱歸養不忍言終也

信南山篇畇畇原隰。周禮均人注引作畗畗原隰

大田篇有渰萋萋興雨祁祁傳渰雲興貌萋萋雲行貌祁祁徐也。趙明誠金石錄論漢無極山碑云顏之推家訓曰詩云有渰萋萋興雨祁祁毛傳云渰（陰）雲貌云云渰巳是陰雲何勞

復云興雲祈祈（祁祁）耶雲當為雨俗寫誤耳班固靈臺詩習習祥風祈祈甘雨此其證也據此則本作興雲之推改為雨陸德明釋文又云本或作興雲非也蓋德明據顏說改之故後來本皆作雨今此碑銘有云興雲祁祁雨我公田乃知漢以前本皆作雲顏說無據特私意耳廣業今傳作雲興又與顏所引陰雲異而詩攷引呂氏春秋正作興雲不必證諸碑也

毛詩卷十四

頍弁蔿先集維霰傳暴雪也○暴雪與暴雨同謂忽然而至也不必如鄭箋政教暴虐如雨雪之說爾雅雨霓為霄雪注引詩霰作霓冰雪雜下者謂之霄雪

毛詩卷十五

白華蕭卬烘于煁傳烓竈也烓音恚。釋文郭云三隅竈也説文云行竈也廣業行次作竈以三隅置釜空一角以納薪炊已易滅所云行竈也

何草不黃蕭何草不玄箋玄赤黑色始春之時草芽蘖者將生必玄乎。白虎通曰十三月之時謂正月萬物始達孚甲而出其色皆黑人得加功展業故夏為人正色尚黑此據後漢書注改正解者謂物初出乃青遠視則黑燕地寒三月初草始茁叢蘆冒土出寸許望之正黑諦視色青因知班鄭之説不誣

毛詩卷十六

大明俔天之妹箋太姒之賢尊之如天之有女弟。雅於太姒言其處室則曰天妹言其宜子則曰百男文言甚矣易有歸妹夫子以為人之終始又曰女之終也不言歸女言歸妹妹可以兼女女不可以兼妹也晏桓子曰天子求后於諸侯對曰夫婦所生若而人妾婦之子若而人無女而有姊妹及姑姊妹則曰先守某公之遺女若而人左襄十二年則知姊妹由兄弟嫁者多矣文王所娶係有莘之長女而曰妹猶此義也君子偕老稱衛夫人曰胡然而天也胡然而帝也蓋以天帝為尊親之名故云大邦所歸之妹辟言如天帝然若竟謂天之女弟同於後世之天女天孫則太褻矣棫樸蔦芃芃棫樸傳棫白桵樸枹木也箋白桵相樸屬而生○龐元英文昌雜錄云今關中有白蕤芃芃叢生民家多採作薪其煙與他木異直上如線高五七丈不絕詩所謂薪之槱之雖微物可以升燎於上亦蘋蘩蘊藻之謂耶廣案釋文引三蒼云棫即柞也旱麓瑟彼柞棫民所燎矣豈弟君子神所勞矣釋文曰一云此毋示祭天也是亦言燎以祭神箋謂燎者除其害旁使無害柞棫非也諸經槩望之槩皆不明指何木因此可悟其為棫樸說文訓樸為棗繫傳云爾雅釋木方說棗而連屬言樸枹故注以樸為棗許慎所引爾雅注在張揖以前今臣所引是郭注與許不同

思齊篇神罔時恫箋無痛傷其所為者考證云岳氏據疏補入

○案經傳沿革例因廖氏世綵堂之舊本而考訂之其增入

未知為廖為岳也

皇矣篇依其在京○毛鄭注京字各不同此毛云京大阜也箋云周地名大明篇曰嬪于京毛云大也箋云周國之地小別名也思齊京室之婦毛云王室也箋云周地名篤公劉乃覯于京箋云絕高謂之京下句京師之野毛云是京為大衆所宜居之地詳毛意是京承上乃覯于京為高阜其大衆則訓京師二字義也公羊傳白虎通之說多與相同若王配于京箋固以為鎬京矣

崇墉仡仡。九經字樣作仡仡（圪圪）旁从土說文作圪圪

靈臺篇白鳥翯翯。白鳥毛鄭無注而振鷺有駜毛並云白鳥（鷺）

也先儒謂振鷺西雝即辟廱則此白鳥（亦）必是鷺

毛詩卷十七

卷阿篇亦集爰止箋亦亦鳥衆也。下亦字連衆字讀有客篇

亦白其馬傳亦亦周也此例甚多永懷改下亦字為與誤

公劉篇干戈戚揚箋戈勾孑戟也。永懷孑誤矛釋文亦作孑

說詳左傳

民勞篇柔遠能邇箋能猶侞也音釋侞檢字書未見所出如庶

反。楊慎轉注古音遇韵引作書注及孔穎達疏考書舜典

及文侯之命俱有柔遠能邇孔氏無傳惟釋文引鄭注尚書云能恣也又與此不同恐楊氏誤詩爲書

毛詩卷十八

抑篇莫捫朕舌箋今人無持我舌者而自輕恣也○永懷本輕作聽謂自聽其放恣與上人無我持相應於義亦通鄭風隰有游龍箋云喻忽聽恣小臣則亦非一見矣

匪手携之四句○說文繫傳引作匪面命之言示之事匪口誨之言提其耳王氏攷諸家異同並無此文徐楚金所引經傳文所引都與今乖異或南唐傳有别本然中引論語有曰其言恂恂然如不出諸其口也又曰儼若思又曰仲尼之守狗

此皆出禮記通論引禮曰姻不失其親又以論語為禮繫傳引論語冉有闇闇如也而以左傳齊伐魯冉有對季孫曰一子守二子從之語證其為和說之詩此類灼然謬誤蓋由省記未真率爾下筆之故不可信也又通論有云孔子擊石于衛擁縲子聞之曰有心哉繫磬乎亦係杜撰附記于此

桑柔篇匪言不能箋非不能分别皂白言之於王也○皂白猶黑白魏志鍾繇傳注李膺謂鍾覲曰弟於人何太無皂白耶蓋東漢人語

反予未（來）赫箋距人謂之赫○案此即莊子腐鼠嚇雛之嚇

雲漢篇倬彼雲漢箋時旱渴雨○釋文作愒雨苦蓋反貪也本

及文侯之命俱有柔遠能邇孔氏無傳惟釋文引鄭注尚書
云能恣也又與此不同恐楊氏誤詩為書

毛詩卷十八

馥案衛大叔齊字疾古者名字相配乃尔疋齊疾也之證

無舌箋今人無持我舌者而自輕恣也。永懷本輕
聽其放恣與上人無我持相應於義亦通鄭風隰
有沫龍箋云喻忽聽恣小臣則亦非一見矣
匪手攜之四句。說文繫傳引作匪面命之言示之事匪口誨

馥按九經字樣土部垳圪銀入詩曰崇墉圪圪上說文下隸省

異同並無此文徐楚金所引經傳
文所引都與今乖異或南唐傳有別本然中引論語有曰其
言向向然如不出諸其口也又曰儼若思又曰仲尼之守狗

此皆出禮記通論引禮曰姻不失其親又以論語為禮繫傳引論語冉有誾誾如也而以左傳齊伐魯冉有對季孫曰一子守二子從之語證其為和說之諍此類灼然謬誤蓋由省記未真牽爾下筆之故不可信也又通論有云孔子擊石于衛擁縲子聞之曰有心哉繫磬乎亦係杜擬附記于此

柔桑篇匪言不能箋非不能分別皂白言之於王也○皂白猶黑白魏志鍾繇傳注李膺謂鍾覲曰弟於人何太無皂白耶蓋東漢人語

反予未來赫箋距人謂之赫○案此即莊子腐鼠嚇雛之嚇

雲漢篇倬彼雲漢箋時旱渴雨○釋文作愒雨苦蓋反貪也本

又作渴苦葛反瀆案渴如公羊傳渴葬之渴急也旱望雨如渴
思雨飲剌不可緩也周禮渴澤之渴音竭水涸也義亦可通
然不如讀如字之醒

蘊隆蟲蟲箋隆隆而雷非雨雷也雷聲尚殷殷然○尚上也殷
殷之雷致雨故尚之今俗謂水底雷隆隆者俗謂旱雷釋文
云一本作雨雷之聲尚殷殷然

烝民蕭仲山甫徂齊○爾雅釋詁肅齊遄速疾也郭注引此証
之案上章城彼東方毛云齊也蓋去亳姑而遷于臨菑則齊
不得為疾疑郭連下式遄其歸以遄釋疾而今脫其下句也

召旻蕭蟊賊內訌箋爭訟相陷人之言也○永懷本人作入謂

争訟之言顛倒是非陷入人于罪辟釋文亦作入

毛詩卷十九

周頌○說文繫傳云古本毛詩雅頌字多作訟

維天之命篇於穆不已傳孟仲子曰大哉天命之無極而美周之禮也○正義譜云子思論詩於穆不已孟仲子曰於穆不似見王氏詩攷案釋文記詩授受云子夏傳曾申申傳魏人李克克傳魯人孟仲子鄭元詩譜云子思之弟子孟仲子傳根牟子根牟子傳趙人孫卿子孫卿子傳魯人大毛公

執競篇○周禮鐘師注呂叔玉云肆夏繁遏渠皆周頌也肆夏時邁也繁遏執傹也渠思文也競作傹國語先樂金奏樊遏

渠天子所以饗元侯也注肆夏一名樊昭夏一名遏納夏一名渠兩說不同

雝篇克昌厥後○永懷後作后

有客篇敦琢其旅箋言敦琢者以賢美之故王言之○王當依永懷作王

毛詩卷二十

魯頌○崔銑洹詞松窻寤言曰魯其頌之變乎頌歌諸廟魯奏諸朝頌祠祭其先魯臣禱其君頌美其成德魯頌其閑治頌以祭魯以燕故氣溢而詞夸周文之極變也不繼以商幾滅質矣夫曹檜無幽則人望絕春秋不書獲麟則天道竭一經

聖筆神工夫化妙矣淵哉

閟宫篇居常與許傳常許魯南鄙西鄙箋常或作嘗在薛之旁又云六國時齊有孟嘗君食邑于薛○鄭意孟嘗之封因邑以名也然六國封君者不盡以地

新廟奕奕奚斯所作傳公子奚斯作是廟也○羣經音辨云顏師古正俗譏王延壽靈光殿賦不當云奚斯頌僖是也然其失不始延壽班固兩都賦序云臯陶歌虞奚斯頌魯是以作廟為作頌蓋固見詩人有指作詩主名者如寺人孟子作為此詩崧高蒸民皆曰吉甫作頌故以詩言奚斯所作遂誤為作魯頌也　廣案班本韓詩薛君章句非誤也

玄鳥篇龍旂十乘箋十乘者二王後八州之大國考證謂二王諸本俱作三王誤○那篇我有嘉客箋嘉客謂二王後及諸侯来助祭者此二王是虞夏之後然丹朱嘗為虞賓不應遠見絶于殷諸本改三王想由此也禮天子存二代之後注二或為三

長發篇為下國綴旒○禮郊特牲注作畷郵

殷武篇天命降監章箋時楚僭稱王此又所用告曉義之義○高宗時楚尚稱荆亦未僭王如果正考父所傳不應有此○商頌實宋頌也樂記師乙告子貢所宜歌者自頌大小雅風及於商齊又云商者五帝之遺聲也商人識之故謂之商鄭

注曰商宋詩也名魯定公名宋師乙避國諱改曰商夫子刪
詩因之諸詩皆宋所以祀其先王者而殷武疑宋襄公所作
史記宋世家云襄公時正考父追道契湯高宗殷所以興作
商頌鄭注盖本此商宋諱别詳避名考中

豳風　岂書名鄘

讀相臺五經隨筆 中

讀相臺五經隨筆卷三

海寧周廣業

春秋經傳集解

杜序春秋始於魯隱公者周平王東周之始王也隱公讓國之賢君也考乎其時則相接言乎其位則列國云云○史記十二諸侯年表周平王元年當魯孝公三十七年三年當魯惠公元年四十九年當魯隱公元年則其時之相接者莫如惠公不得為隱也沈括筆談云啖趙纂例於隱公下注云惠公二年平王東遷若爾則春秋自合始隱然與史記不同不知啖氏得於何書廣案啖說果信亦止差二年其相接之時仍在惠也蓋春秋以三桓為終始三桓

盛而魯以弱三桓微而魯以削隱之攝所以啟桓也故筆削托始於此說詳日治偶鈔

春秋名號歸一圖

齊季仲年隱七年傳○季左傳作夷僖公母弟也公穀作弟年莊公八年傳及史記並作夷仲年

無知仲孫昭四傳○司馬侯曰齊有仲孫之難而獲桓公注仲孫公孫無知此仲孫上衍無知二字

賓媚人成二年國佐也○此杜注據下晉與齊國佐盟於爰婁也公穀並言齊使國佐如師晉使以紀侯之玉磬來云云則賓媚人致賂在國佐至師之後不必國佐也

陳無須襄二十七左傳作陳須無論語陳文子注同

陳恒陳常注宣子來又子芒盈○陳常見杜氏注非傳文初史記避

漢文諱改恒為常杜仍而不改又注來當作叀子芒當作芒子

欒施襄二十九子旗○說文施旗貌齊欒施字子旗知施者旗繫傳曰旗

之逶迤也董逌廣川書跋甘鼎銘作子其孔子弟子巫馬施亦字

子旗案此据史記在論語作巫馬期

晉嬴女僖二十二○是年但有嬴氏此作女誤

晉重耳定四○晉文公本二名曰重耳而定四年祝佗述踐土載書但

云晉重若惡二名則宋王臣又未嘗改此不可解今云是年有晉

重耳非也

韓簡　定伯注國語謚也○此圖只就本傳及注輯其異同不應定伯獨取國語

趙衰孟子餘昭元年○傳十二月晉既烝趙孟適南陽將會孟子餘注孟子餘趙衰趙武之曾祖疏引服虔以盾為孟以衰為子餘廣案衰稱成季自趙盾以後始稱孟以其為庶長也此孟字疑誤昭十三年宣子稱先大夫子餘宜補

趙盾趙孟文六傳宣二經文六傳趙孟曰立公子雍注趙盾也八年盟衡雍亦曰趙孟晉稱趙孟自盾始何夙遺之趙孟詳過夏雜録

原同屏括注並云季隗生○宣二年傳趙盾請以括為公族曰君姬氏之愛子也則括非季隗生又姬氏以盾為才使其三子下之是

同亦姬氏生也

趙鞅〇趙孟見定十三四年哀二四年宜補

羊舌職成十八〇當改注宣十五十六其死在襄三年

羊舌肸叔譽注引禮記趙文子與叔譽觀於九原〇此圖不得闌入禮記若此例既開則三傳國語名號異同多矣豈止定伯與叔譽哉

羊舌赤〇當補昭二十八年子容

嬖叔昭九外嬖〇原作屠蒯又飲外嬖嬖叔此即禮記之李調外嬖別於內嬖猶獻公之有梁五也下文雖有廢知氏而立外嬖之文非二名也不必載

楚公子元莊三十　令尹子文莊二十八年子元同　文係元字之誤

鬬射莊三十　○當作鬬射師

司馬子西僖二十六注　○傳鬬宜申帥師滅蘷注以為司馬子西此誤以為

鬬般又莊三十申公鬬班亦以為鬬般般係子文子當非殺子元

者

箴尹鬬楚王改其名曰生　○上既列箴尹克黃下當直曰生

潘尫之黨成十六　○杜注黨尫之子也襄二十三年齊申鮮虞之傅摯

為右注傳摯申鮮虞之子蓋左傳有此文法

公子燮文十四　王子燮同上　○公子燮見文五年滅蓼

遂呂臣僖二十三年　○此見叔伯注中　二十八年傳作蔿呂臣五經文字

曰蒍與蔿同

蒍子馮襄二十一年　蒍子同上年　○是年無蒍子在襄二十四年其子蒍掩見二十五年

申叔豫襄二十一　○是年又有叔豫宜補

太子建　子木○楚令尹屈建亦曰子木見襄二十五此闕

鄭洩伯隐七字亦作泄　洩駕隐五宣七　○洩本作泄唐避太宗偏諱改僖三十一年洩駕惡公子瑕注隱五年洩駕距此九十年疑非一人然則宣七所有洩駕距隱更遠明是二人矣宋禮部韵畧有泄字無洩字後添入

公孫段襄二十八　子石○說文作公孫碬繫傳云木華海賦碬石詭光是

瑕石文也今作叚誤然説文所引春秋人名與今文異者頗多此不概録

宋南宫長萬莊十一　宋萬南宫萬莊十二　此當補在公子御説前

案此圖及年表皆廖氏世綵堂本所無相臺既於十一經外補刊公穀二傳併附二書於後沿革例云史藝文志春秋名號歸一圖二卷馮繼先撰刊本多訛錯嘗合京杭建蜀本參校有氏名畧同實非一人而合為一者有名字若殊本非二人而析為二者有自某國適他國而前後互見者有稱某公與某年而經傳不合者或以傳為經或以經為傳或偏旁疑似而有亥豕之差或行数牽聯而無甲乙之别若此非一今皆訂之据此則知原書之弊甚多但

此本亦間有與經傳不合者畧為舉正馬驌左傳事緯有春秋名
氏譜宜參觀之圖本當附後今依裝釘之次在此

春秋經傳卷一

經傳○春秋經十卷傳三十卷初各行杜氏分經繫傳以便注解凡下此經傳二字皆杜所加也

傳惠公元妃孟子云云○春秋之作以三桓為終始為魯夫人之手文天之啓桓也名友之手文天之啟三桓也雖曰天啟而人事之失更有甚焉宋女本為隱公娶也惠公奪而有之既而以妾為夫人以嬖子奪嫡是不君不父也桓公用羽父之譖而弑隱公是不弟不臣也隱之奉桓名為成父之志實則遂君之非且既欲奉桓乃不立為君而但立為太子即云年少寧不可循委裘負扆之家法者而猶攝為君會盟征伐儼然名列諸侯致小人得以行間身

不善終而成其弟弑君之罪是亦不子不臣也自桓公弑逆卒見拉幹於齊夫人外淫不再傳而子般見賊僖叔慶父相繼夷滅君臣兄弟之禍亟矣三桓雖賢能間出而僭侈特甚政在私門是倡亂者桓始禍者隱自幽懿被弑夷宮冊立以來至此而綱常幾泯矣孔子筆削於焉託始所謂成春秋而亂臣賊子懼也此意惟左氏深知之故其傳先經起義首叙元妃繼室正其名明隱公之本當立也繼叙仲子之歸桓公之生隱公之奉明桓之立天為之實人為之也魯之為魯以此始將以此終也○釋道安二教論魯隱公讓國之賢且非人表評為下下隱公者桓公庶兄也桓公幼小攝行政事後雖歸政桓不能[illegible]諱[illegible]為桓公所弑既不自全何論弟不戴讓國之美竟復何在此而非下愚者有下[illegible]漢書之評

隱元年春王周正月○周正月夏之十一月也本書所紀時事可證

胡傳夏時冠周月之說大謬斷斷不可從

闕地及泉○吴元滿六書正義引作撅音橛穿也與掘通左傳用闕

隱四年石子曰陳桓公方有寵於王○時桓公尚存而石碏已稱其謚行文偶失檢耳此類史記尤多

隱五年講事以度軌四句○姚寬西溪叢語以度軌絶句章物絶句却有理

鄭曼伯與子元潛軍軍其後○案曼伯子元前後注文互異是年下文鄭二公子以制人敗燕師於北制注云二公子曼伯子元也桓二年鄭子元為左拒曼伯為右拒注子元鄭公子曼伯檀伯桓十五年鄭伯因櫟人殺檀伯而遂居櫟注檀伯守櫟大夫昭十一年楚申無宇曰鄭莊公城櫟而寘子元焉使昭公不立注子元鄭公

子又曰鄭京欒賓殺曼伯是檀伯即曼伯也顧亭林以子元為厲公冥之字亦無所據

在桓六年後

桓七年是其生也與吾同物注物類也謂同日〇此据史記魯世家生子與桓公同日故名曰同之文舊見一注本忘其名謂同物當是同屬如（齊東昏侯屬豬梁王屬龍蕭穎胄屬虎崔慧景屬馬）子文護兄弟大者屬鼠次者屬兔之類案王充論衡物勢篇說五行氣制云寅木也其禽虎也戌土也其禽犬也丑未亦土也丑禽牛未禽羊也木勝土故犬與牛羊亦虎所服也亥水也其禽豕也巳火也其禽虵也子亦水也其禽鼠也午亦火也其禽馬也水勝火故豕食虵火為水所害故馬食鼠屎而腹脹亦有不相勝者午馬子鼠酉雞卯兔也水勝火鼠何不逐馬金勝木雞何

不啄兎亥豕未羊丑牛也土勝水牛羊何不殺豕巳虵申猴火勝金虵何不食獼猴獼猴畏鼠嚙水不勝金猴何故畏鼠土不勝金猴又何故畏犬其言十二禽如此春秋時不知曾有是否但言同物似非同日桓六年為乙亥歲禽為豬桓公之生當在惠公三十九年辛亥禽亦為豬也隱公元年歲在己未時桓公年幾歲蒋主事曰物之訓日昭七年六物歲時日月星辰杜蓋本此物勢蕭不及辰龍而困學紀聞以午日差馬丑日出土牛以為十二屬之濫觴忘名注本以屬詁類亦新或据六物之義亦可唐書呂才曰莊公生桓六年七月歲在乙亥月建申値祿空亡据法當窮賤又生當病鄉法當尪弱矬陋而詩云頎長美目

隱十一年吾先君新邑於此注此今河南新鄭舊鄭在京兆○公羊桓十一年傳古者鄭國處於留先鄭伯有善乎鄶公者通乎夫人

桓六年

以取其國而遷鄭焉而野留寀此先君謂武公或云桓公滅會與虞

虢而居鄭父之邱

卷二

桓二年曲沃莊伯○漢書作嚴伯避漢明帝諱凡莊字皆改嚴

桓六年隨季梁○漢書作季良

桓九年虢仲芮伯梁伯荀侯賈伯伐曲沃注荀賈皆國名○王應麟

地理通釋言春秋三十一國盡亡其處荀賈與焉案荀賈二國近

於晉獻公所娶賈君叔向稱賈大夫射雉昭二十八年魏獻子述叔向之語賈辛水經注

太平寰宇記臨汾縣有賈城即古賈國殆其是歟

誤以為皆近之徵也後為晉滅以為邑狐射姑一名賈季及太師

辛字

賈佗皆食邑於賈荀息荀林父則食邑於荀也薛瓚引汲郡古

文晉武公滅荀以賜原氏黯是為荀叔

桓十年曹桓公卒○漢書作威公乃宋人避欽宗諱非文異十七年

蔡桓侯亦作威侯時科舉之文或以周桓王為莊王漢桓帝為剛

帝

桓十五年人盡夫也父一而已胡可比也○雍姬之母為是言特自

護其夫耳然一本之義確不可易昭十三年子服惠伯稱諺曰臣

一主二是主亦非一也陳善捫蝨新話云為姬母計當曰無親疎

盡夫之言不可以訓此論其常理

尸諸周氏之汪注汪池也○說文洼深廣也一曰洼池繫傳引左作

洼今作汪非也僖三十三年楚伐鄭納公子瑕瑕覆于周氏之汪

同

卷三

莊七年星隕如雨注如雨也○歐公集古録後漢郭先生碑曰寬舒如好施蓋以如為而也如字施於文章始見於此

莊八年雍廩注齊大夫○漢書作雍人廩蓋雍巫之類（易牙又名雍巫）與鄭雍糾氏雍者不同

莊二十一年鄭伯享王於闕西辟樂備注闕象魏也○杜於辟字無注案辟辟廱也詳過夏雜録辟雍説又董逌廣川書跋大夫始鼎文曰王在辟宮獻工錫彝鍚章又引譙周曰武王作辟宮是辟為宮名蓋闕西之辟宮也

莊二十四年刻桓宮桷注桷椽也說文桷榱也又圓曰椽方曰桷又榱字注云秦名為屋椽周謂之榱齊謂之桷繫傳曰春秋刻桓宮桷又左傳齊子尾抽桷擊扉三慶封死猶援廟桷至宋伐鄭則曰取桓宮之椽(案桓當作大)歸為盧門之椽桓宮鄭廟也則知齊魯謂之桷也

莊三十年鬬穀於菟為令尹○案論語稱子文三仕三已莊子荀子呂覽及史記循吏傳俱以為孫叔敖事考子文於是年始為令尹至僖二十三年子玉伐陳有功子文使為令尹中隔二十八年無他令尹見於經傳者子文亦止僖七年傳鄭殺申侯一記其言僖二十年傳記其伐隨而已子玉死在僖二十八年繼之者蔿呂臣

三十三年有子上文十二年有大孫伯子玉子即文五年成大心有成嘉即子孔亦不復言子文為令尹唯宣四年滅若敖追敘令尹子文卒鬭般為令尹般子文子子揚般為蔿賈譖死子越椒繼之以子西所稱楚國第見哀十六年論之般當繼父為令尹其時約在子上之後也孫叔敖係蔿賈之子亦曰蔿敖又曰蔿艾獵賈為子越所殺在宣四年而艾獵城沂在十一年孟子言舉敖於海荀子言敖期思之鄙人蓋痛父死非命退隱海濱子越誅後楚方舉為令尹也其事亦止宣十一二年城沂及南轅反旆而已至成二年有令尹子重三仕三已之說無考古文苑載後漢延熹間期思縣孫叔敖碑首云楚相孫君名饒字叔敖本是縣人也饒一名不見史傳歐陽集古錄云微

斯碑後世遂不復知其名鐃又「求此碑二十年始得世未見此碑者猶不知為名鐃謂余隹若爲無益可乎廣棨叔敖蔿姓○又別名艾獵○皆炳在左傳○而碑不之及○獨出一鐃之名○是作碑者尚未知有左傳○特楚音敖鐃相混而強附焉○廣川書跋謂其名可疑是也○

卷五

僖三年經徐人取舒○舒玉篇作鄃

僖十年晉侯改葬共太子○晉語惠公改葬共世子臭達於外注惠公烝於賈君不欲為無禮者所葬故臭廣棨共子讒死葬故有闕惠之改葬加謚似矣而無禮之罪不得因此末滅臧武仲曰周公饗義申生不饗惠公之祭非以其無義乎

狐突適下國遇太子注忽如夢而有見○此据秦繆公妖夢是踐之言故以如夢釋之實則明見也鬼物見形史傳所載極多然要為妖異獨異聞總録載中年縣梁城染人葉城妻耿氏有洞晦之目嘗言天下居者行者耕者桑者交貨者歌舞者之中人鬼各半鬼自知非人而人則不識也据其言則豈特一車而已聞故兵部尚書河南撫軍胡公寶瑔亦有此目洵異事也

僖九年賜一級○賜級之名始此

僖十五年涉河侯車敗注秦伯之軍涉河則晉侯車敗○顧炎武左傳杜解補正以杜為非云秦師及韓晉師尚未出何得言晉侯車敗當是秦伯之車敗故穆公以為不祥也詰之涉河侯車敗五字乃事實非卜人之言如石門之關鄭伯之車僨于濟春秋時國

常有是事今泥下文不敗偪待一紐謂是晉車敗不知古人用字

自不相蒙況下文又曰愎諫違卜固敗是求豈亦車敗乎又云三敗

及韓當依疏引劉炫之說是秦伯之車三敗廣森車敗屬秦是也

涉河五字謂非卜人之言則叙事與三敗及韓複出矣吕氏春秋

愛士篇昔秦繆公乘馬而車為敗右服失而野人取之太平

御覽引此下有繆公自往求馬句見野人方將食之於岐山之陽繆公

嘆曰食駿馬之肉而不還飲酒余恐傷女也於是徧飲

而去處一年為韓原之戰晉人已環繆公之車矣晉梁由靡

已扣繆公之左驂矣晉惠公之右路石奮投而擊繆公之甲中

之者已六札矣御覽引作擊繆公及甲之擿首已及六札矣注云配者配隤也文有所失也野人之嘗食

馬肉者三百有餘人畢力為繆公病鬭於魚〔車〕下遂大克晉反獲惠公以歸此則秦伯敗卑之證也

壬戌戰於韓原注九月十三日○案經書十有一月壬戌晉侯及秦伯戰於韓傳書九月晉侯逆秦師又書壬戌戰於韓原經傳不同者晉用夏正晉九月周十一月也但杜於歲云秋矣注又云周九月夏之七月孟秋則矛盾矣

與女簡璧注簡璧璧宏姊妹○案注簡璧是二人說文繫傳謂即列女所謂弄玉恐未然

乃舍諸靈臺注在京兆鄠縣周之故臺○昭四年康有酆宮之朝注鄠在始平鄠縣東有靈臺康王於是朝諸侯

晋於是乎作爰田注分公田之稅應入公者爰之於所賞之衆○注不甚明案說文䞠䞠田易凥也繫傳云左傳作爰田國語作轅田皆假借此乃正字謂以田相换易也田一畮三畮歲代處故曰代田古法也趙岐注孟子死徙無出鄉徙謂爰土易居平肥磽也正此意注疏本改受土易居也不可通說詳孟子四考又文選王元長策秀才文若爰井開制注引漢書爰田又引賈逵國語注曰爰易也義訓尤明蔣主事曰說文爰引也从受从于擂文以爲車轅字訓引則有交易之義焉孟子物交物則引之而已矣受物落上下相付也于往取也此付之彼取之有變易之義故加言則爲詐諼之諼謂其言之變詐也加犬則爲猨猴之猨謂其獸之善變也

加日則為冷暖之暖因有日而氣象一變也加草則為萲草之萲有是草而憂者變而喜也加糸省則為緩急之緩事遲則慮其變故有以糸之也說文作趄文之異也繫傳轉以爰為假借是何言歟

士刲羊亦無衁也注衁血也〇說文繫傳云心上血也

卷六

僖十九年用鄫子於次睢之社注此水次有妖神東夷皆社祠之蓋殺人而用祭〇妖神（注疏）懷本同案說文新附有祆字胡神也從示天聲火千切則妖當作祆姚寬西溪叢語引杜注亦作祆其說火祆甚詳引宋次道東京記寧遠坊有祆神廟注云四夷朝貢圖康

晉於是乎作爰田注分公田之稅應入公者爰之於所賞之衆○注不甚明案說文趄趄田易居也繫傳云左傳作爰田國語作轅田皆假借比乃正字謂以田相换易也田一畒三畒歲代處故曰代

志祖案列女傳弄玉事疑列仙也注姊妹是未定之詩亦未必以為二人一姊一妹也

死徙無出鄉徙謂爰土易居平肥磽也正居也不可通說詳孟子四考又文選王元長策秀才文若爰井開制注引漢書爰田又引賈逵國語注曰爰易也義訓尤明蔣主事曰說文爰引也从𠬪从于籀文以為車轅字訓引則有交易之義焉孟子物交物則引之而已矣𠬪物落上下相付也于往取也此付之彼取之有變易之義故加言則為詐諼之諼謂其言之變詐也加犬則為猨猴之猨謂其獸之善變也

加日則為冷暖之暖因有日而氣象一變也加草則為萲草之萲有是草而憂者變而喜也加糸省則為緩急之緩事遲則慮其變故有以糸之也說文作趄文之異也繫傳轉以爰為假借是何言歟

士刲羊亦無衁也注衁血也○說文繫傳云心上血也

卷六

僖十九年用鄫子於次睢之社注此水次有妖神東夷皆社祠之蓋殺人而用祭○妖神注疏懷本同案說文新附有祅字胡神也從示天聲火千切則妖當作祅姚寬西溪叢語引杜注亦作祅其說祅甚詳引宋次道東京記寧遠坊有祅神廟注云四夷朝貢圖康

國有神名祆畢國有火祆祠疑因此建廟蓋即佛經所謂摩醯首羅本起大波斯國總領火山唐貞觀五年勅令長安崇化坊立祆寺號大秦寺又名波斯寺酉陽雜俎孝億國界三千餘里舉俗事祆不識佛法有祆祠三千餘所又銅馬俱在德建國烏滸河中灘流中有火祆祠相傳自波斯國乘神通來因立祆祠攄令威所引為火祆無疑然正義亦止作妖

僖二十三年聞晉公子駢脅至觀之○西溪叢語欲觀絕句其裸浴絕句此本釋文

公子懼降服而囚注去上服自拘囚以謝之○上服冠也○昭十三年犨櫟降服而對注降服如今解冠也古以冠為元上服

僖二十四年鄗在鄭地汜〇羣經音辨曰詩傳決復入為汜說文水別復入水也一曰汜窮瀆从水巳聲音似今鄭西有汜水縣縣境有周襄王廟案春秋傳王出於鄭處汜字从巳午之巳而釋文音凡說文氾（汜）字孚梵切訓曰濫也从水㔾聲㔾呼減切今地名音凡則當从㔾乃得聲豈鄭地本為氾从㔾而傳誤書巳或本从巳而釋文誤音凡與然汜水音似相傳久矣

僖二十九年介葛盧來朝舍於昌衍之上注魯國東南有昌平城〇周禮地官墳衍鄭注云下平曰衍是昌衍可稱昌平

僖三十年行李之往來注行李使人〇襄八年一介行李注同又昭十三年行理之命注使人通聘問者李濟翁資暇録謂古使字作

李左傳行李乃行使後誤為李、西溪叢語非之然李理之義亦不能詳 廣案李氏本皋陶後自以為大理故氏理後作李管子大理亦作李然則行李者行人能理其事者也後遂作李耳懶真子謂古李字從山下人人下子後乃轉李亦無的据

僖三十三年其北陵文王之所辟風雨也注兩山相嶔故可以避風雨○此据公羊傳殽之嶔巖語何休注云其處險阻隘勢一人可當百故文王過之驅馳常若避風雨地理通釋云二崤又名嶔崟山自東崤至西崤二十五里

鄭商人弦高將市於周○鄭本在周畿內桓公東遷與商人俱故昭十六年子產曰昔先君桓公皆出自周庸次比耦以艾殺此地而共處之世有盟誓是弦高固與國同休戚之世家也

卷九

文二年祀爰居注海鳥曰爰居止於魯東門外文仲以爲神命國人祀之○此据國語也莊子至樂篇注云一名雜縣舉頭高八尺爾雅樊光注云形似鳳凰漢元帝時琅邪有大鳥如馬駒時人謂之爰居楊升菴据景煥小説謂今俗名禿鶖誤詳正楊

文十一年獲長狄僑如注蓋長三丈○穀梁傳云身横九畝注廣一步長百步爲畝九畝五丈四尺合杜注長三丈言之何異沈存中所譏防風之身乃一餅餤乎蓋防風氏亦身廣九畝長三丈也

齊襄公之二年鄋瞞伐齊齊王子成父獲其弟榮如注榮如以魯桓十六年死至宣十五年一百三歲其兄猶在傳言既長且壽有異

李左傳行李乃行使後誤爲李、四溪叢語非之然李理之義亦不能詳　廣案李氏本皋陶後自斗爲大理故氏理後作李管子大理亦作李然則行李者行人能理其事者也後遂作李耳嬾真子謂古李字從山下人人、子後乃轉李亦無的據

馥案資暇録謂古使字作岑。嬾真子之說即本資暇録

僖三十三年其北陵文王之所辟風雨也注兩山相嶔故可以避風据公羊傳殽之嶔巖語何休注云其處險阻隘勢一人可文王過之驅馳常若避風雨地理通釋云二崤又名嶔崟山自東崤至西崤二十五里

鄭商人弦高將市於周○鄭本在周畿内桓公東遷與商人俱故昭十六年子產曰昔先君桓公皆出自周庸次比耦以艾殺此地而共處之世有盟誓是弦高固與國同休戚之世家也

卷九

文二年祀爰居注海鳥曰爰居止於魯東門外文仲以爲神命國人祀之○此据國語也莊子至樂篇注云一名雜縣舉頭高八尺爾雅樊光注云形似鳳凰漢元帝時琅邪有大鳥如馬駒時人謂之爰居楊升菴据景煥小説謂今俗名禿鶖誤詳正楊

文十一年獲長狄僑如注蓋長三丈○穀梁傳云身横九畝注廣一步長百步爲畝九畝五丈四尺合杜注長三丈言之何異沈存中所譏防風之身乃一餅餤乎蓋防風氏亦身廣九畝長三丈也齊襄公之二年鄋瞞伐齊齊王子成父獲其弟榮如注榮如以魯桓十六年死至宣十五年一百三歲其兄猶在傳言既長且壽有異

於人王子成父齊大夫○此言熒如也成父疑是周之王子出居
齊者故有王子之稱宣六年鄭亦有王子伯廖
文十四年周公將與王孫蘇訟於晉王叛王孫蘇注叛不與○王而
言叛與公羊昭公將弒季氏二十五年皆異文也閩
文十六年楚子乘馹考證孟子置郵傳命古注云置驛也郵馹也云
云○此楊升菴丹鉛録之言也此注今見集注古注並無之杜氏
注此馹云傳車也僖三十三年使遽告於鄭注亦云傳車成五年
晋以傳召伯宗注傳驛昭二年乘遽而至注亦云傳驛又禮記士周禮行夫掌邦國傳遽之小事
曰傳遽之臣爾雅馹遽傳也郭注皆傳車驛馬之名然則馹遽傳
一也馹驛互釋通用自晋已然非永樂大全始改驛爲馹也說文

郵境上行書舍从邑垂垂邊也置赦也無驛之說而驛字注云置騎也馹字注云驛傳也今謂置為驛郵為馹實不知何所區別

公子鮑美而艷襄夫人欲通之而不可○八年傳宋襄夫人襄王之姊也襄王於魯僖五年齊桓為會於首止以定其位其時年應近弱冠至文十六年距四十四年王姬既為王之姊年必在六七十豈有欲通其庶孫之理注謂旁淫曰通此嫡祖母也可謂旁淫乎左氏失誣殆指此類乎不可當是以禮自持史記注云鮑不可也尤非

文十八年齊懿公之為公子與邴歜之父爭田弗勝及即位乃掘而刖之○戮屍蓋始於此若宣十一年鄭斲子家之棺乃削而薄之

於人王子成父齊大夫○此言熒如也成父疑是周之王子出居
齊者故有王子之稱宣六年鄭亦有王子伯廖
文十四年周公將與王孫蘇訟於晉王叛王孫蘇注叛不與○王而
言叛與公羊昭公將弑季氏二十五年皆異文也 閒

志祖案魏王基碑以王子 孟子置郵傳命古注云置驛也郵馹也云
成父為王子比干之後 之言也此注今見集注古注並無之杜氏
注此馹云傳車也僖三十三年使遽告於鄭注亦云傳車成五年
周禮行夫掌邦國傳遽之小事
晉以傳召伯宗注傳驛昭二年乘遽而至注亦云傳驛又禮記士
曰傳遽之臣爾雅馹遽傳也郭注皆傳車驛馬之名然則馹遽傳
一也馹驛互釋通用自晉已然非永樂大全始改驛為馹也說文

郵境上行書舍从邑垂垂邉也置赦也無驛之説而驛字注云置騎也馹字注云驛傳也今謂置爲驛郵爲馹實不知何所區别

公子鮑美而艷襄夫人欲通之而不可○八年傳宋襄夫人襄王之姊也襄王於魯僖五年齊桓爲會於首止以定其位其時年應近弱冠至文十六年距四十四年王姬既爲王之姊年必在六七十豈有欲通其庶孫之理注謂旁淫曰通此嫡祖母也可謂旁淫乎左氏失誣△殆指此類乎不可當是以禮自持史記注云鮑不可也尤非

文十八年齊懿公之爲公子與邴歜之父争田弗勝及即位乃掘而刖之○戮屍蓋始於此若宣十一年鄭斲子家之棺乃削而薄之

使不得從卿禮非出其屍也

太史克曰先君周公制周禮曰則以觀德德以處事事以度功功以食民○周公周禮最著於此今之周禮劉歆僞托也

卷十

宣二年三進及溜○説文霤中庭也繫傳曰屋簷滴雨為霤其地謂之霤引左作霤

宣四年鄭襄公將去穆氏而舍子良子良不可○七穆之盛於鄭子良之力也有讓國之賢又有睦族之恩其後宜昌而其子良霄伯有不免於禍非所謂莫為之後雖盛弗傳者乎

宣五年高固及子叔姬來傳反馬也注禮三月遣使反馬高固與叔姬

俱至書以示譏○此公羊傳所謂雙雙而俱至者歟古以為譏而今嫁女或一月或兩月婦家遣邀其女及壻謂之回門非所謂雙雙者耶

宣九年夏姬注鄭穆公女○張衡西京賦妖蠱豔夫夏姬蓋即列女傳所稱夏姬内挾邪術老而復壯者歟

宣十一年使封人慮事注無慮計功○無慮當作慮無觀正義無則慮之訖則計功自明宣十二年慮無注倫慮有無也釋文以廣雅無慮都凡也釋之誤矣

卷十一

宣十二年守陴者皆哭注陴城上僻倪○羣經音辨兩四見一曰俾倪

視也注普計切引杜說作俾謂城上小垣可依以候望一曰僻倪城上小垣也匹詣切引杜作僻又云今本作俾史記灌夫傳辟倪兩宮間徐野民曰辟芳細反倪音詣則又作辟

師出以律否臧凶注律法○此据爾雅釋詁律法也釋言又曰坎律銓也郭注易坎卦主法法律皆所以銓量輕重杜氏注有律以如已也云坎為法象蓋亦取爾雅之文案易師之初曰師出以律否臧凶王弼注曰為師之始齊衆者也齊衆以律失律則散此所謂律乃樂律之律潘士藻曰師主人和失律則不和周禮執同律以聽軍聲宮則軍和士卒同心商則戰勝士卒强角則軍擾多變失士心徵則將急數怒軍士勞羽則兵弱少威明坎方黃鍾之本故云然也若

必謂紀律云者末矣廣棨瀋說詳周禮注鄭引兵書又鄭司農曰師曠曰吾驟歌北風又歌南風南風不競多死聲楚必無功此吹律聽聲之證也又夏官大司馬職云若師有功左執律右秉鉞以先愷樂獻於社注云律所以聽軍聲賈公彥疏云大師執聽在初出軍時至此尅勝司馬執之然則出師之始必審諸律合宮商者得律而吉合角徵羽者失律而凶其義甚明太公龍韜五音篇武王問太公曰律音之聲可以知三軍之消息勝負之决乎太公曰律音十二其管有五音宮商角徵羽此正聲也又曰其法以天清净無陰雲風雨夜半遣輕騎往至敵人之壘去九百步外徧持律管當耳大呼驚之有聲應管其來甚微角聲應管當以白虎徵聲

應管當以元武商聲應管當以朱雀羽聲應管當以句陳五管聲
盡不應宮也當以青龍是師之有律所繫甚重故史記律書云六
律為萬事根本其於兵械尤重故云望敵知吉凶聞聲效勝負
百王不易之道也武王伐紂以律聽聲推孟春以至於季冬殺氣
相并而音尚宮索隱云易稱師出以律是於兵械尤重也時晉先
轂不聽命於將輙以偏師先濟是出不以律也知莊子據易以決
其殆其言有律以如己也故曰律否臧且律竭也正責其不知吹
律聽聲之道如以為法則何如己與竭之有乎孔疏朱義俱因杜
說以解易程傳直以為號令節制益末矣
屈蕩戶之曰注戶止○永懷亦作户汲古本作尸誤尸當訓主前擬

客之中當作厂溷廁為清者以其不潔常當清除之史記萬石君傳石建取親中裙廁牏身自浣滌是也

卷十三

成十六年雨木氷○公穀皆曰雨而木氷也穀則云傳曰根枝折此傳不知何人之傳又范甯注云穀梁傳曰雨木氷者木介甲冑兵之象此穀梁傳亦不知何据豈別有一穀梁傳耶漢書五行志上云或曰今之長老名木氷為木介介者甲甲兵象也疑范引此而有字誤若儀禮喪服篇傳中引傳正義謂子夏引他舊傳以證己意也

成十七年郤錡奪夷陽五田五亦嬖於厲公又胥童夷羊五帥甲八百將攻郤氏○同在一年前作陽後作羊而十八年遂不臣者七

人注夷羊五之屬是陽字誤然漢熊君碑以歐陽尚書為歐羊尚書則古字通借也○晉獻公嬖人有嬖五（梁）陽五此云五嬖於厲公是夷羊雙氏而五名或行也

成十八年周子有兄而無慧注不慧蓋世所謂白癡○漢書昌邑王賀傳賀言語跪起清狂不惠注蘇林曰凡狂者陰陽脉盡濁今此人不狂似狂者故言清狂或曰色理清徐而心不慧曰清狂如今白癡也俗本漢書白譺作曰

卷十四

襄四年無終子嘉父注無終山戎國名○昭元年晉中行穆子敗無終及羣狄於太原注無終山戎（業戎）依山而居故曰山戎無終其一種

也非即齊桓所伐者齊所伐之山戎早為燕所滅通志混而為一誤也

夷羿叔之注夷氏○夷之得氏當自有窮后羿始定二年邾有夷射姑近見說論語夷逸者曰夷詭諸之後鄭夾漈以為夷仲年之後大可哂

昔周辛甲之為大史也注辛甲周武王太史○史記注引劉向別録曰辛甲故殷之臣事紂蓋七十五諫而不聽去至周召公與語賢之告文王文王親自迎之以為公卿封長子

襄七年鄭伯髠頑如會注故約文上其名於會上○上登記也如後世言以名上

國君十五而生子○魏志王朗疏曰周文十五而生武王此十五生
子之證然其前尚有伯邑考、鄭曉古言謂是十四歲所生
穆姜薨於東宮始往而筮之遇艮之八史曰是謂艮之隨隨其出也
君必速出姜曰無是於周易曰隨元亨利貞注艮下艮上艮周禮
太卜掌三易然則雜用連山歸藏周易二易皆以七八為占故言
遇艮之八（穆姜言於周易則是當時筮用二易矣但上下皆艮未當言之故又似矛盾）○林唐翁曰艮之八前後說皆不通遂強以為連山歸
藏獨朱文公曰是謂艮之隨蓋五爻皆變惟二得易故不變愚按
乾爻七九坤爻六八此其大凡也然乾爻用九不用七坤爻用六
不用八陽用九故老陽變而為少陰陰用六故老陰變而為少陽
不用七八故少陰少陽不變此言遇艮之八蓋艮卦六爻三上以

九變初四五以六變惟二得八故不變文公之説直發明先儒所未到廣案用九用六爲六十四卦之通例聖人特於乾坤發之本義論之精矣古人占法却兼用七八晉語公子重耳將反國親筮之曰尚有晉國得貞屯悔豫皆八筮史占之曰不吉閉而不通爻無爲也司空季子曰是在易皆利建侯其繇曰元亨利貞勿用有攸往利建侯又曰利建侯行師韋昭注震下坎上屯坤下震上豫震在屯爲貞在豫爲悔謂內卦外卦八謂震二陰爻在貞在悔皆不動故曰皆八謂爻無爲也又董因迎公子於河曰臣筮得泰之八曰是謂天地配亨小往大來注云泰遇泰無動爻陰爻不動其數皆八故云與貞屯悔豫同義然則所謂八者凡遇五爻皆變而獨一

陰爻不變者即謂之八推之五爻皆變而獨一陽爻不變者亦當謂之七占得八者象為閉固故穆姜自謂必死於此史云速出者特假隨之義以立言耳閉而不通亦据占法而言但令筮得此者以本卦及之卦不變一爻為主而左國所載則皆以兩卦彖辭占之為不同耳胡渭洪範正論曰春秋傳凡言筮所得卦必曰遇某之某如遇觀之否則占觀六四爻辭遇大有之睽則占大有九二爻辭是也而此獨不然韋氏注貞屯悔豫云震在屯為貞在豫為悔解甚明確或云本卦屯為貞之卦豫為悔非也信如所釋則當云屯之豫矣其專言震者長子主器有侯象公子筮得國志在建侯故有取乎震也其曰貞屯悔豫皆八者韋謂兩卦震二陰皆不

變然所得無之卦筮史概言爻無為季子亦占二象則似兩卦六爻皆不變而此獨言震二陰者欲成其為君喜震體之不動也古者大事皆原筮故既遇屯又遇豫昭七年衛人筮立君亦用原筮此解晋語亦有理附參○戴埴鼠璞曰季武子報聘之筮艮八之隨皆以六二不變取義

襄十年秦堇父輦重如役注步挽重車以從師○莊十二年宋萬以乘車輦其母亦是人挽後之步挽自此始也

秦丕茲○說文伾有力也詩以車伾伾引左傳謂命名以此

襄十五年師慧過宋朝將私焉注私小便○定三年夷射姑旋焉注旋小便案晋語胥臣曰大任少溲于豕牢而得文王韋昭注少小

也溲音騷便也豕牢厠也則小便即少溲也

襄十六年張君臣為中軍司馬注張老子代其父○以君臣為名猶宋襄公之名王臣也春秋時名尚質樸無忌諱若此漢桓帝時有韓府君勑者修孔子廟器集古録謂史傳未有名勑者左傳載古人命名之説不以為名者甚多故以勑為名者少也廣謂王與君可名何勑之避不以勑為名亦偶然耳

虞卯書為乘馬御○虞卯複姓六國有虞卯子

戰於湛阪注襄城昆陽縣北有湛水東入汝○羣經音辨曰湛阪襄陽地也湛市林切左傳湛阪又文林直斬二切按周禮湛為荆州浸鄭康成曰未聞以杜説考之蓋襄城湛水近是顔師古漢書注

謂許慎云湛水豫州浸未詳也

卷十七

襄二十三年惟魏氏及七輿大夫與之注七輿官名○僖十年晉殺七輿大夫左行共華右行賈華叔堅騅歂纍虎特宮山祁皆里丕之黨也注侯伯七命副車七乘又云七子七輿大夫則每輿一人其官捴名七輿也

斐豹隸也著於丹書注蓋犯罪没為官奴以丹書其罪○楊升菴以大戴禮師尚父授武王丹書注不解丹書為何物因引此証其為古人之法律書名陳耀文正楊詳辨之　廣案容齋續筆謂太公丹書其名偶與晉斐豹之丹書同漢祖丹書鐵劵以封功臣又復不

同其説甚明升菴何尚強合為一然晦伯所辨亦未能核考周禮秋官司約職云凡大約劑書於宗彝小約劑書於丹圖鄭注小約劑萬民約也丹圖未聞或有彫器簠簋之屬有圖象者與春秋傳曰斐豹隸也著於丹書今俗語有鐵券丹書豈此舊典之遺言又司厲職云其奴男子入於罪隸注鄭司農云謂坐為盜賊而為奴者輸於罪隸司隸職中國之隸謂之罪隸百二十人是也春秋傳曰斐豹隸也著於丹書請焚丹書我殺督戎恥為奴欲焚其籍也詳先後鄭之説知杜注自有所据康成於丹圖雖未敢質言即丹書然小約劑且書之豈有罪隸不書者而以為太公丹書法律書者不辨自破矣

踰隱而射之注短墻也○此蓋据二十五年巢牛臣隱於短墻以射

吴子諸樊之文然隱非即短墻也

臧宣叔娶於鑄生賈及為而死繼室以其姪穆姜之姨子也注姪穆姜姨母之子與穆姜為姨昆弟○爾雅廣雅無姨昆弟始見於此今男為姨兄弟女為姨姊妹

晉欒樂乘槐本而覆或以戟鉤之斷肘而死○案此戟即孑亦戈也莊四年授師孑焉注引方言孑者戟也楚始於此參用戟為陳周禮考工記冶氏正義引杜注云孑句孑凡戟而無刃秦晉之間謂之孑或謂之鍦吴揚之間謂之戈東齊秦晉之間其大者謂之曼胡其曲者謂之句孑曼胡又冶氏戈廣二寸內倍之胡三之援四之鄭注戈今句孑戟也或謂之雞鳴或謂之擁頸援者直刃胡其

孑也倨句外博俗謂之曼胡戟廣寸有半寸内三之胡四之援五
之注云戟今三鋒戟也與戈不同廣川書跋臨淄戟銘云文為科
斗形蓋周之末衰也戟有鉤其曲甚利或謂矛戟以衡陷入物洞
胸貫腋以利相尚今其狀如鉤旁出而内向者此於用不亦廢哉
豈為鐓者固如此耶字林鐓平底也進矛戟者前其鐓鐓者戟之
末昔欒樂秉梩本而覆或以戟鉤之斷肘而死王何以戈擊子之斷
其右肩齊氏以戈擊公孟宗魯以背蔽之斷肱古戈戟之屬謂之
戈兵酋矛之屬謂之刺兵戈有胡矛戟有句也金石録戟銘云傍
枝為鉤與今人家所藏古戈戟形製不同案方言戟其曲者謂之
鉤孑鏝胡郭璞注即今鷄鳴句孑戟也引左證之又引吕氏春秋

晏子與崔杼盟直兵造匈句兵鉤頸高誘注句戟也賈誼過秦論
鉤戟長鎩以明其為鉤戟廣案二說董以為鎩固非趙亦不据考
工又不知即楚之孑皆踈也又春官司戈盾注戈今時句孑戟正義
曰見漢時有戈旁出者為句孑亦名胡孑故號戈為胡戈戟此尤
足証戟之為孑與戈

無或如臧孫紇〻上文毋或如東門遂毋或如叔孫僑如無皆作毋
知二字古通用

卷十八

襄二十五年崔氏殺鬷蔑於平陰○此鬷蔑齊平陰大夫也同時晉
亦有鬷蔑字然明子產所問政者也楚有兩屈蕩宣十二年為左

廣之右者屈建之祖是年屈建為令尹屈蕩為莫敖又一人

襄二十八年蛇乘龍注蛇元武之宿建辰之星龍歲星歲星木也木為青龍○史記天官書東宮蒼龍南宮朱鳥西宮咸池北宮元武虛危索隱引春秋文耀鉤曰東宮蒼帝其精為龍南宮赤帝其精為朱鳥西宮白帝其精為白虎北宮黑帝其精為元武四宿獨於北不顯言其獸孔穎達禮記正義則云元武龜也楊子雲太元經元攡曰象龍虎之文觀鳥龜之理王充論衡物勢篇龍虎交不相賊鳥龜合不相害為四獸蔡邕獨斷曰金根車兩臂前後刻金作龍虎鳥龜形晉成公綏天地賦曰白虎時據於參伐青龍垂尾於氐房元龜匿首於女虛朱鳥奮翼於星張唐則天后自以武姓謂

龜為受命之符羣臣舊佩魚符俱易為龜符据諸事皆以元武為龜考工記龜蛇四斿以象營室鄭注營室元武宿與東壁連體而四星參同契君子好逑章有云雄不獨處雌不孤居元武龜蛇蟠糾相扶以明牝牡意當相須則又以元武為龜蛇朱子注楚辭遠遊召元武而奔屬云元武北方二宿謂龜蛇位在北方故曰元身有鱗甲故曰武語類大全又云元龜也武蛇也虛危二星似之故因而名下引子雲太元說之詳考星家虛危無似龜蛇之說酉陽雜俎虛形如馬危形如婦人鬳去龜蛇更遠沈括筆談云六氣方家以配六神惟北方有二曰元武太陰水之象也螣蛇少陽相火之氣也又似元武與螣蛇各為一宿但自宋以來崇祀真武神宗避

聖祖諱改真武其像披髮仗劍足躡亀蛇俗目為黿蛇二将其事必非無因而神異經載西南大荒中人長十丈躡亀蛇戴朱鳥左手憑青龍右手憑勾虎乃明以元武為亀蛇今杜獨以元武為蛇殆亦依經文為説耳又古文苑黄香九宫賦左青龍而右觜觿前七星而後螣蛇章樵注南七星朱雀北虚危螣蛇元武又以虚為蛇危為黿不能強鮮姑備録之以俟知者

卷十九

襄二十九年鄭子展卒子皮即位注代父為上卿〇卿亦稱即位古人文字如此

為之歌小雅注小雅小正〇正古雅字大雅爾雅古並作雅正然為之

歌大雅注云大雅陳文王之道以正天下則杜似作邪正之正解穆叔曰太誓云民之所欲天必從之注今尚書大誓亦無此文故諸儒疑之○昭元年鄭子亦引大誓此二語注云逸書七年竝襲于祥注引外傳太誓曰朕夢協朕卜云云二十四年太誓紂有億兆夷人注今太誓無此語案趙岐注孟子太誓曰我武惟揚云古尚書百二十篇之時太誓也今之尚書泰誓篇後得以充學故不與古太誓同諸傳記引太誓皆古太誓也趙杜時俱未有梅(姚氏)賾書故其言如此然(姚氏)梅書亦多可疑明梅鷟謂其抄撮諸傳記成之殆有然歟

襄三十年亥有二首六身注亥字二畫在上併三六爲身如筭之六

聖祖諱改真武其像披髮仗劍足躡龜蛇俗目為黿蛇二將其事必非無因而神異經載西南大荒中人長十丈躡龜蛇戴朱鳥左手憑青龍右手憑勾虎乃明以元武為龜蛇今杜獨以元武為蛇殆亦依經文為說耳又古文苑黃香九宮賦左青龍而右觜觿前七星而後螣蛇章樵注南七星朱雀北虛危螣蛇元武又以虛為蛇危為黿不能强解姑備録之以俟知者

卷十九

襄二十九年鄭子展卒子皮即位注代父為上卿〇卿亦稱即位古人文字如此

為之歌小雅注小雅小正〇正古雅字大雅爾雅古並作雅正然為之

歌大雅注云大雅陳文王之道以正天下則杜似作邪正之正解

穆叔曰太誓云民之所欲天必從之注今尚書大誓亦無此文故諸

儒疑之○昭元年鄭子亦引大誓此二語注云逸書七年筮襲于

祥注引外傳太誓曰朕夢協朕卜云云二十四年太誓紂有億兆

夷人注今大誓無此語案趙岐注孟子太誓曰我武惟揚云古尚

也今之尚書泰誓篇後得以充學故不與

正古雅字

志祖案古雅字作疋

似不作正

言皆古太誓也趙杜時俱未有梅（姚氏）賾書故

可疑明梅鷟謂其抄撮諸傳記成之殆有

然歟

襄三十年亥有二首六身注亥字二畫在上併三六為身如筭之六

下二如身是其日数也注下亥上二畫豎置身旁○說文亥从二二古文上字也繫傳曰古文質豎上二畫于左為筭家之二萬乙字曲上豎下橫為筭家六千左人字曲之上橫下豎為筭家之六百右人字亦然隔一位為筭家之單六中闕六十故亥有二首六身晉士文伯曰二萬六千六百有六旬也今按李斯所書碑亥字傍人皆作丁字形史趙以為衆畫適爾類之取說其字義也又袪妄云據李斯書亥字亦如此邱光庭兼明書據此謂春秋書已有隸書

其季於今三之一也○西溪叢語曰季者末也今今日也謂已得四百四十五甲子其末一甲子六十日而今日乃癸未纔得二十日

故云三之一

卷二十

昭元年有文在其手曰虞○正義虞古文作㒷手文容或似之

卷二十一

昭四年杜洩謂季孫曰吾子為司徒夫子為司馬謂叔孫穆子孟孫為司空○孔子為魯司寇知周禮六官當時魯皆有之惟太宰止一見於羽父之求文二年夏父弗忌為宗伯注掌宗廟昭穆之禮是亦周禮之宗伯也列國並有

在後

昭七年楚為章華之宮注南郡華容縣又七年楚子成章華之臺注在今華容城內又名新臺楚子享公於新臺是也○筆談楚章華臺亳州城父縣

陳州商水縣荆州江陵長林監利縣皆有之乾谿亦有數處杜氏所稱華容城中華容即今監利非岳州之華容也至今有章華故臺在縣郭與杜說符城父有乾谿其側亦有章華臺臺基下往往得人骨云楚靈王戰死於此廣案昭九年費無極勸楚子大城城父而使太子建居之則城父亦應有臺

在前

昭六年無寧以善人為則注無寧寧也〇說文甯所願也從用寧省聲繫傳云甯猶寧也今俗人言寧如此作甯可如此昭二十八傳憖使吾君聞勝與臧之死也以為快此憖字亦甯可也而杜以為發語之音

徐儀楚聘於楚注儀楚徐大夫〇說文鄦臨淮徐地春秋傳徐鄦楚

繫傳云杜不言鄵是地名據許慎言則楚是大夫之名○鄵是所食之邑○若晉郤克魯臧孫之比然則當後漢時春秋儀楚當作鄵字但杜在許後故詳略不同也

昭七年作僕區之法○永懷本作區僕誤

晉侯賜子產莒之二方鼎注方鼎莒所貢○金石録有方鼎銘張舜民曰夏時器也又有史信父甗銘古銅鼎狀方而四足句中正引説文甗甑也又引墨子夏后鑄鼎四足而方春秋傳晉侯賜子產二方鼎云此其類也余見古甗形製皆圜而此器其下正方故中正疑為方鼎之類然方鼎與甗自兩器今遂以為一非也廣案廣川書跋記秘閣方鼎云足四承其下形方如矩舊説鼎三足其空

足曰鬲以象三德許慎蘇林諸儒皆謂禹之鼎惟其三足以相承
也韋昭説左氏莒二方鼎乃謂上則方矣其下則圜與祭用鼎鬲
無異其時方鼎無存其在山澤邱隴者未出故不得其形制然亦
不知考於古也昔禹使飛廉析金於山以鑄鼎昆吾使翁難乙灼
白若之龜鼎成四足而方不灼自成不舉自藏不遷自行而古之
為鼎四分其足以有成者雖禹猶然知鼎之方者亦得四足矣今
世有魯公文王方鼎有單槼方鼎有王伯方鼎有陀員庚子方鼎
惟秘閣方鼎其大受斛其飾為羊乃古所謂羊鼎者也此説正與
墨子所云相合若鼎鬲之別廣川書跋伯㠱父銘云古鬲皆有蓋
有秫其下可爨上可羃以為蒸壓者也許慎言後改為甗甗鬲形

相似不可便為一物特後世甗廢而甑獨存也觀廩人溉甑甗司空濯豆籩便知甗非甑矣又方甗銘云李氏甗無秝銘曰方甗考古謂上下大小若鬸曰鬵亦鬵器類甗古文作鬳今仲信父金石銘作史必一誤有之銘作甗知字有兼存古人用之不一其制矣紀有甗齊晉以為重器蓋其尤異者也由董氏之説觀之甗與方鼎絕殊安得混而為一又案左傳成二年齊賂晉以紀甗注玉甑杜氏以甗甑合為一亦非也

八年齊子尾卒〇梁書劉杳傳魏得齊大夫子尾送女器作犧牛形子尾名蠆見襄二十九年齊公孫蠆注古者字依名立故蠆字子尾也廣川書跋蠆鼎云秘閣有舊鼎其銘作蠆形以書傳校之疑

為公子蠆也春秋時如鄭厲魯公孫與陳祥之族雖皆以蠆制名然自昔古器得者多子尾所為自送女器不苟作皆考合禮經古之為書者畫於象形形不可象然後寓之意而會焉許氏說文雖本秦篆然蠆之字猶為象形服虔曰蠆長尾謂之蠍是蠆特其尾之名而蠍則毒之及人者也此論蠆子尾名字甚明特訛公孫為公子耳鄭公孫蠆字子蟜亦非鄭厲

昭十年有星出於婺女注星占婺女為既嫁之女織女為處女○牽牛織女並舉始於小東繼之者古詩迢迢牽牛星皎皎河漢女一篇至博物志遂有織女嫁牛郎之說蓋以其為處女故附會之也

與之夫于注濟南於陵縣西北有于亭○王漁洋有古夫于亭雜録

取此然傳無亭字注無夫字蓋酌兩文用之
書曰欲敗度縱敗禮注逸書○杜氏注春秋時東晉（姚氏語）梅書未出故此
及後十六年夏書曰辰弗集於房皆曰逸書鄭康成注禮記韋昭
注國語趙岐注孟子於今尚書所有之文皆以逸書釋之由此故
也晁氏讀書志朱子語類並言之近馬驌著左傳事緯其覽左偶
筆有一則云左傳引尚書以禹謨作夏書僖二十四年地平天成
文七年戒之用休襄三年成允成功二十六年與其殺不辜寧失
不經哀十八年官占惟能蔽志皆禹謨也皋陶謨亦作夏書莊八
年皋陶邁種德皋陶謨也此二篇今實虞書以太甲作夏書昭十
年欲敗度縱敗禮太甲篇也今實商書以洪範作商書文五年沉

潛剛克襄三年無偏無黨皆洪範也今實周書雖古今敘書或有
不同而以太甲為夏書尤不可解王漁洋池北偶談所言亦同廣
案謨出夏史之手則禹臯自當稱夏書史記入夏本紀是也季文
子稱虞書數舜之功慎徽五典云云而孟子所引堯典乃今之舜
典則姚氏所分也至昭十年夏書相臺本及汲古閣杜注本注疏
本永懷堂本明監本俱無夏字惟史繩祖學齋佔畢辨傳注所引
逸書之語其舉是年傳文有夏字因曰欲敗度縱敗禮兩言今見
太甲篇乃商書也子皮以為夏書固失之矣而杜預遂以為逸書
失尤甚矣豈宋本固有作夏書者耶然孔穎達正義此下但云尚
書太甲篇○並不糾及夏字○岳氏沿革例及日本七經考文俱參校

諸本異同亦未嘗及此必史氏之誤。或所見村本如是。宛斯於左傳幾同嗜癖而猶襲其謬何也況史氏規杜之失曾不考古文晚出之故亦足見其疎漏矣天祿識餘等書竟謂杜爲可笑毋乃爲杜所笑乎洪範箕子所陳以爲商書亦無不可襄十一年魏絳曰書曰居安思危昭六年書曰聖作則注亦皆以爲逸書則左傳固有單稱書曰之例他如孟子禮記俱有

昭十一年陳蔡不羹羹音郎。羣經音辨不羹楚地也音郎按正義羹臛亦有郎音魯頌楚詞急就篇以房漿康爲韻是也然則地名多以郎爲音廣案漢書作不更

昭十二年南蒯將適費飲鄉人酒。鄭注鄉飲酒義曰鄉大夫飲鄉

人之賢者疑即此類也

卷二十四

昭十五年晋荀吳圍鼓三月鼓人或請降○吳兢貞觀政要魏徵疏曰晋中行穆伯攻鼓經年而不能下餽間倫曰鼓之嗇夫間倫知之請無疲士大夫而鼓可得穆伯不應左右曰不折一戟不傷一卒而鼓可得君奚為不取穆伯曰間倫之為人也佞而不仁若使間倫下之吾可以不賞之乎若賞之是賞佞人也佞人得志是使晋國之士舍仁而為佞雖得鼓何所用

昭十八年邾人入鄅注鄅國今琅邪開陽縣○本名啓陽漢避景帝諱改開叔孫州仇城啓陽是也鄅妘姓後漢書注開陽故城今臨沂

縣北

昭二十年賔將掫注行夜音義行下孟反○杜注行夜凡三見襄二十五年陪臣干掫三十二年僕人巡宮音釋並同又引說文掫夜戒有所擊也此下文齊公孫青親執鐸終夕與於燎周禮司寤氏掌夜時以星分夜以詔夜士夜禁注夜士主行夜徼候者如今都候之屬亦音下孟反脩閭氏掌比國中宿互欜者注謂行夜擊欜陸氏無音乃其為行夜則同孟子集注抱關擊柝以柝為夜行所擊木誤矣

賜析朱鉏謚曰成子注霄從公故○霄當作宵沿草例論之備矣古者生無爵死無謚今衛靈公賜北宮喜謚曰貞子賜析朱鉏謚曰

成子已非禮況未死而先賜謚乎然謂之賜則非出於廷評之公
可知後世動言賜謚非也

琴張聞宗魯死將往弔之仲尼曰齊豹之盜而孟縶之賊女何弔焉
○此亦琴張之狂

昭二十一年將注豹則關矣注關引弓音義烏環反下將注則又關
矣同○禮部韻略舊不収楊伯嵒九經補韻始據孟子越人關弓
而射之云與彎同後添入二十五刪押韻釋疑注亦止引孟子不
及左傳

昭二十二年獲鄩肸焚諸王城之市注焚鄩肸○二十七年令尹楚子
常炮之注燔郤宛此焚屍之始

卷二十五

昭二十三年叔孫婼如晉婼音勑畧反○說文婼從女若聲春秋有叔孫婼朱翺曰褚芍反案王定保唐摭言云李相讀春秋誤呼婼勑畧為婼勑畧有小吏侍側常有不懌之色公怪問之吏拜曰某緣師授誤呼文字今聞相公呼婼勑畧為婼勑畧方悟耳公曰不然吾未之師也自檢釋文而讀必誤在我非在爾也因以釋文示之蓋書畧字以田加首久而成各日配各為畧小吏因委曲言之公大慙愧命小吏受北面之禮號為一字師觀此知唐人於音讀之際尚謙謹不苟如此釋文於僖二十一年叔孫豹注又云婼音勑若反公羊昭七年又作叔孫舍釋文云二傳作婼勑畧之音似與舍相近

成子已非禮況未死而先賜謚乎然謂之賜則非出於廷評之公
可知後世動言賜謚非也
琴張聞宗魯死將往弔之仲尼曰齊豹之盜而孟縶之賊女何弔焉
○此亦琴張之狂

学林近有聚珍板本不
必云錦繡萬花谷前集引
也

注闕引弓音義烏環反下將注則又闕
楊伯喦九經補韵始據孟子越人關弓
二十五刪押韵釋疑注亦止引孟子不

及左傳
昭二十二年獲鄩肸焚諸王城之市注焚鄩肸○二十七年令尹子楚
常炮之注燔郤宛此焚屍之始

卷二十五

昭二十三年叔孫婼如晉婼音勑畧反 說文婼從女若聲春秋有

婼字止可讀勑畧偖讀勑畧近恥則明係別字矣不
以舍字相混舍固不與勑畧近亦不與勑略近也須知
婼與舍本是互異不必以為相近並曰似與相
近猶繇活句也竟讀舍為婼而云四聲一貫
則大繆矣吾嘗審此何可四声一貫乎殊陋
不知婼即勑略也勑略即勑若也從不與
舍相近何待勑畧而始不相近乎
勑畧近恥 有聲無字

李相讀春秋誤呼婼
之色公怪問之吏拜曰某緣師
谷初方悟耳公曰不然吾未之師
也因以釋文示之以田加首 蓋書畧字
慙愧命小吏受北向之禮號
尚謙謹不苟如此釋文於僖
勑若反公羊昭七年又作叔孫舍

三傳之字互異儘多有相近者何
亦有不相近者婼元不必定近于舍也
若從歌麻通韻分別則不免邪說矣

釋文云二傳作婼勑畧之音似與舍相近

成子已非禮況未死而先賜謚乎然謂之賜則非出於廷評之公
可知後世動言賜謚非也
琴張聞宗魯死將往弔之仲尼曰齊豹之盜而孟縶之賊女何弔焉
○此亦琴張之狂

學林近有聚珍板本不
必云錦繡萬花谷前集
也

注闕引弓音義烏環反下將注則又闕
楊伯喦九經補韻始據孟子越人關弓
二十五刪押韻釋疑注亦止引孟子不
及左傳
昭二十二年獲鄩肸焚諸王城之市注焚鄩肸○二十七年令尹子楚
常炮之注燔郤宛此焚屍之始

四聲一貫豈指御纂耶此惑于近來邪說串入字書又將一部廣韵夾雜而字母〻源全不理會奈〻何〻

讀舍讀恕仍是同母所謂四〻十六〻二八十六也若從歌麻魚虞分別則不免邪說矣

釋文云二傳作好款昬之音似與舍相近

昭二十五年季公若之姊為小邾夫人生宋元夫人生子以妻季平子 注 宋元夫人平子之外
姊。案外姊今言表姊其子今亦為表甥而平子以為妻邾曹姓故宋元夫人為曹氏
季氏介其雞 注擣介子播其羽或曰以膠沙播之。錦繡萬花谷前集引王觀國學林曰
按史記改芥為介與介不相通介甲也介其雞者為甲以蔽雞之臆以禦彼之金距夫文以膠沙播羽是
自案也 廣案淮南子注以芥菜塗其雞翅也顧氏補正據呂氏春秋注介甲也作小鎧著雞頭也二書皆
高誘注兩說不同自宜兩存徐堅初學記雞部以花冠對芥羽注引左傳作芥雞蓋古本作芥傳寫脫艸頭
耳又後周王褒鬭雞詩詎敵金芒芥猜羣芥粉生梁簡文詩玉冠初警敵芥羽忽猜儔陳褚玠
詩錄毛侵距散芥羽雜塵生是六朝迄唐並以介為芥又曹植鬭雞詩願蒙貍膏助常得
擅此場貍膏當即膠沙之謂古事難以臆定未必果也
師己曰 注 師己魯大夫。案此當是魯太師如師摯師冕師乙之例

凡執技以事上者例皆以官配名左傳中如晉師服師曠鄭師慧師茷之類皆樂師也周祝應鄭祝聃衛祝鮀之類皆太祝也周史佚史嚚衛史華晉史趙史墨之類皆太史也醫則醫行醫和醫緩之類卜則卜偃卜徒父卜楚邱之類以其不貳事不移官故其稱如此其所言皆機祥徵應由其平日研究於此故也鍾巫范巫亦準斯例而氏在術上則更賤矣杜於晉師服注晉大夫蓋用賈逵之說此師己亦曰魯大夫誤矣

卷二十六

昭二十七年羞者獻體改服於門外注獻體解衣○禰衡撾鼓蓋用此法

執盖者坐行而入注坐行膝行○古人坐如跪謂以膝着地而行

二十八年祁盈之臣曰憖使吾君聞勝與臧之死也以為快注憖發語之音憖魚覲反○哀十六年不憖遺一老注憖且也然則憖使者且使也今人語憖可如此當是此字與前甯字參看

是豺狼之聲也云云○困學紀聞載李宗衛春秋十賦屬對之工如越椒熊虎之狀弗殺必滅若敖伯石豺狼之聲非是莫喪羊舌星已一終魯君之歲亥有二首絳老之年鷄憚犧而斷其尾象有齒以焚其身虞不臘矣吳其沼乎此類甚多視徐晉卿春秋左傳類對賦一百四十七韵有過之無不及惜今不傳徐賦作於皇祐三年元至大中刋行之近高江村又為作注學者但知有徐無知有李

矣

叔向謂駿蔑曰昔賈大夫惡注賈國之大夫○此魏獻子述叔向之言○以告祁大夫賈辛也○杜注祁曰太原祁縣賈辛為是縣大夫○與賈國之大夫○奚啻風馬○水經注汾水條乃云○祁賈辛邑也○辛貌醜妻不與（爲）言○與之如皋射雉○雙中之而笑也○（則）章合謬誤至御以如皋如訓之自梁陳蕭射雉詩云今日如皋路能令巧笑迴遂襲用為地名古樂府如張正見毛處約江總等雉子班並然而蘇東坡亦有不向如皋閒射雉歸來何以得卿卿之句（今通州）舊跋如皋縣志（遂有賈大夫墓及祠）曾詳辨之今在目治偶鈔中（又陝西通志云同州蒲城縣有賈大夫塚在縣西南十八里賈曲鄉宗敬求長安志亦云不知是否）

昭

二十九年經夏四月庚子叔詣卒注無傳○叔詣公穀俱作叔倪

穀梁傳季孫意如曰叔倪無疾而死此皆無公也是天命也非我罪也注言叔倪欲納公無病而死此皆天命使魯無君爾魯君之出非我罪案叔孫昭子婼謀納公無疾而死事在昭二十五年叔詣納公不見於史其他行跡家世亦不詳惟定十一年叔還音旋如齊注云還叔詣曾孫陸德明釋文云案世族譜還是叔弓曾孫此云叔詣誤也因此推之知詣出於子叔氏孟子有季孫子叔趙岐謂二子皆孟子弟子必自有据集注若其無考改為孟子述季孫之語而以子叔疑為人名卒又無考而云不知何時人案春秋獨魯有季孫子叔二氏季孫者成季友之孫以王父字為氏文十一年季孫行父始見於經即季文子也成八年傳晉士燮來言伐郯

賂請緩師燮不可季孫懼使宣伯師師會伐郯自後都稱季孫晉范文子即士燮所謂季孫於魯相二君矣馬不食粟妾不衣帛是也見成十六傳其子武子為季孫宿之孫平子為季孫意如悼子之子昭十二以後傳多稱季孫即逐昭公者也意如之子桓子季孫斯斯之子康子名肥其稱季孫並同定九傳齊鮑文子曰陽虎有寵於季氏而欲殺季孫此謂桓子也哀十二傳季孫告二子此謂康子也子叔者出於叔肸宣十七經公弟叔肸卒肸係文公之子宣公之母弟其子為公孫嬰齊成二經亦曰子叔聲伯見成六年傳杜注曰叔肸子也方季文子為晉執於苕丘公使聲伯請之范文子稱子叔嬰齊奉君命無私謀國家不貳不可以虛其請是也見成十六傳嬰齊之子曰叔老襄十四經季孫宿叔老會晉士匄

等會吳於向傳云子叔齊子為季武子介晉敬其使杜注齊子叔老字也言晉敬魯使經所以並書二卿春秋名號歸一圖云子叔族也齊子字也安業嬰齊為叔老父名不應字齊疑傳衍齊字而注誤也乃叔老之為卿族則明証矣叔老之子叔弓襄三十經晉叔向稱子叔子知禮昭二即其人也謚敬故又稱敬子昭三傳檀弓謂之子叔敬叔叔弓之子叔輒杜注云字伯張見昭二十一年經是年傳伯叔輒哭日食而叔孫昭子謂子叔將死是也又昭二十二年叔鞅如京師葬景王鞅亦叔弓子其後為叔詣叔還至哀二十四年傳又有叔青凡子叔氏可考者九人然則孟子所有季孫子叔若非弟子要不外此数人者矣今以穀梁傳考之季孫當是意如子叔疑

當即叔詣也詣介於輒鞅及還之間其爲叔弓之孫或叔還之父雖未可知而與季平子同時一逐君一納君性行既殊黨同伐異由之以起且叔詣又名叔倪穀梁釋文倪音五計反又五兮反五兮之音與疑正同因傳寫以倪爲疑古人名字傳聞異辭如叔輒公羊亦作叔痤而詣疑倪音相似尤易於混也魯昭公自二十五年出奔凡八年而卒於乾侯當時隣國如宋齊晋外臣如宋樂祁齊梁邱據荀躒史墨之徒皆無肯援手救者或且以季氏世修其勤無妨出君内臣終始從公者獨一子家羈耳季孫方專有魯國叔倪自以叔老以來世以公族爲亞卿謀欲納君不得憤不視事而其子弟尚有循世卿之例在朝列者故季孫深忌之譏其龍

斷及其死又引天命以為幸蓋非真異其欲富異其復與己樹敵也孟子明知愛憎之口特斷章節取耳叔詣卒後定五年意如卒定十一年叔還始見恐亦因避禍而退也若叔孫武叔亦稱子叔孫衛有子叔黑背子剽亦稱子叔剽後為殤公皆與此子叔不合

卷二十七

定四年殺管叔而蔡蔡叔注蔡放也上蔡音素達反昭元年同○說文𥻆𥼁𥻆散之也繫傳引左作𥻆蔡叔言放之若散米尚書因蔡叔於郭鄰也廣案尚書要服二百里蔡只是屏之遠方之意徐說鑿矣績谿方孝廉體曰尚書疏引鄭注云蔡之言殺五經文字𥻆字春秋多借蔡為之是二字古通用也

楚子涉睢鍼尹固與王同舟王使執燧象以奔吳師注燒火燧繫象尾使赴吳師驚却之○象為大獸行軍用象春秋時未聞今云繫火象尾一如田單之牛据其言當云驅不當云執時吳師已迫郢都楚王出奔烽燧本以候敵集衆師燧之後本無事燧故使固執炬火如燧之象欲使吳人疑有伏也豈象獸乎漢書樂志有常從象人四員秦倡象人員三人皆謂假象其人與此象字義同且大獸尾必極小象形椙然而尾極短小不可繫燧杜注未然也漢書音義曰燧積薪有寇則燔然之

卷二十八

定九年晳幘而衣貍製注晳白也幘齒上下相值○此齊梨彌謂東

郭書也說文引作晳𪘲繫傳曰𪘲謂齒縫上下相對也此言其面
白而齒相對當從齒旁○若从巾旁則巾幘之幘矣
定十三年吾舍諸晉陽注今欲徙著晉陽著音丁略反○此與漢書
張騫土著之著同後漢書李忠傳流民占著五萬餘口
定十四年闔廬傷將指注其足大指見斬○此足拇大指也手大指亦
曰將指說文繫傳曰俗謂大指為將指頭指為鹽豉指即食指所謂
將指者為衆指之率
既定爾婁豬盍歸戎艾豭注婁豬求子豬豭艾老也○豬欲子則躁擾決
欄婁婁叫呼得豭方定故吳俗畜豬牝牡皆闌絜之宋朝本宋公
子奔衛通於衛襄夫人宣姜靈公之嫡母也事在昭二十年後歸

宋至是靈公復為夫人南子召之中隔二十六年計朝年已四十外故曰老但宋朝之美見於魯論則當從趙岐孟子注作美好為得考艾之訓老曲禮魯頌荀子並然惟孟子少艾楚辭幼艾訓作美好說者皆疑趙氏為誤朱子獨從之然趙氏實非無本國語晉獻公使太子申生伐臯落氏欲與翟人戰狐突諫曰突聞之國君好艾大夫殆好內適子殆社稷危戰國策建信君貴於趙公子魏牟謂趙王曰王有尺帛必待工為之今社稷為虛先王不血食而王不以予工乃與幼艾此二艾字正美好之謂也野客叢書又以建信君為男色凡知好色者不當盡如此為疑竊謂孟子先言知好色後言有妻子其意自別如賈誼言太子少長知妃色師古曰妃色妃

匹之色亦謂其志慕美好也情竇初開狎昵頑童流俗滛風殆有古
今一轍者耶

卷二十九

哀二年上大夫受縣下大夫受郡注周書作雒篇千里百縣縣有四
郡○説文周制天子地方千里分為百縣縣有四郡蓋縣大郡小
故上大夫受縣也王應麟地理通釋載説文引左作上大夫受郡
誤俗本並然戰國時郡小於縣秦紀惠文十年魏納上郡十五縣
是也釋文郡方五十里

絞縊以戮注絞所以縊人物○禮記注絞交也交結之也古者刑不
上大夫故趙簡子自言有罪則縊之也後世律有絞始此

哀三年救火者皆曰顧府注言常人愛財○左傳遇救火事紀叙最詳陳不救火知其先亡昭十八蓋敬天禦災莫先於火政矣顧府一言以常人狗利蓋見敬叔文伯等之賢而知大體若季桓子命救火者傷人則止財可為也尤見重民輕財之意

猶拾瀋也注瀋汁也○釋文北人呼汁為瀋

哀四年蔡殺其大夫公孫姓○以姓為名僅見釋文姓音生一音性漢書食貨志賈臨淄姓偉如淳注姓姓名偉也以姓為姓尤可異

蔡昭侯將如吳諸大夫恐其又遷也承注承音懲蓋楚言也○杜注有音止見於此承蓋謹啜有似楚咻故云

畀楚師於三戶注今丹水縣北有三戶亭○史記項羽本紀楚南公

匹之色亦謂其志慕美好也情實初開狎昵頑童流俗淫風殆有古
今一轍者耶

卷二十九

哀二年上大夫受縣下大夫受郡注周書作雒篇千里百縣縣有四
郡○說文周制天子地方千里分為百縣縣有四郡蓋縣大郡小
故上大夫受縣也王應麟地理通釋載說文引左作上大夫受郡
誤俗本並然戰國時郡小於縣秦紀惠文十年魏納上郡十五縣
是也釋文郡方五十里

絞縊以戮注絞所以縊人物○禮記注絞交也交結之也古者刑不
上大夫故趙簡子自言有罪則縊之也後世律有絞始此

哀三年救火者皆曰顧府注言常人愛財○左傳遇救火事紀叙最詳陳不救火知其先亡昭十八蓋敬天禦災莫先於火政矣顧府一言以常人猶利益見敬叔文伯等之賢而知大體若季桓子命救火者傷人則止財可爲也尤見重民輕財之意

猶拾瀋也注瀋汁也○釋文北人呼汁爲瀋

哀四年蔡殺其大夫公孫姓○以姓爲名僅見釋文姓音生一音性漢書食貨志賈臨淄姓偉如淳注姓姓名偉也以姓爲姓尤可異

蔡昭侯將如吳諸大夫恐其又遷也承注承音懲蓋楚言也○杜注止見於此承盖讙吸有似楚咻故云

馥按釋文序錄穀梁春秋有丁姓字子孫

[illegible]於三戶注今丹水縣北有三戶亭○史記項羽本紀楚南公

曰楚雖三户亡秦必楚也薛瓚曰楚人怨秦雖三户猶足以亡秦
此作户口之户解與此地名不同
哀六年女忘君之為孺子牛而折其齒乎注孺子荼也景公嘗縛繩
為牛使荼㠯之荼頓地故折其齒○案此蓋即鳩車竹馬之戲言
君之愛子幼時戲狎之如此也
曹公孫彊為司城○宋以武公名司空改司城曹不應同之豈曹附
宋因亦避宋諱耶
哀九年占諸史趙史墨史龜注皆晉史○說文繫傳曰左傳史墨名
黶不知何據
哀十年吳延州來季子救陳注季子壽夢少子壽夢以襄十二年卒

至今七十七歲壽夢卒季子已能讓國年當十五六至今蓋九十
餘○公羊襄二十九傳謁也餘祭也夷眛也與季子同母者四季
子弱而才兄弟愛之欲致國焉故諸為君者皆輕死為勇既相繼
夷滅而季子以牢讓得享上壽其卒不知在何年後七年孔子卒
而十字碑世或傳為孔子作云

哀十一年歸國子之元寘之新篋褽之以元纁注褽薦也音義褽音
尉○說文斂衽也从衣尉聲繫傳引左亦作褽朱翱云迂胃反今
作褽誤

盤庚之誥曰其有顛越不共云云○此所引商書有之誥二字○史記
伍子胥諫吳王引有顛越不恭云云亦有之誥二字周禮士師職

馥按史黶見說苑尊賢

曰楚雖三戶亡秦必楚也薛瓚曰楚人怨秦雖三戶猶足以亡秦

此作戶口之戶解與此地名不同

哀六年女忘君之為孺子牛而折其齒乎注孺子荼也景公嘗縛繩為牛使荼[illegible]之荼頓地故折其齒○案此蓋即鳩車竹馬之戲言君之愛子幼時戲狎之如此也

曹公孫彊為司城○宋以武公名司空改司城曹不應同之豈曹附宋因亦避宋諱耶

哀九年占諸史趙史墨史龜注皆晉史○說文繫傳曰左傳史墨名黶不知何據

哀十年吳延州來季子救陳注季子壽夢少子壽夢以襄十二年卒

至今七十七歲壽夢卒季子已能讓國年當十五六至今蓋九十餘○公羊襄二十九傳謁也餘祭也夷昧也與季子同母者四季子弱而才兄弟愛之欲致國焉故諸為君者皆輕死為勇既相繼夷滅而季子以牢讓得享上壽其卒不知在何年後七年孔子卒而十字碑世或傳為孔子作云

哀十一年歸國子之元寘之新篋尉裻之以元纁注尉裻薦也音義尉裻音尉○說文裻衽也从衣叔聲繫傳引左亦作裻朱翺云迂胃反今作裻誤

盤庚之誥曰其有顛越不共云云○此所引商書有之誥二字○史記伍子胥諫吳王引有顛越不恭云云亦有之誥二字周禮士師職

誥用之於會同本書亦云誕告用亶則名誥為宜不知何時单名盤庚。傳遂妄為説云。殷質以王名名篇。

胡簋之事注禮器名夏曰胡周曰簋○明堂位夏后氏之四璉殷之六瑚周之八簋何晏注論語用包氏説云夏曰瑚殷曰璉集注因其誤今杜亦以為夏曰胡何也

哀十二年經孟子卒傳曰昭公娶於吴故不書姓○子宋之姓既書子矣何云不姓

衛侯歸效夷言○吴中語今謂之蘇白雜劇科白用之子之謂出公説其言蓋柔軟可聽也魯作楚宮衛效夷言皆以卜其所終古人於言動之間其慎如此

卷三十

哀十四年子我夕○上文闞止有寵即子我也東坡志林辨史記宰我與田常作亂夷族事据李斯諫二世書云田常為簡公臣布惠施德下得百姓上得羣臣陰取齊國殺宰我於庭○謂宰我不從○為田常所殺○尤悔菴艮齋雜説則云闞止字子我為田氏宰史因此而訛其説近是

齊與衛地自濟以西禚媚杏以南書社五百注二十五家為一社籍書而致之○此解書社甚明齊嘗欲予魯昭公千社陳祥道禮書九十二云大夫以下社之大者二千五百家為之周禮所謂州社是也其小則二十五家亦為之左傳所謂書社千社是也比可吾研

邑三百之説

二十五年衛褚師聲子韤而登席注古者見君解韤○説文韤足衣也韓非子内儲説文王韤繫解因自結史記張釋之跪而為王生結韤見君解韤古禮如此觀聲子自言足有疾異於人若見之君將散之則登席者直須跣足矣此不可解者蔣主事曰禮記少儀燕則有跣方孝廉曰解韤詳潛邱劄記

哀二十七年陳成子衣製杖戈注製雨衣也○説文製裁也非雨衣惟衰字注云艸雨衣秦謂之萆從衣象形繫傳萆音闢疑當作衰後世多以油布為之名油衣貞觀政要畋獵篇諫議大夫谷那律從太宗出獵遇雨太宗問何為得不漏律曰以瓦為之則不漏矣

意在不數遊獵帝嘉納之律可謂不愧九經庫矣

覈案悔菴之説本之説

史記索隱

褚師聲子韈而登席注古者見君解韈○説文韈足衣也韓非子內儲説文王韈繫解因自結史記張釋之跪而為王生結韈見君解韈古禮如此觀聲子自言足有疾異於人若見之君將散之則登席者直須跣足矣此不可解者蔣主事曰禮記少儀燕則有跣方孝廉曰解韈詳潛邱劄記

哀二十七年陳成子衣製杖戈注製雨衣也○説文製裁也非雨衣惟衰字注云艸雨衣秦謂之萆從衣象形繫傳萆音闢疑當作衰後世多以油布為之名油衣貞觀政要畋獵篇諫議大夫谷那律從太宗出獵遇雨太宗問何為得不漏律曰以瓦為之則不漏矣

意在不數遊獵帝嘉納之律可謂不愧九經庫矣